本成果得到外交部中欧关系研究
"指南针计划"支持和清华大学自主科研计划资助

清华新闻传播文丛
柳斌杰 陈昌凤 ◎ 主编

张莉 ◎ 著

欧洲智库的中国观研究

中国社会科学出版社

图书在版编目(CIP)数据

欧洲智库的中国观研究／张莉著. --北京：中国社会科学出版社，2024.7. --（清华新闻传播文丛）.
ISBN 978－7－5227－3776－8

Ⅰ.D6

中国国家版本馆 CIP 数据核字第 2024JM2796 号

出 版 人	赵剑英
责任编辑	郭晓鸿
特约编辑	杜若佳
责任校对	师敏革
责任印制	戴 宽

出　　版	中国社会科学出版社
社　　址	北京鼓楼西大街甲 158 号
邮　　编	100720
网　　址	http://www.csspw.cn
发 行 部	010－84083685
门 市 部	010－84029450
经　　销	新华书店及其他书店
印　　刷	北京明恒达印务有限公司
装　　订	廊坊市广阳区广增装订厂
版　　次	2024 年 7 月第 1 版
印　　次	2024 年 7 月第 1 次印刷
开　　本	710×1000　1/16
印　　张	15.25
插　　页	2
字　　数	222 千字
定　　价	86.00 元

凡购买中国社会科学出版社图书，如有质量问题请与本社营销中心联系调换
电话：010－84083683

版权所有　侵权必究

目 录

前言 …………………………………………………………………（1）

第一章 "一带一路"倡议和中欧关系 ……………………………（1）
 第一节 中欧关系发展简述 …………………………………（1）
 第二节 "一带一路"背景下中欧互联互通建设主要官方进程 …（5）
 第三节 中欧"一带一路"合作中的不确定因素 ………………（11）

第二章 欧洲的中国观 ……………………………………………（14）
 第一节 中国观和国家形象 …………………………………（14）
 第二节 国际关系视角下的国家形象 ………………………（16）
 第三节 欧洲中国观形成的历史溯源 ………………………（19）
 第四节 欧洲中国观形成的文化溯源 ………………………（22）
 第五节 当代欧洲中国观的综合呈现 ………………………（26）

第三章 智库及其在国际关系中的作用 …………………………（34）
 第一节 智库的定义及其发展状况 …………………………（34）
 第二节 智库在国际关系中的作用 …………………………（37）
 第三节 欧洲智库及其中国研究 ……………………………（41）

第四章 研究设计 …………………………………………………（44）
 第一节 研究问题和研究方法 ………………………………（44）

第二节　欧洲智库选择及简介 …………………………………… (48)

第五章　欧盟层面智库的中国观 ……………………………………… (63)
　　第一节　2013—2016 年欧盟层面智库中国观分析 …………… (63)
　　第二节　2017—2019 年欧盟层面智库中国观分析 …………… (75)
　　第三节　2020 年欧盟层面智库中国观分析 …………………… (92)

第六章　西欧北欧层面智库的中国观 ………………………………… (100)
　　第一节　2013—2016 年西欧北欧层面智库中国观分析 ……… (100)
　　第二节　2017—2019 年西欧北欧层面智库中国观分析 ……… (112)
　　第三节　2020 年西欧北欧层面智库中国观分析 ……………… (129)

第七章　中东欧层面智库的中国观 …………………………………… (138)
　　第一节　2013—2016 年中东欧层面智库中国观分析 ………… (138)
　　第二节　2017—2019 年中东欧层面智库中国观分析 ………… (149)
　　第三节　2020 年中东欧层面智库中国观分析 ………………… (163)

第八章　欧洲智库的中国观比较分析 ………………………………… (174)
　　第一节　欧洲智库中国观关注议题比较 ………………………… (174)
　　第二节　欧洲智库中国观态度倾向比较 ………………………… (182)
　　第三节　欧洲智库中国观整体比较 ……………………………… (189)

第九章　结论与建议 …………………………………………………… (196)
　　第一节　结论 ……………………………………………………… (196)
　　第二节　建议 ……………………………………………………… (203)

参考文献 ………………………………………………………………… (208)

图 目 录

图 5-1-1　欧盟层面智库中国报告数量变化
　　　　　（2013.9—2016.12） ………………………… （63）

图 5-1-2　欧盟层面智库中国报告的研究主题分布
　　　　　（2013.9—2016.12） ………………………… （64）

图 5-1-3　欧盟层面智库中国报告的研究主题时间分布
　　　　　（2013.9—2016.12） ………………………… （65）

图 5-1-4　欧盟层面智库中国报告中涉及的其他国家和地区
　　　　　（2013.9—2016.12） ………………………… （67）

图 5-1-5　欧盟层面智库报告"中国观"态度倾向
　　　　　（2013.9—2016.12） ………………………… （69）

图 5-1-6　欧盟层面智库中国报告对华态度倾向与主题分布
　　　　　（2013.9—2016.12） ………………………… （69）

图 5-1-7　欧盟层面智库对"一带一路"倡议认知
　　　　　（2013.9—2016.12） ………………………… （72）

图 5-1-8　欧盟层面智库"中国观"高频词词云
　　　　　（2013.9—2016.12） ………………………… （74）

图 5-1-9　欧盟层面智库"中国观"语义网络分析
　　　　　（2013.9—2016.12） ………………………… （75）

图 5-2-1　欧盟层面智库有关中国报告数量变化
　　　　　（2017—2019 年） …………………………… （76）

图 5-2-2　欧盟层面智库有关中国报告的研究主题分布
　　　　　（2017—2019 年） ……………………………………（77）
图 5-2-3　欧盟层面智库有关中国报告的研究主题时间分布
　　　　　（2017—2019 年） ……………………………………（77）
图 5-2-4　欧盟层面智库有关中国报告主要涉及国家和地区
　　　　　（2017—2019 年） ……………………………………（79）
图 5-2-5　欧盟层面智库有关中国报告提及国家及地区
　　　　　（2017—2019 年） ……………………………………（79）
图 5-2-6　欧盟层面智库报告"中国观"态度倾向
　　　　　（2017—2019 年） ……………………………………（81）
图 5-2-7　欧盟层面智库对"一带一路"倡议认知
　　　　　（2017—2019 年） ……………………………………（85）
图 5-2-8　欧盟层面智库"中国观"高频词词云
　　　　　（2017—2019 年） ……………………………………（90）
图 5-2-9　欧盟层面智库"中国观"语义网络分析
　　　　　（2017—2019 年） ……………………………………（91）
图 5-3-1　欧盟层面智库有关中国报告数量（2020 年）…………（92）
图 5-3-2　欧盟层面智库有关中国报告的研究主题分布
　　　　　（2020 年） ………………………………………………（93）
图 5-3-3　欧盟层面智库有关中国报告主要涉及国家和地区
　　　　　（2020 年） ………………………………………………（93）
图 5-3-4　欧盟层面智库"中国观"高频词词云（2020 年）………（98）
图 5-3-5　欧盟层面智库"中国观"语义网络分析（2020 年）……（99）
图 6-1-1　西欧北欧智库有关中国报告数量变化
　　　　　（2013.9—2016.12） ……………………………………（101）
图 6-1-2　西欧北欧智库有关中国报告的研究主题分布
　　　　　（2013.9—2016.12） ……………………………………（102）

图 6-1-3　西欧北欧智库有关中国报告的研究主题时间分布
　　　　　（2013.9—2016.12） ………………………………（102）
图 6-1-4　西欧北欧智库有关中国报告中涉及的其他国家和地区
　　　　　（2013.9—2016.12） ………………………………（104）
图 6-1-5　西欧北欧智库报告"中国观"态度倾向
　　　　　（2013.9—2016.12） ………………………………（105）
图 6-1-6　西欧北欧智库有关中国报告对华态度倾向与主题分布
　　　　　（2013.9—2016.12） ………………………………（106）
图 6-1-7　西欧北欧智库"中国观"高频词词云
　　　　　（2013.9—2016.12） ………………………………（110）
图 6-1-8　西欧北欧智库"中国观"语义网络分析
　　　　　（2013.9—2016.12） ………………………………（111）
图 6-2-1　西欧北欧智库有关中国报告数量变化
　　　　　（2017—2019 年） …………………………………（112）
图 6-2-2　西欧北欧智库有关中国报告的研究主题分布
　　　　　（2017—2019 年） …………………………………（114）
图 6-2-3　西欧北欧智库有关中国报告研究主题时间分布
　　　　　（2017—2019 年） …………………………………（115）
图 6-2-4　西欧北欧智库有关中国报告研究主题国别分布
　　　　　（2017—2019 年） …………………………………（116）
图 6-2-5　西欧北欧智库有关中国报告提及国家及地区
　　　　　（2017—2019 年） …………………………………（117）
图 6-2-6　西欧北欧智库报告"中国观"态度倾向
　　　　　（2017—2019 年） …………………………………（118）
图 6-2-7　西欧北欧智库报告涉华不同主题态度倾向
　　　　　（2017—2019 年） …………………………………（118）
图 6-2-8　西欧北欧不同国家智库报告涉华态度倾向
　　　　　（2017—2019 年） …………………………………（122）

图 6-2-9　西欧北欧智库对"一带一路"倡议的认知
　　　　　　（2017—2019 年） ………………………………（124）
图 6-2-10　西欧北欧智库"中国观"高频词词云
　　　　　　（2017—2019 年） ………………………………（128）
图 6-2-11　西欧北欧智库"中国观"语义网络分析
　　　　　　（2017—2019 年） ………………………………（128）
图 6-3-1　西欧北欧智库有关中国报告数量（2020 年） ………（130）
图 6-3-2　西欧北欧智库有关中国报告的研究主题分布
　　　　　　（2020 年） ………………………………………（130）
图 6-3-3　西欧北欧智库有关中国报告主要涉及国家和地区
　　　　　　（2020 年） ………………………………………（131）
图 6-3-4　西欧北欧智库涉华不同主题态度分布（2020 年） ……（132）
图 6-3-5　西欧北欧智库"中国观"高频词词云（2020 年） ……（136）
图 6-3-6　西欧北欧智库"中国观"语义网络分析（2020 年） …（137）
图 7-1-1　中东欧智库有关中国报告数量变化
　　　　　　（2013.9—2016.12） ……………………………（138）
图 7-1-2　中东欧智库有关中国报告的研究主题分布
　　　　　　（2013.9—2016.12） ……………………………（139）
图 7-1-3　中东欧智库有关中国报告的研究主题时间分布
　　　　　　（2013.9—2016.12） ……………………………（140）
图 7-1-4　中东欧智库有关中国报告中涉及的其他国家和地区
　　　　　　（2013.9—2016.12） ……………………………（142）
图 7-1-5　中东欧智库报告"中国观"态度倾向
　　　　　　（2013.9—2016.12） ……………………………（143）
图 7-1-6　中东欧智库有关中国报告对华态度倾向与主题分布
　　　　　　（2013.9—2016.12） ……………………………（144）
图 7-1-7　中东欧智库"中国观"高频词词云
　　　　　　（2013.9—2016.12） ……………………………（147）

图 7 - 1 - 8　中东欧智库"中国观"语义网络分析
　　　　　　（2013.9—2016.12） ………………………………（148）
图 7 - 2 - 1　中东欧智库有关中国报告数量变化
　　　　　　（2017—2019 年） ………………………………（149）
图 7 - 2 - 2　中东欧智库有关中国报告的研究主题分布
　　　　　　（2017—2019 年） ………………………………（151）
图 7 - 2 - 3　中东欧智库有关中国报告的研究主题时间分布
　　　　　　（2017—2019 年） ………………………………（151）
图 7 - 2 - 4　中东欧智库有关中国报告主要涉及国家和地区
　　　　　　（2017—2019 年） ………………………………（153）
图 7 - 2 - 5　中东欧智库有关中国报告提及国家及地区
　　　　　　（2017—2019 年） ………………………………（154）
图 7 - 2 - 6　中东欧智库报告"中国观"态度倾向
　　　　　　（2017—2019 年） ………………………………（155）
图 7 - 2 - 7　中东欧智库报告涉华不同主题态度倾向
　　　　　　（2017—2019 年） ………………………………（156）
图 7 - 2 - 8　中东欧智库"中国观"高频词词云
　　　　　　（2017—2019 年） ………………………………（162）
图 7 - 2 - 9　西欧北欧智库"中国观"语义网络分析
　　　　　　（2017—2019 年） ………………………………（163）
图 7 - 3 - 1　中东欧智库有关中国报告数量（2020 年） ………（164）
图 7 - 3 - 2　西欧北欧智库有关中国报告的研究主题分布
　　　　　　（2020 年） ……………………………………（165）
图 7 - 3 - 3　中东欧智库有关中国报告主要涉及国家和地区
　　　　　　（2020 年） ……………………………………（166）
图 7 - 3 - 4　中东欧智库涉华不同主题态度分布（2020 年） ……（167）
图 7 - 3 - 5　中东欧智库"中国观"高频词词云（2020 年） ………（171）
图 7 - 3 - 6　中东欧智库"中国观"语义网络分析（2020 年） ……（172）

图 8-1-1　欧洲智库涉华报告数量变化(2013—2020 年) ……(175)
图 8-1-2　欧洲智库对中国的关注议题(2013—2020 年) ……(175)
图 8-1-3　欧洲智库对中国不同议题关注对比
　　　　　(2013—2020 年) ………………………………(176)
图 8-1-4　欧盟层面智库"中国观"高频词词云
　　　　　(2013—2020 年) ………………………………(178)
图 8-1-5　西欧北欧层面智库"中国观"高频词词云
　　　　　(2013—2020 年) ………………………………(179)
图 8-1-6　中东欧层面智库"中国观"高频词词云
　　　　　(2013—2020 年) ………………………………(179)
图 8-1-7　欧盟层面智库"中国观"语义网络分析
　　　　　(2013—2020 年) ………………………………(180)
图 8-1-8　西欧北欧层面智库"中国观"语义网络分析
　　　　　(2013—2020 年) ………………………………(181)
图 8-1-9　中东欧层面智库"中国观"语义网络分析
　　　　　(2013—2020 年) ………………………………(181)
图 8-2-1　欧洲智库"中国观"态度倾向(2013—2020 年) ……(183)
图 8-2-2　欧洲三个层面智库"中国观"不同主题的态度倾向
　　　　　(2013—2020 年) ………………………………(183)
图 8-2-3　欧洲智库"中国观"在不同议题上的态度分布
　　　　　(2013—2020 年) ………………………………(184)
图 8-2-4　欧洲 18 家智库"中国观"态度(2013—2020 年) ……(189)
图 8-3-1　欧洲智库对"一带一路"性质的认知……………(190)
图 8-3-2　欧洲智库对"一带一路"倡议认知框架…………(192)

表目录

表 3-1-1 按区域分布全球智库数量 ……………………… (36)

表 3-1-2 按国家分布全球前 20 国家智库数量 ………… (36)

表 5-1-1 欧盟层面智库对"一带一路"倡议性质的认知
(2013.9—2016.12) ……………………………… (71)

表 5-1-2 欧盟层面智库"中国观"高频词
(2013.9—2016.12) ……………………………… (73)

表 5-2-1 欧盟层面智库报告涉华不同主题态度倾向
(2017—2019 年) ………………………………… (82)

表 5-2-2 欧盟层面智库对"一带一路"倡议认知
(2017—2019 年) ………………………………… (84)

表 5-2-3 欧盟层面智库"中国观"戏剧主义修辞要素分析
(2017—2019 年) ………………………………… (87)

表 5-2-4 欧盟层面智库戏剧五元修辞话语 20 个关系对子的因果
关系判定(2017—2019 年) ……………………… (87)

表 5-2-5 欧盟层面智库"中国观"高频词(2017—2019 年) …… (89)

表 5-3-1 欧盟层面智库有关中国报告主题和主要涉及国家
地区分布(2020 年) ……………………………… (94)

表 5-3-2 欧盟层面智库报告涉华不同主题态度倾向
(2020 年) ………………………………………… (94)

表 5-3-3 欧盟层面智库"中国观"戏剧主义修辞要素分析
(2020 年) ………………………………………… (96)

表 5-3-4	欧盟层面智库戏剧五元修辞话语 20 个关系对子的因果关系判定(2020 年)	(96)
表 5-3-5	欧盟层面智库"中国观"高频词(2020 年)	(97)
表 6-1-1	西欧北欧智库对"一带一路"倡议认知(2013.9—2016.12)	(108)
表 6-1-2	西欧北欧智库"中国观"高频词(2013.9—2016.12)	(110)
表 6-2-1	西欧北欧智库报告涉华不同主题态度倾向(2017—2019 年)	(119)
表 6-2-2	西欧北欧智库"中国观"戏剧主义修辞要素分析	(125)
表 6-2-3	西欧北欧层面智库研究 20 个关系对子的因果关系判定	(125)
表 6-2-4	西欧北欧智库"中国观"高频词(2017—2019 年)	(127)
表 6-3-1	西欧北欧智库报告涉华不同主题态度倾向(2020 年)	(132)
表 6-3-2	西欧北欧智库"中国观"戏剧主义修辞要素分析(2020 年)	(133)
表 6-3-3	西欧北欧智库戏剧五元修辞话语 20 个关系对子的因果关系判定(2020 年)	(134)
表 6-3-4	西欧北欧智库"中国观"高频词(2020 年)	(135)
表 7-1-1	中东欧智库对"一带一路"倡议认知(2013.9—2016.12)	(145)
表 7-1-2	中东欧智库"中国观"高频词(2013.9—2016.12)	(146)
表 7-2-1	中东欧智库报告涉华不同主题态度倾向(2017—2019 年)	(156)
表 7-2-2	中东欧智库对"一带一路"倡议认知(2017—2019 年)	(157)

表7-2-3	中东欧智库"中国观"戏剧主义修辞要素分析（2017—2019年）	(159)
表7-2-4	中东欧智库研究20个关系对子的因果关系判定（2017—2019年）	(160)
表7-2-5	中东欧智库"中国观"高频词(2017—2019年)	(161)
表7-3-1	中东欧智库报告涉华不同主题态度倾向（2020年）	(168)
表7-3-2	中东欧智库"中国观"戏剧主义修辞要素分析（2020年）	(168)
表7-3-3	中东欧智库戏剧五元修辞话语20个关系对子的因果关系判定(2020年)	(169)
表7-3-4	中东欧智库"中国观"高频词(2020年)	(170)
表8-1-1	欧洲智库"中国观"高频词(2013—2020年)	(177)
表8-2-1	欧洲智库有关中国报告研究主题与态度皮尔逊卡方检验结果	(188)
表8-2-2	欧洲智库"中国观"态度分阶段比较（2013—2020年）	(188)
表8-3-1	欧洲智库关于"一带一路"倡议研究报告数量（2013—2020年）	(190)
表8-3-2	欧洲智库在"一带一路"倡议"中国观"的差异	(193)
表8-3-3	欧洲智库在整体"中国观"的差异	(194)
表8-3-4	欧洲智库在新冠肺炎疫情下的"中国观"差异	(195)

前　言

欧洲是推进"一带一路"建设的重点地区。自中国提出"一带一路"倡议以来，很多欧洲国家都表示出兴趣，有些国家已与中国签署"一带一路"合作协议，但是也有几个老牌西欧大国对中国"一带一路"倡议的动机和实施提出质疑，并且借助其在欧盟的地位，影响中欧关系的发展和"一带一路"建设在欧洲的推进。欧盟委员会于2019年3月发布的《欧盟与中国：战略展望》对华政策文件中，甚至把中国定义为欧盟的"制度性竞争对手"。在这一背景下，我们十分有必要了解在"一带一路"倡议提出后，欧洲的"中国观"及其演变过程。由于智库对当代国家的经济社会发展和内政外交政策决策具有重要影响，比如在美国，智库被称为该国"第四部门"，也是继立法、行政、司法、媒体之后的"第五种权力"。在欧美国家，智库往往充当学术界和决策团体、国家和社会公众之间的桥梁。不过，我们目前对欧洲智库的研究还十分不足。

本书研究的主要问题是在"一带一路"建设背景下，欧洲主流智库的"中国观"是什么，以及这些"中国观"随着"一带一路"倡议的推进是如何演变的。

"中国观"指对中国的认知、观点和评价，其相关文献主要分布在史学、文学、国际关系等领域，具有跨学科的性质。学界除了使用"中国观"，还使用"中国形象""中国印象""中国意象"等词语表达。近年来，媒体中的中国形象研究逐渐增多，也包含少量公众调研。但在目前国内和国外已有的研究中，一方面以研究美国的"中国观"为最多，而关于欧洲的"中国观"相对较少；另一方面，智库报告中的"中国观"研究更少，而关于欧洲智库的研究更是鲜见。对欧洲智库的研究无论是国内还是国外，都很难将其归纳在某一学科领域，且既有研究主要是采用单一的内容分析或话语分析的方法，少有严谨的量化分析，尽管这些研究能够揭示研究报告呈现的数据特征或话语分析背后的研究意图，对于由表及里的逻辑呈现说服力相对不充分且缺乏系统性，更缺少从形象传播视角的深度解读。因此，首先，从选题上，本书聚焦目前文献中较少关注的欧洲智库的"中国观"研究，其次，具体研究上，本书包含三个创新点：1）不仅研究欧盟层面智库的"中国观"，而且同时研究西欧、北欧层面和中东欧层面主要智库的"中国观"，并进行比较研究，这种跨层面和跨区域的欧洲中国形象比较研究弥补了现有文献对中国海外形象研究的不足；2）与以往研究采用相对单一的研究方法不同，本研究借助定量和定性相结合的分析方法，包括内容分析、修辞分析，以及语义网络分析，对"一带一路"背景下欧盟和欧洲主要智库的"中国观"及其演变进行分析，研究方法上本书研究是对已有研究的补充和拓展；3）本研究不仅分析欧洲智库的"中国观"，而且通过分析全面展现这些"中国观"背后复杂的社会心理和认知逻辑。

　　本书研究由九个章节组成：第一章梳理了"一带一路"背景下中欧关系的发展；第二章从历史和文化的角度对欧洲中国观进行溯源；第三章对智库进行界定，并讨论智库在国际关系中的作用；第四章阐述本研究的研究问题和研究方法，并解释研究对象的选择及其特点，包括欧盟层面、西欧北欧成员国层面以及中东欧层面有影响力的智库等；第五章至第七章分别从欧盟智库、西欧北欧智库和中东欧智库三个层面对其从2013年至2020年的中国观演变进行探讨和分析；第八章对这三个层面欧洲智库的中国观进行比较分析；第九章，总结欧洲智库中国观的特点并提出相关政策建议，以期有助于我们在大变局下进一步发展中欧关系和加强中国在欧洲的国家形象建设。

  本成果的出版得到外交部欧洲司中欧关系研究"指南针计划"的支持和清华大学自主科研计划资助。本书的完成还要感谢参与课题的研究生，特别是祝继昌、殷雪丹、崔杨臻、孙诗和张晓旭，他们对研究亦有贡献。

  本书的初稿完成于 2021 年底，现在得以出版，也非常感谢郭晓鸿编辑的支持和帮助。

张　莉

2023 年 12 月

清华园

第一章 "一带一路"倡议和中欧关系

自 2013 年 9 月和 10 月国家主席习近平分别提出建设"丝绸之路经济带"和"21 世纪海上丝绸之路"的合作倡议以来，欧洲一直是推进"一带一路"建设的重点地区。2015 年 3 月 28 日，国家发展和改革委员会、外交部和商务部联合发布了《推动共建丝绸之路经济带和 21 世纪海上丝绸之路的愿景与行动》（以下简称《愿景与行动》），明确阐述了"一带一路"倡议的建设思路和总体安排。《愿景与行动》特别强调"共建'一带一路'致力于亚欧非大陆及附近海洋的互联互通"，强调"'一带一路'贯穿亚欧非大陆，一头是活跃的东亚经济圈，一头是发达的欧洲经济圈"，指出"丝绸之路经济带重点畅通中国经中亚、俄罗斯至欧洲（波罗的海）；中国经中亚、西亚至波斯湾、地中海；中国至东南亚、南亚、印度洋"，而"21 世纪海上丝绸之路重点方向是从中国沿海港口过南海到印度洋，延伸至欧洲；从中国沿海港口过南海到南太平洋"。可见，欧洲在"一带一路"建设中的重要性毋庸置疑。

第一节 中欧关系发展简述

中国和欧盟（欧洲经济共同体）于 1975 年正式建立外交关系。彼时，在欧洲经济共同体与中国开展的外交活动中，更多以经济方面的合作为主。1978 年，中欧双方签订了贸易协定，并建立了联合贸易委员会。这是两国经贸关系发展的重大突破。双方承诺在多个贸易领域给予对方最惠国待遇。随着中欧经贸关系日益密切，1985年中国与欧洲经济委员会签订了新的经贸合作协议。该协议成为中欧关系法律框架的重要构成内容。1989年，因天安门事件，双方关系进入低谷。与此同时，中欧双边经贸关系进一步发展。1993年欧洲联盟（以下简称欧盟）正式成立后，其在"共同外交与安全政策"方面的权利得到拓展，欧盟也更加关注与中国在经济领域以外的双边合作。1994年，欧盟出台《新亚洲战略》，开启了与亚洲主要国家新的政治对话。1995年，欧盟发布第一份对华纲领性政策文件——《欧中关系长期政策》。该政策文件为中欧关系的未来发展描绘了蓝图，不仅对双边关系建设起到了积极推动作用，也成为日后欧盟成员国一致对华行动的交往准则。1998年，欧盟发布第二份对华政策文件——《与中国建立全面伙伴关系》，提出"将中欧关系提升到与欧美、欧日、欧俄同等地位"，并将多年来双方在人权方面的对抗转为对话，与中国建立"建设性伙伴关系"。中欧双方决定每年进行一次领导人高峰会议，使双边政治关系更近一步。时任中国驻欧盟使团团长宋明江指出："中国和欧盟是世界舞台上两支重要力量，相互没有根本利害冲突，在许多领域有共同点和互补性，在世界多极化、经济全球化加速发展的今天，中欧加强合作符合双方利益"（魏崴，1998）。

中欧"建设性伙伴关系"在2001年升级成为"全面伙伴关系"后，2003年9月，欧盟发布第四份对华政策文件——《欧中关系的共同利益与挑战——走向成熟的伙伴关系》。2003年10月，中国政府对欧盟作出积极回应，发布了第一份《中国对欧盟政策文件》，随后双方在10月底举行的第六次领导人峰会期间正式宣布确立为"全面战略伙伴关系"，中欧关系进入全新阶段。从此，中欧在数十个领域开展了行业双边对话与合作，包括农业对话、民用航空、消费者产品安全、教育、文化、环境、能源、信息社会、海上运输等。中欧关系也被称为进入了"蜜月期"。从2004年起，欧盟成为中国第一大贸易伙伴。

然而，随着加入世界贸易组织后中国综合国力的日益提升，欧盟方面的对华政策开始由友好合作逐渐转向强硬。2006年，欧盟发表《竞争与伙伴关系：欧盟—中国贸易与投资政策》和对华政策文件《欧盟与中国：更紧密的伙伴，承担更多责任》。这两份文件标志着中欧"蜜月期"正式结束，成为双边关系转变的重要节点。随着欧盟对华贸易逆差的逐年增长，双方贸易摩擦增多，同时，欧盟指出其在中国投资受到多重制约和阻碍，导致中欧贸易的不平等关系。2007年和2008年德法高层领导人会见达赖也致使中欧关系陷入紧张，直至2009年温家宝总理访问欧洲，双边关系才得以缓解，2010年双方将高层对话机制升级为年度"高级别战略对话"，中欧关系逐渐恢复。在2011—2012年欧盟发生欧元区主权债务危机之时，中国政府对欧元区有关国家积极伸出援手，帮助其渡过难关。中国对欧元区遭受主权债务危机严重的国家的帮助被称为"雪中送炭"，这些欧盟国家也被认为因"登上了中国快车"而可以摆脱危机（Lai & Zhang, 2013）。

2013年11月20日，习近平主席在北京会见来华出席第十六次中国欧盟领导人会晤的欧洲理事会主席范龙佩和欧盟委员会主席巴罗佐时对中、欧做出如下评价：作为最大的发展中国家和最大的发达国家联合体，中、欧是维护世界和平的"两大力量"；作为世界上两个重要经济体，中、欧是促进共同发展的"两大市场"；作为东西方文化的重要发祥地，中、欧是推动人类进步的"两大文明"。21日，中国国务院总理李克强在人民大会堂同欧洲理事会主席范龙佩、欧盟委员会主席巴罗佐共同主持第十六次中国欧盟领导人会晤。双方共同制定《中欧合作2020战略规划》（"China-EU 2020 Strategic Agenda for Cooperation"）。这一全面战略规划确定了中、欧在和平与安全、繁荣、可持续发展、人文交流等领域加强合作的共同目标，促进了中欧全面战略伙伴关系在未来数年的进一步发展。

2014年3月31日，习近平主席在布鲁塞尔与时任欧洲理事会主席范龙佩举行会谈时，首次提出"共同打造中欧和平、增长、改革、文明四大伙伴关系"。同年4月，中国政府发布第二份《中国对欧盟政策文件》，希望双方在"战略伙伴关系"达成十年的基础上进一步深化互利共赢的中欧全面战略伙伴关系，并规划今后五到十年的合作蓝图，以推动中欧关系实现更大发展。遗憾的是，欧方并未对此做出积极回应。

长期以来，并未从2008—2009年经济危机中完全缓解过来的欧盟一方面面临欧元区主权债务危机和随后的难民危机；另一方面，欧洲内部的民粹主义和极端主义逐渐抬头，欧盟在应对自身危机的同时，也关注到中国的崛起及其带来的影响。2016年6月22日，时隔10年，欧盟再次发布对华政策文件：《欧盟对华新战略要素》。虽然，从文件内容上看，在对华战略认知和核心政策立场上，欧盟保持了其政策的连续性，但是在对华关系上，欧盟更加注重利益和价值观之间的谨慎平衡，同时对中国崛起产生的影响给予特别关注。这一方面反映出欧盟仍然把中国置于全球战略框架的重要位置，希望与中国在全球治理的许多关键领域加强合作；另一方面也展现了欧盟对中国发展的所谓不确定性的隐忧，表明了双方政治互信仍然不足的现实（房乐宪、关孔文，2017）。

2018年12月，在中欧全面战略伙伴关系建立15周年、中国—欧盟领导人会晤机制建立20周年之际，中国政府发布第三份《中国对欧盟政策文件》，旨在与时俱进、继往开来，进一步明确新时代深化中欧全面战略伙伴关系的方向、原则和具体举措，推动中欧关系取得更大发展。

然而，2019年3月，欧盟发布《中欧战略展望》对华政策文件。该文件对中国的定位有所改变，一方面认为中国再也不能被视为发展中国家；另一方面指出中国对欧盟同时具有多重身份——欧盟寻求与之紧密协调目标的伙伴国家、欧盟寻求与之平衡利益的谈判伙伴以及欧盟的经济竞争者和制度性对手。这给中欧关系的发展进一步蒙上了阴影。

2020年初，新冠肺炎疫情暴发，中欧领导人在线上举行第二十二次会晤，共商双边关系发展与全球格局转变。会晤中，双方重申了在2020年达成中欧投资协定的目标。9月，中国国家主席习近平同德国总理默克尔、欧洲理事会主席米歇尔、欧盟委员会主席冯德莱恩共同举行中、德、欧领导人会晤。会晤提出中、欧要做维护全球和平稳定的"两大力量"，要做推动全球发展繁荣的"两大市场"，要做坚持多边主义、完善全球治理的"两大文明"。同时,中、欧双方宣布签署《中欧地理标志协定》,并于2021年3月1日正式生效。这是中国对外商签的第一个全面的、高水平的地理标志双边协定。这有助于深化双方互利合作,进一步巩固中欧全面战略伙伴关系的经贸基础,并进一步增强中欧双边政治互信。新冠肺炎疫情对世界经济造成了严重冲击,而中国成为全球唯一实现经济正增长的主要经济体。2020年,中国超越美国成为欧盟的第一大贸易伙伴。2020年末,中欧投资协定谈判顺利完成。然而,2021年3月欧盟突然对中国进行无理制裁,中方也以反制裁回击,随后,欧洲议会在2021年5月冻结中欧投资协定,再加上下半年成员国立陶宛对"一中政策"的挑衅,中欧关系发展的变数增多。

总之,一方面,从双边建交以来,中欧关系发展迅速,建立了"全面战略伙伴关系",经贸关系也成为双边关系的压舱石;另一方面,随着双边合作程度的加深和广度的加强,中国实力和国际影响力的提高,中欧双方摩擦也有所增多。此外,"中国威胁论"论断在欧洲的"复苏"不仅使欧盟进一步调整对华战略,而且以恶意来揣测中国"一带一路"倡议和中国与中东欧国家共建的"16+1"合作机制,视其为中国的"地缘政治战略"与"分裂欧洲行为"。

然而,在当前的国际背景下,中欧关系的发展前景是广阔的。在美国推行单边主义、保护主义与"美国至上"的大背景下,中欧双方拥有巨大的合作发展潜力。作为当今国际格局中的两支重要力量,中欧有能力也有责任在保护全球自由贸易体系、应对气候变化、反对技术霸权、完善全球治理等领域加强互惠平等合作,高举多边主义旗帜,维护世界的和平与发展。

第二节 "一带一路"背景下中欧互联互通建设主要官方进程

"一带一路"倡议致力于加强中国与周边地区的互联互通,与沿线国家开展经济合作，达成政治互信、经济融合和文化包容。"一带一路"倡议提出后，欧洲被纳入"一带一路"的合作框架下。虽然，自"一带一路"倡议提出以来，很多欧洲国家都表示出兴趣，不少国家与中国签署了"一带一路"合作协议。但是，欧方的正式官方回应发生于 2015 年。2015 年 6 月，李克强总理在布鲁塞尔参加第十七次中欧领导人会晤时，中欧双方发表联合声明，决定推进"一带一路"倡议同欧洲投资计划发展战略对接，组建中欧共同投资基金、互联互通平台等，进一步确立了中欧务实合作的新框架。时任欧盟委员会主席容克表示，"我担任欧委会主席后推出了 3150 亿欧元投资计划。根据这一计划，我们将持续投资互联互通设施建设……'一带一路'倡议不仅对中国自身有益，欧盟也将凭借与亚洲动力强劲的经济体更加紧密的联系而受益"（帅蓉、闫磊，2015）。2015 年 9 月 28 日，第五次中欧经贸高层对话在北京举行，马凯副总理和欧盟委员会副主席卡泰宁共同主持对话。双方围绕"从战略高度推进双向投资、便利双边贸易"这一主题进行了深入交流，就"一带一路"倡议与欧洲投资计划对接、中欧投资协定谈判和数字经济合作等达成广泛共识，特别是在"一带一路"倡议和容克投资计划对接方面取得积极进展。双方同意成立工作组，就设立中欧共同投资基金的具体方案进行研究，签署了《关于建立中欧互联互通平台的谅解备忘录》。双方还探讨了国际产能合作意向。欧方鼓励中方与欧洲复兴开发银行深化合作，愿按照欧洲复兴开发银行现有章程和程序启动中方成员资格的相关谈判工作（中国经济网，2015）。2015 年 12 月，亚洲基础设施投资银行正式成立，不少欧洲国家也表现出极大热情，尤其是西欧的英国、法国、德国和意大利，中欧的波兰，东欧的罗马尼亚等国，这些国家的积极加入，加强了中国和欧洲国家在"一带一路"框架下合作的金融基础。

2016 年 3 月 28 日，习近平主席访问捷克。这是习近平首次以国家主席身份访问中东欧国家，也是中捷两国建交 67 年来中国国家主席首次对捷克进行国事访问，是中欧关系的一大盛事。这次访问进一步促进了中国和中东欧国家"16＋1"合作与"一带一路"建设的实践对接。

欧方也将互联互通纳入其中欧合作的重点范围。2016年6月22日欧盟发布的《欧盟对华新战略要素》政策文件中指出，"中欧互联互通平台是双方建立的一个重要的政策论坛，旨在让欧盟的政策和项目与中国的'一带一路'倡议产生协同作用"。文件强调，这个平台将推动双方的基础设施合作，包括融资、互操作性和物流。2016年6月29日，中欧互联互通平台第一次主席会议在北京召开。中方代表团由国家发展改革委主任徐绍史率领，并由交通运输部、海关总署、铁路局、民航局、铁路总公司、国家开发银行等的人员组成。欧方代表团由欧方主席、欧盟交通委员布尔茨率领，并由欧盟委员会交通总司、欧盟驻华代表团、欧洲对外行动署等的人员组成。会议由国家发展改革委副主任胡祖才同志、欧盟驻华代表团大使史伟先生共同主持。会上，工作组汇报平台前期工作进展及未来合作建议，并提交工作机制和示范项目优先行动清单请双方主席审议。会后，双方主席签署会议纪要。双方将按照议定事项，继续深入推进中欧互联互通合作（国家发展和改革委员会，2016a）。

根据中国国家发展改革委和欧盟委员会《中欧互联互通平台第一次主席会议会议纪要》要求，2016年11月24日至25日，中欧互联互通平台投融资合作专家组第一次会议在北京召开。会议由中欧互联互通平台投融资事务专家组中方牵头单位国家开发银行承办。来自中欧双方政府及企业的100多名代表参加了会议。中方参会单位包括国家发展改革委、交通运输部、铁路局、民航局等中央部委，浙江、湖北、重庆、新疆等地方发展改革部门，铁路总公司、国家开发银行、中国铁建、中国中铁、中国交建等企业；欧方参会单位包括欧盟交通总司、对外联络署、驻华代表团、欧洲投资银行，以及21个欧盟成员国驻华使馆。国家开发银行丁向群副行长、国家发展改革委基础产业司郑剑副司长、欧盟交通总司欧瓦提副司长、欧洲投资银行沃尔什副总司长等领导出席会议并致辞。会上，双方就各自的融资政策、模式及潜在合作机制进行了充分交流，并重点围绕中欧互联互通平台示范项目优先行动清单展开讨论，详细介绍了项目概况、当前进展、融资模式等情况，研究探讨了融资支持政策及下一步合作机会。双方一致认为，这次会议高效务实，取得了丰富成果，是落实中欧双方领导人倡议、推动"一带一路"倡议与"欧洲泛欧交通网络"对接的实际举措，将为深入推进中欧互联互通合作更加细化、实化创造良好条件（国家发展和改革委员会，2016b）。

2017年5月，欧盟对外行动署网站公布"一带一路"相关信息，表示欧盟支持"一带一路"建设，希望在此基础上与中国开展合作。

2017年6月1日上午，中欧互联互通平台第二次主席会议在比利时布鲁塞尔召开。受中方主席、国家发展改革委主任何立峰委托，国家发展改革委副主任胡祖才与欧盟交通委员维尔勒塔·布尔茨女士共同主持会议并致辞，中方国家发展改革委、交通运输部、海关总署、国家铁路局、民航局、铁路总公司、国家开发银行、驻欧盟使团和欧方欧盟委员会交通总司、欧洲对外行动署、欧洲投资银行及欧洲复兴开发银行等有关人员参加了会议。会议听取了双方工作组在项目清单、政策法规、技术规范以及项目投融资等方面的工作情况，并就加强战略政策对接、推动示范项目实施以及深化中欧班列、绿色低碳交通、通关便利化、标准和技术规范等多方面合作达成共识。会后，双方签署了会议纪要（国家发展和改革委员会，2017）。

2017年6月，中欧领导人第十九次会晤，双方同意加强"一带一路"倡议与欧洲投资计划对接，欢迎签署《丝路基金和欧洲投资基金促进共同投资框架谅解备忘录》。

2018年7月15日，中国国家发展改革委主任何立峰和欧盟委员会交通事务委员布尔茨参加在北京举行的中欧互联互通平台第三次主席会议。会议由中国国家发展改革委胡祖才副主任和欧盟交通总司巴克兰副总司长共同主持。中方国家发展改革委、外交部、交通运输部、海关总署、铁路局、民航局、铁路总公司、国家开发银行、驻欧盟使团和欧方欧盟委员会交通事务委员办公室、欧盟交通总司、欧盟驻华代表团等有关人员参加会议。会议审议了《中欧互联互通平台近期行动方案》，并就深化战略规划对接、谋划运输通道、提升基础设施和相关服务质量、发展绿色交通基础设施、积极稳妥推动示范项目等多方面合作达成共识（国家发展和改革委员会，2018）。

2018年7月16日，第二十次中国欧盟领导人会晤后中欧发表联合声明。声明表示，双方将继续推动中国"一带一路"倡议与欧盟倡议对接，包括欧洲投资计划以及扩大的泛欧运输网络，并通过兼容的海陆空运输、能源和数字网络促进"硬联通"和"软联通"。双方强调，该领域合作应改善亚欧互联互通在经济、社会、财政、金融和环境方面的可持续性。双方欢迎中欧互联互通平台取得的进展，以及第三届主席会议、第三次互联互通专家组会议和投融资合作专家组第三次会议的成功召开。双方将与欧盟成员国和利益攸关方协商，加快实施商定的试点项目。双方将落实中欧互联互通平台第三届主席会议确定的《中欧互联互通平台近期行动方案》，制订年度工作计划，进一步推进中欧基础设施互联互通。

2018年9月，欧盟发布《连接欧亚战略》，强调互联互通建设的规则性、广泛性和可持续性（European Commission，2018）。这一战略被西方媒体称为欧洲版的"一带一路"（Peel，2018）。该战略的出台既显示出欧盟对欧亚大陆互联互通建设领域巨大市场机遇的兴趣，也展现出欧盟通过"规则"和"标准"对自身利益的维护，表明中欧"一带一路"建设既有合作也有竞争。

此外，2017年1月17日，习近平主席在达沃斯世界经济论坛年会上宣布，2017年5月中国在北京主办"一带一路"国际合作高峰论坛，"共商合作大计，共建合作平台，共享合作成果，为解决当前世界和区域经济面临的问题寻找方案，为实现联动式发展注入新能量，让'一带一路'建设更好造福各国人民"。2017年5月14—15日，中国政府在北京举办第一届"一带一路"国际合作高峰论坛，28位国家元首、政府首脑及联合国秘书长、红十字国际委员会主席等重要国际组织负责人出席高峰论坛。主题设定为"加强国际合作，共建

'一带一路',实现共赢发展",议题总体以"五通"(政策沟通、设施联通、贸易畅通、资金融通、民心相通)为主线,围绕基础设施互联互通、经贸合作、产业投资、能源资源、金融支撑、人文交流、生态环保和海洋合作等重要领域进行讨论。2019年4月25—27日,第二届"一带一路"国际合作高峰论坛在北京召开,共40位国家和国际组织的领导人出席圆桌峰会,围绕"共建'一带一路' 开创美好未来"的主题,就推进互联互通、加强政策对接以及推动绿色和可持续发展等议题深入交换意见,达成广泛共识,并通过了联合公报。众多欧洲国家领导人和代表都积极参加了这两届"一带一路"国际合作高峰论坛。

"一带一路"建设在欧洲有北线和南线两条布局。北线以欧亚大陆桥为主要通行线路,从中国内陆省份和西部出发,经中国新疆、中亚、俄罗斯到欧洲。中欧班列(中国开往欧洲的快速货物班列)主要开在这一线路,如"义新欧"(义乌—西班牙)、"渝新欧"(重庆—德国杜伊斯堡)、"汉新欧"(武汉—捷克布拉格)、"长满欧"(长春—满洲里—德国施瓦茨海德)等。南线主要为海运路线,从中国南部沿海城市出发经地中海到达希腊的比雷埃夫斯港(Port of Piraeus)。比雷埃夫斯港位于希腊阿提卡大区的比雷埃夫斯市,距离雅典9千米,是希腊最大的港口、欧洲十大集装箱码头之一,又被称为"欧洲的南大门"。通过比雷埃夫斯港,中国货轮不用从印度洋绕行非洲好望角向北,再从西非海岸抵达欧洲,而是可以直接经过红海、苏伊士运河达到比雷埃夫斯港后,由铁路直接运送到欧洲内陆各地。这条海运航线可使中国货物抵达欧洲的海运过程缩短至少一周时间。比雷埃夫斯港建设也成为中国与希腊共建"一带一路"的旗舰项目。

虽然中欧"一带一路"合作和建设取得了不少成绩,而且除了中东欧国家,西欧的意大利和南欧的希腊也正式与中国签署了"一带一路"合作协议,然而,在这个过程中欧方一直有着不和谐的声音。

第三节 中欧"一带一路"合作中的不确定因素

首先,从"一带一路"倡议在2013年秋提出到2015年欧盟正式官方回应,这中间经历了观望、了解以及怀疑。欧方先是把"一带一路"倡议解读为中国版的"马歇尔计划",借用"二战"后美国对欧洲进行的经济援助进行类比。由于美国在欧洲推行的"马歇尔计划"包含了"重建自由世界"的政治意图,故而把"一带一路"倡议解读为具有地缘政治目的。当经过中方澄清,阐明"一带一路"倡议与"马歇尔计划"的不同后,又把"一带一路"倡议看成中国推行的"新殖民主义"(neocolonialism)。这种从政治动机维度对"一带一路"倡议的解读在欧洲媒体的报道中占比非常大。即使在2015年以后,即欧方逐渐参与到更多"一带一路"建设后,这种政治动机解读的声音也一直存在。

其次,随着中欧"一带一路"合作的深化,欧盟也开始关注"一带一路"可能对欧洲国家带来的风险。比如认为中方通过"一带一路"重大项目的资金支持会使合作国家陷入"债务陷阱",故"一带一路"的实质是中国在打造"债权帝国主义"。因为中国提供贷款给欧洲国家从事基础设施建设,会使这些国家因提供主权担保而债务水平提高,如果这些国家无法偿还债务,就会给中国增加与其谈判的砝码,从而提高中国在该国的影响力。再比如,随着"一带一路"项目的增多,中国在欧投资也逐渐增多,尤其是一些项目涉及欧洲的产能、核能和重大基建等产业,中方的投资被认为会给欧洲"国家安全"带来风险,故而欧方会对这些项目进行层层审查,加以阻挠。

再次,欧盟加强贸易保护主义,在德国和法国等欧洲大国的推动下,欧盟陆续出台了一些外资审查机制,加大对外国收购企业的审查力度,限制欧盟以外国家的并购行为。不少成员国通过了自己的外资审查机制,并逐步开始实施。2017年9月,欧盟委员会希望各国的外资审查机制能相互协调,于是呼吁建立统一的官方机制,预防欧盟的关键技术、敏感信息和基础设施等战略性资源被非欧盟国家的国有企业收购，否则将对欧洲技术在国际上的领先地位不利，也会给欧盟和成员国的安全和公共秩序带来危机（European Commission，2017a）。这一提议在2018年11月被欧洲议会批准。在这些投资安全审查机制下，欧盟对包括中国在内的企业投资加强审查，尤其是2016年加大了对匈塞铁路等"一带一路"项目的审查力度。

最后，中欧贸易摩擦加剧，在市场准入（Market Access）和贸易对等（Reciprocal）等方面出现争端，欧盟不承认中国完全市场经济地位。原本，按照中国加入世界贸易组织的贸易协定规定，中国将在2016年12月自动获得完全市场经济地位。然而，2016年11月，欧盟委员会以修改反倾销法为由向欧洲议会和欧洲理事会提交议案，要求欧盟放弃原有立法中"非市场经济地位"的概念，而以"市场扭曲"概念取而代之。2017年欧盟发表的《中华人民共和国为达到贸易防御之目的而存在显著经济扭曲状况的调查》报告，分析了中国"市场扭曲"状况，自立新规，延续了其不承认中国市场经济地位的政策（European Commission，2017b）。这不仅恶化了双边贸易氛围，也给中欧"一带一路"合作带来更大风险。

此外，2020年新冠肺炎疫情暴发，对全球经济造成巨大打击，也使"一带一路"项目不可避免地受到影响。中国外交部国际经济司司长王小龙在2020年6月19日的一场吹风会上表示，据中国调查，正在推进的"一带一路"项目中，有20%受疫情严重影响，30%—40%受一定程度波及，另有近40%的项目照常推进（杨丹旭，2020）。同时，部分欧洲国家深信疫情的"中国起源论"，意图将新冠肺炎疫情全球暴发的责任推给中国，而中方对西方不实言论反击的行为，也被冠以"战狼外交"。疫情期间，中方为欧洲提供口罩等防疫物资的援助行为被解读为"口罩外交"。这种对华的误解一定程度上也使双方沟壑进一步加深。

综上所述，一方面，中欧在"一带一路"框架下的合作不断深化发展；另一方面，不确定因素给双边合作带来了负面影响。在这一背景下，我们十分有必要了解欧盟和欧洲不同区域国家对中国的认知和评价，了解欧洲的"中国观"，以便消除误解，增强相互理解和相互信任，促进双边关系的良好发展。

第二章将讨论什么是"中国观"，并结合文献梳理长期以来欧洲"中国观"的形成与呈现。

第二章 欧洲的中国观

第一节 中国观和国家形象

"中国观"指对中国的认知、观点和评价。对一个国家的认知、观点和评价有时也用"国家形象"来表示，因此，"中国观"也有学者用"中国形象"、"中国印象"和"中国意象"等词语表达。这种关于一个国家的观点和评价，或者说国家形象，指代着主体的本原以及客观存在经过传播之后在客体观念里投射的主观印象。1976年，学者丹·尼默（Dan Nimmo）和罗伯特·萨瓦格（Robert L. Savage）（1976）对形象的解读被广泛引证，即"人对目标之物、事或他者建构的认知与态度"。一个国家的形象从横向维度来看，应当是这个国家在国际上以及其他国家眼中的综合认知。因此，这种综合的形象认知涵盖一个国家政治、经济、文化和社会等各类发展场景。

学界对于国家形象内涵的阐述比较充分。管文虎（2000）认为，国家形象的三大支柱分别为"物质基石、制度支撑和精神烘托"。崔保国、李希光（2000）从政治、经济、文化和社会等角度勾勒了国家形象建构的整体框架，国民生活的各个维度都成为构成整体形象的必要因素。其中，政治包括政府信誉、政治体制、外交能力以及军事实力等；经济包括金融、财政状况、国民收入等；文化包括科教水平、历史遗产、风俗习惯以及价值观念等；社会包括社会安全与稳定状况、凝聚力和国民素质等。另外，国内外学者在传统政治、经济、文化、社会以外的领域，对国家形象的概念也有丰富的补充。在政治维度，刘小燕（2002）认为，除去体制、外交等制度上的表现，领导人呈现出的风范及个人形象同样是国家形象的重要组成部分。孙有中（2002）认为，除去国家的人文环境，国家包括地理环境、自然资源以及人口状况在内的地理状况也是国家形象的客观组成要素。而包括自然环境和人文环境在内的一国客观情况是需要经国内外受众认知和评价的加工处理才能最终形成"形象"，国家形象并非仅仅指代对于客观存在的简单描摹。

然而，一个国家的国家形象也并非政治、经济等要素的简单拼凑相加，而是需要借助一定的认知背景和社会语境才能体现出不同维度形象的差异。范红、胡钰（2016）基于此提出了"决定国家形象最主要的认知维度"，包括政府维度、企业维度、文化维度、景观维度、国民维度和舆论维度。在不同维度下，国家形象将呈现迥然不同的方面，传播主体的作用也随之被挖掘出来，国家形象传播的主动性以及意义也得到解释，虽然对一个国家形象的观念最终生成于客体的认知当中，但是传播主体结合传播目的可以对传播过程采取相应的调整和策略。孙津（2001）认为，对于国家形象，不应当从局部和分解的角度看，不应仅从横向解读上出发，还应当具备纵向整合以及层次化解析的意识。孙津（2001）指出："传统和现代的关系，共同体的整体实力以及意识形态，是国家形象构成要素的主要体现形式。"这也就意味着，从纵向上来讲，一个国家的国家形象不仅包括现有的诸多客观要素，在继承文化传统和意识形态等方面，它还同时具备历史性和在源流上的延展性。总体说来，一个国家的国家形象是主观性与客观性的统一，且具有民族性和历史性的特点。正如，韩源（2006）对于国家形象特征的描述，他认为国家形象主要具有五方面特征：第一，兼具主观性与客观性；第二，具有民族性，是一个国家民族性格和精神的象征和表现；第三，具有多样性；第四，具有可传播性和可塑性；第五，国家形象具有相对稳定性，一旦形成在短时间内难以发生较大变动，这也是很多刻板印象形成的原因。

综合来说，一个国家的国家形象是国内外公众对一个国家的综合评价和整体印象。如张毓强（2002）将其定义为："一个主权国家系统运动过程中发出的信息被公众映像后在特定条件下通过特定媒介的输出。"其本原维度包括自然要素和人文要素，涵盖政治（政治体制、政治制度、领袖及公务人员的形象、行政效率、军事实力、国际关系、外交政策及能力等）、经济（综合经济实力、经济产品、商业环境、科学创新技术、基础设施等）、社会（生活质量、国民素质、人口状况、社会稳定和自由程度等）、文化（文学艺术、历史遗产、风俗习惯、文化产品、价值理念等）、景观（旅游资源、自然及人文地理状况）、舆论表达等方面，以国家主体主动传播为主要方式，形成了外界对于该国家情况的整体感受。

第二节　国际关系视角下的国家形象

现代学术意义上的国家形象研究大约起始于20世纪50年代，同国家形象作为各维度、各领域的意义综合体的性质一样，自国家形象的概念诞生起，各学科围绕着国家利益的各角度，从不同视角切入对国家形象的建构。政治学研究中，学界对于国家形象的建构常以结果为导向，关注国家形象在国际关系中的现实效果；传播学研究更加注重国家形象的建构过程，包括国家形象的传播主体、传播渠道、传播客体以及传播效果研究；而心理学研究则从认知出发，研究国家形象在建构和传播过程中的内在反应机制和形成过程。有关"形象认知"的研究可以追溯至1922年，传播学者李普曼（Lippmann, 1922）在《公众舆论》一书中对"形象认知"进行了描述："人们学着通过头脑去认知他们所不能触及的绝大部分世界，渐渐地，他们会在头脑中描绘出一幅值得信赖的关于外部世界的图景。"

国际政治学对于国家形象的研究始于意识形态对抗激烈的冷战时期。冷战期间，意识形态大国对敌对方的舆论攻势和劝说渗透引起了学界在国际关系领域对于"国家形象"的关注。学术界开始认识到，诸如"外交政策仅决定于国家利益和国家实力等客观要素、不掺杂个人偏见"的现实主义观点已经备受质疑。肯尼斯·博尔丁（Kenneth Boulding, 1959）认为："国家形象是关于对象国家的存在于受众意识层面的、具有共享性事件和体验的总和。"这也是国家形象（National Image）概念首次被提出，博尔丁也被认为是国家形象研究领域的奠基人。他在著作《形象》（The Image）当中提出，"国家形象"由国家的地理空间、外部对于该国家外交态度及实力的判断构成，而这直接影响了国家执政者对于外交政策的决策和执行。自此开始，对于国家形象研究更关注于对立政治体之间的国家形象认知，研究客体多为存在对抗的政治实体，关注点在国家形象建构的成果以及不同"形象"间的对抗。在这一背景下，认知心理学在国家形象中的地位日益凸显，如诺埃尔·坎普洛维茨（Noel Kaplowitz, 1990）认为国家的自我形象（National Self-Imagery）和对敌方的认知（Perceptions of enemies）是决定各种国际冲突的关键因素。

随着冷战的结束、全球多极化格局的形成，对于国家形象的研究不再局限于对抗政治实体之间，而是扩展到了更广泛的政治领域中。1990年，约瑟夫·奈发表了《软实力》及《变化中的世界力量的本质》等学术文章，全面阐释了软实力理论。约瑟夫·奈（Nye, 1999：21）在《软实力的挑战》中曾对"软实力"的概念进行了解析："软实力是一国的文化、意识形态吸引力，即通过吸引而非强制的力量获得其理想结果，能够使他人信服而自愿跟随，遵循你所制定的行为准则与制度，依你所愿行事。软实力很大程度上依赖信息的说服力。若一国可使自身立场在他人眼中具有吸引力，并鼓励别国依照寻求共存的方式，来加强用以界定其利益的国际制度，则无须扩展传统的经济和军事权力。"在"软实力"的概念里，以国家形象为代表的，相对于政治、经济实力独立存在的文化和意识形态吸引力，能够极大程度地提升一个国家的综合实力。软实力理论、公共外交理论和"心灵政治"等学术观念的兴起，使得国家形象的议题逐渐成为国际政治研究中一个不可忽视的方面（约瑟夫·奈，

2005)。随后,"形象理论"被提出,研究不同族群之间的国家形象概念理解,比如一个族群利用国家形象来过滤信息并解释其他族群的行为。在此理论下,一个国家的国家形象战略不仅包括本国的形象塑造,还包括对其他国家形象的解释(Hermann & Fischerkeller, 1995)。冷战之后,传统力量以外的国家势力不断崛起,逐渐打破了传统的国家形象竞争力格局。然而,由于国家形象存在着相对稳定的特点,对于一些民族国家的国家形象认知仍然存在滞后的特点。许多国家尽管政治、经济上逐步崛起,然而其国家形象仍然被创造于前全球化的格局中,信息流通以及身份认同依然受到权力体的主导(Daliot, 2007)。

进入21世纪,随着经济全球化和人类社会进入信息时代,国家形象日益在各个社会发展维度凸显出作用,不再仅仅局限于政治领域。国家对于自身形象塑造的根本目标也更加综合和多元,对抗已不再成为国家形象相关学术研究以及政治实践的核心目标。在此过程中,经济管理学中的"品牌管理"观念被引入了国家形象研究的范畴,优秀的国家形象塑造常常被视作一种品牌,成为一个国家生存和发展的重要资源。一国的"形象"和"声誉"逐渐成为国家战略的重要部分,能够深刻地影响其他国家对于该国家的评判。因此,对于国家形象的塑造、管理以及全球战略传播已为更多国家所认同和重视。一些社会精英会有意识地借助传媒强化国家认同,"现代民族国家自觉地使用语言政策、正规教育、集体仪式以及大众媒体来整合公民个体并确保他们的忠诚"(Schudson, 1994)。同时,一些致力于研究各国国际形象的全球舆论调查机构开始出现,如皮尤研究中心(Pew Research Center)、欧洲晴雨表(Eurobarometer)、亚洲晴雨表(Asiabarometer)等。这些机构涵盖公众对个人生活、国家现状和重大事件的看法和态度,将散乱的舆论形象化和条理化。自此开始,国家形象不再是"冷战思维"引领下的点对点的对抗,而是点对面的传播,具有观念性的集合体、多维度的组合以及易变性等诸多特点。

总之,从上文讨论中我们看到,首先,由于对一个国家的认知、观点和评价既是横向维度包含政治、经济、社会和文化的综合认知,也有纵向传统和历史源流的影响。其次,对一个国家的认知、观点和评价,即国家形象,在国际关系中有非常重要的作用,形象的好坏轻则影响他国政府和民众对本国的判断和态度,重则影响他国对本国外交政策的制定和执行。再次,国家形象可以通过"管理"来塑造、维护并建立声誉,这是一个战略传播过程。

因此,要了解欧洲的中国观,我们首先需要了解欧洲在横向维度和纵向维度上对中国的认知。这样,才能在了解欧洲的中国观的基础上更好地发展中欧关系,促进双方在政治、经济和人文交流等方面的沟通、互信与合作。

2021年5月31日,习近平总书记在中共中央政治局第三十次集体学习时强调,加强和改进国际传播工作,讲好中国故事,传播好中国声音,展示真实、立体、全面的中国,为我国改革发展稳定营造有利的外部舆论环境,为推动构建人类命运共同体作出积极贡献。所以,我们应当把在欧洲塑造和建构一个积极正面的中国观作为中国的国家战略,为中欧关系发展营造有利的外部舆论。

本章下文将先从纵向维度讨论欧洲中国观形成的历史溯源和文化溯源,再从横向维度讨论当代欧洲中国观的综合呈现。在这些讨论的基础上,本书后面的章节再着重比较分析"一带一路"背景下欧洲主流智库的中国观,并在分析中结合中欧关系的发展进行讨论,本书最后也会对中国在欧形象建设提出政策建议。

第三节 欧洲中国观形成的历史溯源

中国和欧洲分别是东、西方两大文明的发源地,相隔数千公里,远古的时候并不知道对方的存在。正史中可考的古代中国和古代欧洲的真正接触始于东汉时期。当时欧洲的罗马帝国被中国人称为大秦。据《后汉书·西域传》记载,"大秦国一名犁鞬,以在海西,亦云海西国……其人民皆长大平正，有类中国，故谓之大秦。"古代中国和古代欧洲接触的最早尝试可追溯到公元97年，东汉时期的西域都护班超派遣部下甘英出使大秦，但是甘英当时只到达波斯湾头的幼发拉底河和底格里斯河入海处的条支（Antiochia），在准备渡海继续向西时，听信了当地人对阿拉伯海航行艰险的夸张说法，就没有进一步西行，自条支返回。虽然当时甘英并未达到欧洲，但这也是中欧接触的第一次尝试。后来，大秦也想派使臣到汉，不过受到安息人的阻挠，因为安息人想要垄断罗马与东方的贸易，不希望二者直接接触，故只好改走海线。公元166年，大秦王安敦（即罗马皇帝安东尼·庇乌斯 Anthonius Pius）遣使从越南登陆，到达东汉洛阳，将象牙、犀角等礼物送给东汉皇帝——桓帝刘志。《后汉书·西域传》记载："（大秦）王常欲通使于汉，而安息欲以汉缯采与之交市，故遮阂不得自达。至桓帝延熹九年，大秦王安敦遣使自日南徼外献象牙、犀角、玳瑁，始乃一通焉。"这是我国正史中关于中国同欧洲直接来往的最早记载。欧洲正史中，也有罗马史料记述了中国使团抵达罗马境内的情景。

从三国两晋时期开始，中欧双方往来增多。到了唐朝以后，除了异域商人，西方传教士也来到中国。据悉，公元431年，基督教的聂斯托利派被罗马教廷斥为异端，这些教徒在欧洲受到排挤转而向东方发展。他们长途跋涉来到东方古国，受到了开明的唐太宗的盛情礼遇。唐太宗将他们请到皇宫，向其讨教教义，并允许他们在皇室书房翻译《圣经》。三年后，唐太宗准许在长安城修建大秦寺，允许大秦教士公开传教。基督教传入中国后也被称为景教，公元781年，由波斯传教士伊斯出资，在大秦寺中建立了《大秦景教流行中国碑》，详细记述了景教在中国的流传经历。

1275年5月，意大利人马可·波罗跟随父亲和叔叔拿着教皇给忽必烈大汗的复信和礼品，一行十几人到达蒙古上都。忽必烈留他们在元朝任职。从1275年至1291年的17年间，马可·波罗一直以客卿的身份在元朝供职。1295年归国后，他因参与本邦威尼斯对热那亚人的战争被俘，在狱中通过他的口授，由同狱的比萨文学家鲁思梯谦笔录，写成流传后世的《马可·波罗游记》(The Travels of Marco Polo)（又名《东方见闻录》）。书中记录了中亚、西亚、东南亚等地区许多国家的情况，其中尤以关于中国记载的部分最为详尽。

明朝时期，罗马教皇派遣了很多传教士来华传教，其中最出名最有成就的是天主教传教士利玛窦。利玛窦与徐光启、李贽、汤显祖等中国官员、名士的友谊使他的传教活动获得了明朝政府的许可。徐光启通过利玛窦的帮助，翻译了不少西方科学著作和哲学著作。利玛窦也把中国的儒家学说翻译回欧洲。1593年利玛窦在意大利出版了《四书》的拉丁文译本，使孔孟之道传播到欧洲，对当时欧洲文艺复兴思想产生了巨大影响。

古代中欧之间经济和文化交流逐渐增多，形成了以货物交换为主要目的的陆上交通和海上交通两条路线。不过在最初的贸易路线中，中国没有直接与欧洲产生太多联系，而是主要经过路线途中的各个转口贸易国家间接进行，比如中国的货物与古印度、古波斯、阿拉伯、贵霜帝国等国交换，再由这些国家交换到欧洲各国。中国运往西方的有丝绸、瓷器、茶叶和铜铁器等，而往国内运回的主要是香料、花草及一些供宫廷赏玩的奇珍异宝等。宋元时期，著名的陆上丝绸之路是当时通往西方的交通要道，陆路向西通往波斯、阿拉伯、俄罗斯以及黑海附近的欧洲国家。宋元时期的海上交通发达，宋代的造船业兴盛，在当时世界上居领先地位。北宋末年，指南针开始用于航海，而南宋时期制造的海船专门配备了指南针。广州、泉州是当时闻名世界的大商港，中国商船向西可到达阿拉伯半岛和非洲东海岸，最远经苏伊士运河到达地中海。宋朝时期，与中国有贸易关系的国家和地区有五六十个，元朝时期有140多个。随着海外贸易的繁荣，除了货物交换，古代中欧双方的经济、文化和科技交流进一步发展。中国的印刷术、火药、指南针、造纸术等四大发明与农业和手工业生产技术、驿站制度等传到西方，西方的药物、天文、历法、数学等传到中国。

虽然陆上和海上两条丝绸之路在中西实际商贸往来中由来已久，但"丝绸之路"的命名实际起源于1877年德国地理学家李希霍芬（F. von Richthofen）。李希霍芬研究中西方商贸的交通路线，当时所指的"丝绸之路"是指"从公元前114年到公元127年，中国于河间地区以及中国与印度之间，以丝绸贸易为媒介的这条西域交通路线"。这里西域泛指古玉门关和古阳关以西至地中海沿岸的广大地区。后来德国人胡特森也对中欧往来的交通路线进行研究，其在多年研究的基础上，撰写了专著《丝路》。在这之后，"丝绸之路"这一称谓得到了广泛承认，史学家们把沟通中西方的商路统称为"丝绸之路"。

陆上和海上两条丝绸之路使中欧交流逐渐增多，中国在欧洲地图中的形象也变得越来越清晰。地图是一种文字符号和图像符号的媒介，所以地图上的中国形象反映了当时欧洲对于中国的认识，也即中国国家形象的变迁。王一波、吴璟薇（2021）的研究表明，伴随着中欧交流的增多，欧洲地图里的中国随着时间经历了由空白到丰富、从野蛮到文明、从征服到平等的变化。比如，在中国国家形象从野蛮到文明的变迁中，可以明显看出文化传播的几个阶段：首先是接触与显现阶段，在接触前欧洲地图中的中国国家形象是凭借宗教想象来的，是野蛮和落后之地。而在接触之后，以马可·波罗为代表的欧洲人开始将中国描述为富裕、令人向往之地，这便体现出中国文化元素在西方社会的显现；其次是选择阶段，表现为对外来文化元素的选择、接纳或者拒绝的过程。欧洲对于中国的丝绸、香料、瓷器等奢侈品表现出强烈的兴趣，将瓷器的英文代指"中国"就是明显的例子；最后是采纳融合阶段，在越来越多的欧洲人了解了中国之后，开始将中国作为有深厚文明的国家对待，表现在地图上便是中国国家形象的文明化。

第四节　欧洲中国观形成的文化溯源

欧洲中国观的形成是个长期的过程。在古代中欧经济、文化和科技交流不断增多的情况下，相隔数千千米的两个地区表现出在文化认知上的差异。在跨文化的语境中，对于客体国家的认知会受到认知主体的图式（Schema）影响，形成独特的认知过程。从认识论的角度看，国家形象跨文化生成是主体在一定情境下通过中介获取客体国家的信息，经过自身的文化选择，从而形成对客体国家认知的思维建构过程（吴献举，2017）。客体国家是认知的对象，但是在许多情况下它是远离主体的，通过传播媒介、社会组织、他人这样的中介，才能进入认知者的认知范围。

中国和欧洲作为世界两大古文明的发源地，各自继承了截然不同的价值遗产。古代欧洲对中国的认知大多来源于旅游书、历史文献、文学创作等传播媒介中关于中国的记述和呈现，它们也成为欧洲中国观形成的重要文化来源。吴宇涵和张莉（2021）的论文《多维呈现：欧洲对华刻板印象文化溯源》追溯了欧洲的文学、影视、新闻媒体和广告作品中对中国和中国人刻板印象的来源，拟厘清欧洲和欧洲人如何形成对中国和中国人的认知。

研究发现，在古代神话和文学作品中，欧洲已经开始了对古代东方的想象。欧洲最早对于中国和中国人的称呼源自希腊文 Seres（赛里斯），意指丝绸之乡。根据当前有考据的史料，赛里斯最早出现在公元前 4 世纪希腊历史学者 Ctesias 的创作中，描述中国人的形象高大且长寿，该文献影响了后来对中国人的生理学认知直至 10 世纪。其后，赛里斯则在公元前 30 年 Virgil 的诗集 *Georgica* 中出现，当中描述了赛里斯国是一个富裕丰饶，羊毛树（wool-bearing trees）取之不尽的地方。此后，关于中国丝绸生产的神话在欧洲正式流传开来（Wang, 2017）。

13 世纪蒙古人征服了欧亚大陆后，关于远东（Far East）的大量信息涌入欧洲。从那时起，中国（人）在欧洲的形象开始变得多样且具体。古代有关中国的游记，最著名的莫过于《马可·波罗游记》。《马可·波罗游记》第一次向欧洲读者较全面地介绍了中国，它以大量的篇章、热情洋溢的语言，描述了中国无穷无尽的财富、巨大的商业城市、极好的交通设施以及华丽的宫殿建筑。书中对忽必烈大加赞誉,称赞其是"迄于今日世上从未见广有人民、土地、财货之强大君主",而书中对元初政事、战争、宫殿、朝仪乃至中国名都大邑的繁荣景象,也记载翔实,引人入胜。这些叙述在中古时代的地理学史、亚洲历史、中西交通史和中意关系史诸方面,都有着重要的历史价值。

吴宇涵和张莉(2021)的研究表明,13 世纪中叶到 20 世纪初中国(人)在欧洲文学作品中的形象要么被极度理想化,要么被妖魔化。其研究发现,除了马可·波罗,在 Odoric of Pordenone 和 John Mandeville 笔下的远东也是一个极为富裕且庞大的帝国(Wang, 2017;杨波, 2016)。1585 年,Mendoza 出版了 "Historia de las cosas más notables, ritos y costumbres del gran reynode Eusebius la China"(*The History of the Great and Mighty Kingdom of China and the Situation Thereof*)。该部著作给欧洲带来了一个普遍认知:中国是一个拥有完美政治制度的强大帝国。17 世纪下半叶,由于 Athanasius Kircher 的 "China Illustrata"(*China Illustrated*)、Jesuit Le Comte 的 "Nouveau mémoires sur l'état present de la Chine"(*New Reports on the Present State of China*)以及 Philippe Couplet 和 Prospero Intorcetta 的 "Confucius Sinarum philosophus"(*Confucius, Philosopher of the Chinese*)等著作出版,中国理性的儒家文化和崇尚道德和谐的国家形象深植欧洲人心中,并对 17 世纪和 18 世纪欧洲的启蒙思潮带来了深远的影响(Wang, 2017;Hill, 2010)。总之,此时期的中国和中国人在欧洲都维持着正面形象。

但自 18 世纪起,大量关于中国的信息在欧洲传开,加上欧洲人心中对于中国帝国形象的矛盾,中国和中国人在欧洲的形象逐渐转为负面。George Anson 在他的游记 *A Voyage Round the World* 中揭露了中国人的道德沦丧;Montesquieu 在 "De l'esprit des lois" 中反驳耶稣会传教士对中国政治和哲学的赞赏,并将中国描述为一个有着恐怖制度的专制国家,且它的道德仪式是"有礼无体"。1837 年,Hegel 的 "Vorlesung über die Philosophie der Geschichte"(*Lectures on the Philosophy of History*)出版，其中他将中国贬为一个活在自己世界的国家，没有参与历史的进程（Wang，2017；管新福，2016）。19世纪后半叶，大量的亚裔移民涌入欧洲，"黄祸"（Yellow Peril）和"危险分子"（Danger）等称呼开始在欧洲流传开来，期刊 Punch 和 Boy's Own Paper 甚至还出现了一些带有种族象征的词语，如"中国佬约翰"（John Chinaman）和"异教徒中国佬"（Heathen Chinese）。从此之后，中国落后、野蛮、专制、衰老的形象就深植欧洲人的心中（Wang，2017；Hill，2010；姜智芹，2014）。

另外，德国作家 Karl May 的科幻小说"Der blau-rote Methusalem"（The Blue-red Methusalem）依循了 Defoe 和 Anson 的描述，批评了中国人；Judith Gautier 的"Le Dragon impérial"及"La Fille du ciel"、Pierre Loti 的"Les derniers jours de Pékin"都同 Hegel 一样将中国描述为缺乏历史，像花瓶一样没存在感的国家。1913年，英国作家 Sax Rohmer 出版了一系列以"傅满洲"为主角展开的小说。在他笔下，傅满洲是一个肩膀高耸、身形细长，长得像猫一样，有着莎士比亚的额头、撒旦的脸型，双眼还会释放出绿色光芒，但却是十足聪明的科学家，拥有着许多传统的"东方手段"。他阴险、凶残、狡猾，随时都威胁着白人的生命安全和准备摧毁世界，总之是个集东方民族狡诈和邪恶于一体的人物。在这个系列小说风行了半世纪后，欧洲人从此将傅满洲这个符号和中国人画上了等号（Wang，2017；黎煜，2009）。

从宗教角度来说，欧洲深受圣经神学观念制约，虽然认为中国是个异教徒之邦，但是耶稣会士希望在不撼动中国原有文化的情况下将基督教平稳移植到中国，因此更注意在两者之间寻找可供嫁接的相似之处。他们还要把自己的一整套理念传递给欧洲的宗教赞助者和普通民众，以获取他们对自己做法的支持。结果在相当长的时期内，欧洲人完全通过耶稣会士来认识和评价中国，脑子里完全被两种文明的巨大相似性占据，但是这种寻找或构筑相似性的努力进入18世纪后就逐渐褪色。取而代之的是日益强烈的对中西文化差异性和对立性的认识，而这种认识又成为19、20世纪欧洲人认识中国的起点。"中国是欧洲的对立面"的认识一经形成，便一直延续至今（张国刚，2006）。

事实上，近代以来欧洲中国观的出发点不可避免地建立在欧洲中心主义（Eurocentralism）的思想基础之上。欧洲中心主义出现于18世纪中后期，在19世纪得以发展，并且最终形成一种人文科学领域的思想偏见。它是一种从欧洲的角度来看待整个世界的一种隐含的信念，自觉或下意识地感觉到欧洲对于世界的优越感。这种观点认为欧洲具有不同于其他地区的特殊性和优越性，因此欧洲是引领世界文明发展的先锋，也是非欧地区迈向现代文明的灯塔。

欧洲中心主义的形成既与英国工业革命的成功有关，也与达尔文的进化论有关。英国工业革命的成功揭开了欧洲资本化道路的序幕，19世纪时，欧洲已凭借其雄厚的经济实力和强大的军事力量通过殖民和资源掠夺向全球扩张，在世界范围内奠定了自己的霸权地位。欧洲人认为，欧洲之所以能够成为全球霸主是因为其人种的优异，这种民族优越感（ethnocentralism）让他们认为世界上其他的民族和国家都比他们低劣。与此同时，达尔文的物竞天择观点也在科学界掀起了物种进化的争论，而这一争论为欧洲中心主义从另一个层面提供了立论基础。欧洲中心主义既可以看成一种历史观，也是一种世界观。欧洲中心主义的观点一直以来深植于整个西方世界，使得欧洲在面对中国时容易借助刻板印象来理解与中国和中国人相关的一切事物。

第五节 当代欧洲中国观的综合呈现

20世纪以来，中国和欧洲的交流迅速增多，随着科学技术和信息传播技术的迅速发展，中国在欧洲的形象也在政治、经济、社会和文化等方面更加丰富。

经过百年半殖民地半封建屈辱后的中国，在1949年10月迎来了新生。中华人民共和国成立后，1950年1月，英国在西方国家中率先承认新中国。1964年1月27日，中、法两国政府发表联合公报，正式建立外交关系，中法建交是中国和西欧国家关系加强的一个重大突破。20世纪70年代以来，中国与更多的欧洲国家建立外交关系，也与欧盟的前身欧洲经济共同体于1975年正式建交。70年代末中国开始经济改革。过去几十年来，世界见证了中国在国际舞台上的重新崛起。这引起了欧洲学者和欧洲大众媒体的广泛关注。不仅自20世纪90年代末以来，有关中国的新闻报道显著增加，而且，对中国的学术研究也在增加。一方面，欧洲媒体在中国的旅游、社会、经贸、政策以及国际关系等方面对当代中国进行的描述和呈现，为欧洲民众了解和认知中国提供了窗口；另一方面，当这些媒体报道把中国作为"他者"（other）与"我们"（us）进行对比时，欧洲对中国意识形态上的偏见和刻板印象也影响了中国形象的客观呈现。

在欧盟层面，Zhang（2010）对欧洲精英公共领域内的三大跨国纸质媒体《金融时报》（*Financial Times*）、《经济学人》（*The Economist*）和《国际先驱导报》（*International Herald Tribune*）从1989年到2005年有关中国的报道进行了分析。研究发现，这些媒体对中国的报道可以分为四个时期，1989—1992年，对中国关注较少，因为当时中国在国际上的重要性一般。1993—1997年，因改革开放所带来的巨大消费和投资市场而使中国开始受到欧洲媒体的广泛关注。1998—2002年，由于亚洲金融风暴的爆发，这些欧洲媒体把焦点转移至东南亚国家。2003年之后，随着中国在国际上地位的提升，欧洲媒体又把注意力重新转回中国，此后关于中国的报道量逐年突飞猛进。在这期间，媒体塑造了一个崛起中的中国形象，一方面，具有强大的经济吸引力，不仅经济增长迅速，而且拥有巨大的市场潜力，吸引了大量海外投资；另一方面，不仅在亚太地区的重要性增加，而且在世界事务中也发挥越来越重要的作用。最重要的是，媒体对中国崛起的报道可以渗入其他国家的对外政策制定过程中。Zhang（2011）在《新闻媒体与中欧关系》（*News Media and EU-China Relations*）的著作中，专门探讨了新闻媒体的形象塑造功能在中欧关系中的作用，通过对欧洲公共领域内媒体的有关中国的媒体议程和欧盟对华政策文件中有关中国的政策议程的对比分析，发现在时间上媒体议程先于政策议程，从而论证了欧洲公共领域内的跨国媒体的对华报道影响了欧盟的对华政策。

张晓旭、孙诗和张莉（2021）考察了2016—2018年欧洲公共领域的《金融时报》、《经济学人》和"欧洲新闻台"（Euronews）对中国的报道。研究发现，在美国掀起孤立主义与单边主义的背景下，作为世界多极化趋势中的两支重要力量，中欧关系前景可期，中欧经济互补性强，并且在全球治理、共同应对人类面临的挑战等方面具有很多共识，如环境保护、捍卫自由贸易等，因此欧盟媒体对中国抱有更为开放和平和的心态，中国国家形象在欧洲得到了较为广泛的传播。在他们对中国的报道中，习近平总书记提出"文明大国""东方大国""负责任大国""社会主义大国"等四个大国形象均有不同程度的呈现，体现出中国的改革开放成果和新时期国家形象建设成果。与此同时，在参与全球治理、引领科技发展、维护贸易秩序、开展对外援助等方面，欧盟媒体对中国做出的努力给予了较为正面的评价，反映出他们对中国进一步承担起大国责任的期待。研究考察的三个欧洲公共领域的媒体中的中国形象中，最突出的是中国经济大国形象、中国改革形象、中国全球领导者形象和中国负责任大国形象。然而，由于长期以来中欧双方在意识形态等方面存在的巨大差异以及媒体本身市场定位的影响，欧洲跨国媒体对中国的报道仍带有一定的刻板印象和偏见，他们在政治、人权等议题上仍然以负面报道为主。这些都影响了中国国家形象在欧洲的传播与塑造。

在西欧北欧层面，近年来学者们的研究表明，总体来说西欧主要国家，尤其是英国、法国和德国对中国的认知与欧盟层面有类似之处，不过，这些国家的"中国威胁论"（China Threat）和"惧华论"（Sino-phobic）更加突出。英国媒体通过军事隐喻（Military Metaphor）、暴力隐喻（Physical Force Metaphor）和兽性隐喻（Bestial Metaphor），强化了东方主义的历史观点，暗示中国将变得跟西方一样发达，会对当今世界秩序产生威胁（Tang, 2017）。在法国媒体和汉学家们的"引导"下，中国形象长期处于负面状态，这就形成了"批评中国"成为某种政治"正确"的行为，而为中国辩护则是政治"不正确"（郑若麟，2015）。近年来，德国对中国的负面评价增多，比如在中国美的于 2016 年收购德国库卡后突然增加了对"一带一路"倡议的关注，但是关于"一带一路"倡议，相比英国和法国，德国媒体更多把"一带一路"看成中国的一项地缘政治战略，认为其意图是为了和美国竞争（张莉、史安斌，2021）。在西班牙，主流电视新闻频道有中半数以上关于中国的新闻都采用了负面论调，首先，其中三分之一的新闻聚焦于中国的经济潜力和发展，强调中国的社会主义制度对市场、政治和社会带来的影响。例如，有些新闻描述了中国人的消费能力，试图将中国人形塑为一种"豪奢""暴发户"形象。其次，一些新闻着重渲染暴力与冲突，并将其与中国形象强行捆绑，借人权问题滋事，通过报道诈骗、贪污等个案将中国形象污名化。最后，则分别描述中国的环境问题和有别于西方的制度结构，认为高速发展的经济给中国带来了许多污染，并将环境问题归因于制度缺陷（Rodríguez-Wangüemert et al., 2019）。Lams（2016）研究了比利时和荷兰的法语和荷兰语共 7 家精英媒体，发现其即便意识形态和目标受众各有不同，如左翼、右翼、中间、天主教、保守主义、自由主义等，但对中国形象的呈现却都一致地采取负面报道，政治上批判中国的人权、所谓"极权"等不同于欧洲价值观的意识形态；经济上同样偏好采取人权的框架来报道中国，如劳工情况等，而缺乏对中国社会和文化的关注和理解。

在中东欧层面，中东欧国家的中国观可以概括为"机会—威胁二元论"。近年来，在"一带一路"倡议的框架下，中国与中东欧国家的"16+1"合作机制快速发展。在双边贸易方面，"2012 年至 2020 年，中国与中东欧 17 国贸易年均增速 8%，是中国与欧盟贸易增速的 2 倍以上。2020 年，中国与中东欧 17 国贸易额首次突破千亿美元，达到 1034.5 亿美元，同比增长 8.4%"。在投资合作方面，"目前，中国同中东欧国家双向投资规模已接近 200 亿美元，涉及汽车零部件、化工、家电、物流、矿产、商务合作等多个领域。绿色低碳、医药健康、新能源等正成为新的投资热点"。基础设施项目也在稳步实施。"2020年，中国企业在中东欧国家签署工程承包合同额54亿美元，增长34.6%。中方承建的匈塞铁路、克罗地亚佩列沙茨大桥、黑山南北高速公路优先段等项目稳步推进，中国企业在中东欧国家成功签约了新的铁路、公路和地铁等建设项目。"互联互通建设方面，"中欧班列在疫情防控期间加速发展，2020年开行超过1.24万列，同比增长50%，架起了中欧抗击疫情的'生命线'。波兰、匈牙利、捷克、立陶宛、斯洛伐克等国成为中欧班列重要的通道和目的地，中欧陆海快线建设积极推进，中国与中东欧国家港口物流往来密切，郑州、石家庄等地新开通了飞往中东欧城市的定期货运航线"（罗珊珊，2021）。

在构建"16+1"合作机制和"一带一路"倡议的过程中，中国与中东欧国家在经贸投资、基础设施、人文交流等方面开展了广泛的合作。与此同时，这些合作相关的威胁形象从未停止过，从而给中国与中东欧的关系蒙上一层阴影。这些年来，中国在中东欧国家中"机会—威胁"（Opportunity-threat）二元形象的中国观一直是学者们关注的焦点。

有关中国的"机会观"：

中国和中东欧国家之间的经贸合作可以实现双方的共赢。中国不断扩大的经济可以为中东欧地区带来更多的投资，而中东欧的发展可以使其对中国的投资更具吸引力。比如，Dimitrijevic（2017）指出，中国在塞尔维亚的各项工程建设项目，如匈塞铁路、E763高速公路（即贝尔格莱德-南亚得里亚海高速公路）和KOSTOLAC-B电站项目等，加速了塞尔维亚经济和技术的发展。塞尔维亚自身的优势，如渴望加入欧盟和世贸组织、经济发展稳定、具有高素质的廉价劳动力等，也有利于中国的投资。

在"一带一路"倡议下，良好的基础设施建设有效地提高了中国和欧洲之间的货物运输的效率，带来了可观的贸易成果。García-Herrero和Xu（2017）专门探究了"一带一路"所倡导的基础设施建设创造了多少贸易成果。他们的模拟结果发现,"由于中国的'一带一路'建设带来的运输成本降低,欧盟国家,特别是内陆国家,将在贸易额方面受益8%。东欧和中亚也是如此,在较小程度上,东南亚也是如此"。从国家层面评估,"一带一路"国家的交通基础设施促进了经济增长;而区域层面的估计结果显示,交通基础设施对经济增长的正空间溢出效应在中欧和东欧最为明显(Wang et al.,2020)。

交通网的建设也给一些国家带来发展的机遇。波兰被称为欧洲的"十字路口",是许多中欧班列的目的地(如蓉欧班列:成都—波兰罗兹市;苏满欧班列:苏州—满洲里—俄罗斯—波兰)和中转国,在"一带一路"建设中的作用日益重要(胡艳芬,2017)。波兰国铁货运公司董事会主席切斯瓦夫·瓦尔赛维奇介绍说:"2017年(中波)两国双边贸易总额达210亿美元,同比增长20%。与之相应,公司近年来业务增长最快的是从中国来的集装箱运输,近3年增加了3倍。"(韩梅等,2018)Jakubowski等(2020)指出,波兰扩张的高速公路网络在"一带一路"中的连通作用,给波兰带来了竞争优势,但同时也指出波兰的局限性——北部波罗的海国家使用的是穿越俄罗斯的贸易路线,而瑞典在斯堪的纳维亚半岛运输方面发挥了一定作用。

此外,中国的对外直接投资对"一带一路"沿线国家的绿色全要素生产率(GTFP)做出了巨大贡献。技术的溢出效应为中欧国家深化与中国的绿色低碳合作提供了更多机会。这也有助于解决建设铁路、港口和其他项目所带来的污染问题(Wu et al.,2020)。该研究认为这主要是由于技术的溢出效应实现的,这为中国与沿线国家深化绿色低碳合作提供了机会,有利于解决部分"一带一路"项目(如建设铁路、港口等工程)带来的污染问题。

中国和中东欧国家在经贸投资、基础设施建设、能源合作等方面的合作为两国的发展带来了可观的益处。双方处在欧亚大陆的两端,没有根本的利益冲突,不论是"16+1"合作机制,还是"一带一路"倡议,都是为了开拓更多经济发展的可能性,实现互惠互利、合作共赢。

有关中国的"威胁观":

尽管中国与中东欧国家之间的合作取得了丰硕的成果,但由于政治制度和意识形态的差异,一些中东欧国家仍对中国持怀疑态度。一些国家或政治家难以接受中国的崛起,一直在猜测"中国威胁",这给中国—中东欧的经济合作和民间交流蒙上了阴影。

由于中国—中东欧贸易的增长速度快于中欧贸易,中国与中东欧国家经贸合作的快速发展引起了欧盟的焦虑。欧盟和美国认为中国推动的"16+1"合作机制是对欧洲的入侵(intrusion)(Brinza, 2019),中国的投资将使中国扩大在中东欧国家的影响力,使中东欧国家逐渐走向中国,从而形成分裂欧洲的局面。例如,在欧盟眼中,希腊和匈牙利与中国的关系特别密切。由于这两个国家在过去几年中一直阻挠欧盟关于中国的不利决议,这让欧盟更加担心其他成员国会因为与中国的良好关系而步其后尘(Brinza, 2019)。

除了希腊和匈牙利,西巴尔干地区也被许多欧洲人认为容易受到中国的影响。西巴尔干地区没有完全融入欧盟,而且对与中国开展经济和贸易合作,以实现其自身经济利益的最大化非常感兴趣。西巴尔干地区与中国的关系越来越密切,这是欧盟不愿意看到的(Pavlicevic, 2019)。

除了欧盟的担忧与质疑,部分中东欧国家对中国的一些表现感到失望。Kavalski(2021)质疑中国给中东欧国家开出了许多"空头支票"。在中国—中东欧合作之初,中国曾经承诺的100亿美元的直接信贷额度从未兑现,捷克总理认为与中国的合作缺乏实质性成果,只有接待代表团和拍照等形式环节。

中国投资的形式也引起了很多人的不满。中东欧国家希望通过绿地投资来发展基础设施和创造就业机会,但中国在中东欧地区的投资大多以收购为主。这让人怀疑中国想通过这种方式获得高科技,从而主导整个市场。尽管中国在中欧和东欧地区的软实力的增强确实为该地区带来了经济利益,但Ondrias(2018)指出,中国试图分裂欧盟的威胁是真实存在的,并认为欧盟应该在不牺牲经济利益的同时注意政治风险。

Lai 和 Cai（2021）研究了中东欧国家对华舆情数据后发现，"16+1"合作机制并没有为中国塑造一个良好的国家形象，在 2018 年一项调查中，波兰和匈牙利受访者中分别有 76% 和 58% 的人认为"中国政府不尊重人民自由"，不过，"16+1"中 11 个欧盟成员国国情差异过大，在与中国的交往中未能形成对华统一的观点。Grzywacz（2020）根据对 2003—2017 年发表的波兰学术论文的研究发现，波兰研究人员更频繁地将中国列入威胁类别，而且中国作为威胁的形象得到了加强，这一现象尤其是在 2013 年之后更为明显。

从上述讨论中我们发现，由于欧洲区域广、国家多，其中国观既有相似性，也有差异性。然而已有的研究中十分缺乏对欧洲不同区域有关中国认知和评价的系统性的比较研究，因此，本书研究试图弥补这一不足，通过对欧盟层面、西欧北欧层面和中东欧层面主流智库的涉华报告的分析，系统性地对欧洲智库的中国观进行比较分析，并在研究的基础上为在大变局下进一步发展中欧关系、加强中国在欧形象建设提供建议。

第三章　智库及其在国际关系中的作用

第一节　智库的定义及其发展状况

随着国际问题的日益复杂，智库正在发挥其在国际关系中不可替代的作用。学界在相关研究中逐渐意识到了这一点，并对其具体实现的作用进行了探索和概括。

"智库"是英文"think tank"的翻译，也称"思想库"或"智囊团"，在西方国家的政界、学界和媒体语境中，智库已被广泛使用。从定义上来看，智库是一种以知识作为产品进行输出的专业化组织（Collura & Vercauteren, 2017），其产品希望作用于某一特定研究主题的现实表现上以施加影响力。Diana Stone（2000a）对于智库的定义为"由专注于具体政策领域和一系列政策相关事务的分析人员所组成的独立的政策研究机构，以此积极地通过一系列渠道对政策制定者和公众进行教化（educate）以及建议"。这一定义确定了智库的知识产出所希望影响的群体是政府以及公众，具有政策建议和传播的作用。而学者James McGann（2007）则对这一定义进行了补充，提出智库所覆盖的政策，其范围包含了"国内（domestic）事务和国际（international）事务"。由此可见，在定义上，学界已经确认了智库不仅作为国内事务的建议者和知识传播者，而且还深入参与了国际事务。中国学者王莉丽（2019）认为，智库还"诞生在特定的政治、经济、文化的土壤当中，服务于国家利益和公共利益"。从这一角度上说，尽管智库其独立地位会得到确认，但是其所表达的观点，从一定程度上能反映出特定国家和公众的利益，从而在国际关系当中扮演着具有特定倾向但又并不完全依附的角色，使得智库在国际关系当中的作用显得更为微妙。

对于智库发展的起点，学界一直存有争议。根据褚鸣（2013）的研究，虽然目前学界并没有对谁是历史上"第一个"智库组织的观点达成一致，不过，西方学术界普遍将成立于 1907 年的美国罗素赛奇基金会（Russell Sage Foundation）、成立于 1884 年的英国费边社（Fabian Society）和成立于 1908 年的德国汉堡经济研究所（Hamburg Institute for Economic Research）分别认定为美国、英国和德国最早的智库。然而，2002 年在日本综合研究开发机构（National Institute for Research Advancement，NIRA）编著的《世界智库指南》中收录了 1831 年由威灵顿公爵创立的英国皇家国防研究所（Royal United Services Institute for Defense Studies），把英国智库的发展起点又向前推进了一步。

根据隶属关系划分，智库可分为完全政府官方智库、政府半官方智库、大学附属型智库、政治党派附属型智库、民间独立型智库、民间半独立型智库等。根据研究领域划分，智库可分为综合型智库和专业型智库，其专业领域可以涵盖防御和国家安全、外交政策、经济政策、公共利益、能源环境等。由于智库大多是非营利性机构，其生存与发展依赖资金的支持。智库的筹资方式有多种，包括政府资金支持、科研合同、基金会赠款、企业赠款、个人赠款、出版收入、投资回报、会员会费等。不同智库根据其性质和社会影响力不同，筹资方式各有侧重。一个智库的发展潜力由多种因素决定，规模大小、资金实力、对政界的影响力和对社会舆论的影响力等都很重要。而且这些因素往往相辅相成，智库的规模越大，研究人员越多，生产的思想就越多；智库与政府关系越密切，智库对媒体的公关能力越强，其对政府政策和社会舆论的影响力就越大，也就越容易获得各种资金支持，从而可以扩大规模，招募到更多政策研究需要的优秀人才，形成良性循环。

对于全球智库的统计资料，目前最具权威性和详细性的为美国宾夕法尼亚大学"智库和公民社会项目"（Think Tanks and Civil Societies Program）发布的《全球智库报告》（Global Go to Think Tank Index Report）。该项目 2006 年启动，截至 2021 年底，一共发布了 15 份《全球智库报告》。根据宾夕法尼亚大学 2021 年发布的《2020 年全球智库报告》，截至 2020 年夏，全球共有 11175 家智库。以区域划分，亚洲最多，有 3389 家，欧洲有 2932 家，北美洲有 2397 家，而其他地区的智库数量明显较少（见表 3-1-1）。以国别划分，美国最多，有 2203 家，中国有 1413 家，在智库数量最多的前 20 名国家中，欧洲国家占接近一半，在欧洲国家中英国、法国、德国排名靠前（见表 3-1-2）。

表 3-1-1　　　　　　按区域分布全球智库数量　　　　　　单位：家

地区	智库数量
欧洲	2932
北美洲	2397
亚洲	3389
中南美洲	1179
撒哈拉以南非洲地区	679
中东和北非	599
总数	11175

数据来源：《2020 年全球智库报告》。

表 3-1-2　　　　按国家分布全球前 20 国家智库数量　　　　单位：家

排名	国家	智库数量
1	美国	2203
2	中国	1413
3	印度	612
4	英国	515
5	韩国	412
6	法国	275
7	德国	266
8	阿根廷	262

续表

排名	国家	智库数量
9	巴西	190
10	越南	180
11	意大利	153
12	俄罗斯	143
13	日本	137
14	墨西哥	109
15	南非	102
16	瑞典	101
17	西班牙	95
18	瑞士	93
19	乌克兰	90
19	哥伦比亚	90

数据来源：《2020年全球智库报告》。

第二节　智库在国际关系中的作用

智库实现其在国际关系中的作用具有多种途径，包括影响公众舆论、影响政策制定者从而间接参与国际事务的方式。在现有研究中，这种间接施加影响的方式被认为是智库实现其在国际关系当中作用的主要途径，被学界集中讨论。

首先，智库能够影响舆论从而对国际关系产生作用。在这一领域，智库、公众舆论和政府决策形成了一种多元的互动关系。一方面，智库可能与政府政策紧密捆绑，以其专业化的视角、独立性的地位，能够帮助政府政策在公众舆论空间内更高效地达成信任和支持。McGann（2010）的研究论文即分析了当前全球活跃的智库组织是如何帮助西方政府在全球推行市场化改革和民主化改革的，许多智库成为西方主流政治经济思想在全球推行的引领者。王莉丽（2019）则将这一过程概括为智库的"公共外交"作用，即智库能够帮助政府"影响舆论，在国际舆论空间提升国家意识形态权力"，帮助国际关系的不同主体加强理解、增进互信，从而助推政府外交。另一方面，智库在参与国际事务时，往往还通过对于舆论的影响介入政府的决策，从而达成本身希望达成的效果。如 Lester Brown（1995）作为美国地球观察所这一智库机构的所长，出版了《谁来养活中国？为小行星敲响警钟》（*Who Will Feed China? Wake-up Call for a Small Planet*）的报告，向全世界的受众提出了中国人口问题与全球自然资源禀赋之间的矛盾问题，引发了国际社会对于该问题的讨论。智库因为其具有研究和提出观点的核心专业能力，因此往往对于一些关键问题具有新颖、科学化和专业化的分析，具有较高的社会信誉和声望。而这些分析和观点通过多种传播途径传播给大众，引起社会思潮的更迭，从而作为一种背景和大环境作用于政府决策。张志强和苏娜（2016）认为，智库逐渐成为"引领和影响社会舆论的意见领袖"，并且认为"现代智库日益发展成为一种思想产业现象——研究和提出思想理念并影响公共政策辩论，推动政府部门将思想和政策理念变成公共政策行动"。在这一维度的讨论中，智库正在成为一种公共话语空间的塑造者，成为影响国际关系的思潮发源地之一和社会政策制定的发动机，扮演着令人瞩目的角色。

其次，智库在社会中扮演的更常规和主流的角色，是政府政策的建议者。在这一维度下，智库虽然并不亲身参与政策的制定和贯彻，但是却通过分析结论和专业观点输出的方式，间接地参与国际事务。

研究者认为，目前国家政府决策对于智库的依赖日渐加深。"各国的重要智库，特别是政府附属性智库，正在成为政府重要公共政策的策源点、政策内容的设计者、政策效果的评估者、政策实施的营销宣传者、社会话语权的主导和引领者"（张志强、苏娜，2016）。比如奥巴马政府在调整美国的气候政策和军事政策时，就与美国进步中心 2007 年发表的研究报告《进步性增长：通过清洁能源、革新与机遇扭转美国经济》以及 2008 年发布的《2009 年核态势研究报告》等政策性报告保持一致（褚鸣，2013）。

荷兰学者 van der Steen 等（2013）认为，政府往往受困于非常多的日常琐事的处理和短期的日程，从而影响了对于长期的政策进行规划，这就为智库的发展提供了空间。近些年来，无论是运用智库进行政策规划的国家的数量还是智库的数量都在显著增加（McGann, 2015; Stone, 2000b）。智库在作为建议机构进行参政时，不仅仅是简单地传递研究结论，而且还为政府提供了诸多"政策理论话术、治理范式、经验参考"等关键信息，从而更容易被政府所接纳（Stone, 2007）。尽管有学者（Christopoulos & Ingold, 2015）认为，许多智库在目前的社会中扮演着"政策创业者"（policy entrepreneurs）的角色，即一些智库以新颖、系统的解决方案作为噱头，以投机的方式吸引着一些政策制定相对碎片化的政府，但这也从另一个维度证明，目前智库正在取得国际社会中众多政策制定者的信任。

再次，学界对于智库影响政府决策的具体路径进行了集中的讨论。有学者认为，智库的战略性政策制定能力需要三方面的特质：高水准的研究能力、充分的组织独立性以及长时间维度的政策视角（Fraussen & Halpin, 2017）。托马斯·R. 戴伊（2011）在其《理解公共政策》中指出，西方国家外交智库的功能主要体现在：为政府提供外交领域最新学术研究成果，更新政府认知；建言献策，咨询参政；帮助政府宣传政策；评估政策实施效果；为政府外交部门输送外交专家与官员。这一总结，集中地概括了外交类型智库影响政府外交政策的基本形式，而外交政策对于国际关系具有深远影响，因此智库也在国际关系中间接发挥了作用。另外，Stahl（2008）在研究论文中，集中论述了美国保守派智库逐渐影响政府决策的过程。首先，智库会通过提供思想讨论空间从而形成保守主义思想并培养精英人士，随着这些精英人士进入国家统治阶层，保守主义的政策也随之占据主导，另外这些精英人士还会逐渐通过掌控媒体等文化权威（cultural authority）持续巩固保守主义思想的权威地位。国内学者也有以法国国际关系研究所为案例，研究这一智库机构是如何影响政府决策的，将这一政策影响过程分为了议程、形成、通过、执行和评估五个阶段（谭玉、朱思慧，2019）。总结来看，智库借助政府参与国际关系的事务当中这一途径已经得到学界的一致确认，对于其主要过程、必要性和重要性进行了集中的探讨，并且揭示了智库与政府之间非常紧密的互动关系。

除了影响舆论和建议政府这两种间接途径，还有一些学者注意到了智库直接参与国际关系事务的途径。Roberts（2015）在其研究中集中探讨了智库直接参与国际关系事务处理的多种表现形式，以历史的维度探讨了对外政策智库自第一次世界大战以来的演化过程以及在国际事务中所扮演的角色。文中提到，自20世纪前半叶以来，在国际组织体系尚未形成、国际交通不便的时期，一些智库成为国际社会主要问题进行解决的斡旋空间，通过举办一系列的国际会议，成为协调各方的中枢。文中举例的卡耐基国际和平研究院（Carnegie Endowment of International Peace），曾在两次世界大战之间多次举办国际会议，力促国际社会达成和平共识。事实上，全球范围内许多主流智库都在努力构建起覆盖全球的影响力体系，这也就为其直接参与国际事务提供了物质上的保障（McGann & Sabatini，2011）。除了作为一种公共讨论空间的构建者，许多智库还在为多个国家主体解决特定问题提供了中介化、过渡性的途径。如在两次世界大战之间和第二次世界大战之后，美国外交关系委员会和英国皇家国际事务研究所联合展开了多项合作研究，以探索解决英美关系当中主要问题的思路和办法。另外，在20世纪70年代中英恢复外交关系后，英国皇家国际事务研究所也逐渐与中国相关智库建立联系，以探索解决双边问题的思路和途径（Roberts，2015）。由此可见，智库在国际事务当中，不仅仅充当着幕后的角色，有时还作为两国关系的"先头部队"，以学术交流和思想讨论的方式探索着解决国际关系中诸多问题的可能性，扮演着其独特而不可替代的作用。王莉丽（2019）在研究中认为，"智库一方面是各种舆论创新、融和、碰撞的磁场；另一方面是舆论传播的平台与交互中心，"另外，"智库作为具有较高公信力的知识密集型组织，对目标受众具有较强的影响力"。智库以其独特的定位和功能，在国际关系事务的处理中扮演着"扩音器"、"幕后推手"或是"润滑剂"等不同的角色。

总体来说，智库在国际关系事务当中不仅通过影响舆论、影响政府等途径间接参与国际关系事务，还以中介化、过渡性的角色直接参与国际关系事务中。但是总体看来，学界对于智库间接参与的研究相对集中，对于智库直接参与的研究相对缺乏。

第三节 欧洲智库及其中国研究

在智库对于国际关系的影响这一研究视域当中，对于欧洲智库对欧盟以及欧洲政府的决策影响的研究相对较少。不过，在已有的研究当中，学者们均意识到了欧洲智库对于欧洲国际事务的处理起到了显著的作用，这种施加影响、发挥作用的路径既可能是被动的，也可能是主动的。

随着中国经济的迅速发展，综合国力的进一步提升，我国在世界政治秩序、世界经济秩序，以及全球治理中的国际地位不断提高，已经逐渐崛起为一个世界强国。无论是欧盟还是欧洲各国在制定外交政策时都不得不考虑中国因素对其国家利益的影响。欧洲智库对于中国政治、经济、军事、外交、社会、科技等各领域都十分关注。

不少中国学者针对欧洲智库对于"一带一路"倡议的研究进行深入分析，这些研究认为，许多国家政府对于中国政治、社会和经济的情况以及诸如"一带一路"的了解，都归功于智库的研究提供了大量的相关信息（于芳，2019；高小升，2017；郑东超，2017）。这是因为，许多智库的研究往往都是以政府需求为导向，因此在关注点上与政府保持一致，从而能够提供大量的信息（李洪峰，2018）。Longhini（2015）在研究意大利对外政策智库的发展时也指出，"智库加强与政府的联系对于自身发展来说至关重要"。从这一维度上看，智库有时出于自身发展的考虑，为政府需求服务，被动地为政府提供了大量的信息，帮助政府做出决策。而外界在研究政府对于某些国际事务的认知时，也往往将主流智库的研究报告作为研究对象，这清晰反映出，在欧洲，主流智库与政府认知是高度绑定的（欧亚、夏玥，2017）。

从另一角度上看，智库虽然为政府的决策提供了信息基础，而这些智库对于信息的选择具有主动性，在一定程度上也存在着智库希望间接地影响政府决策的可能。如陈扬（2018）在研究中认为，"（法德两国智库）对'一带一路'倡议及其影响的认知均是相对客观而多元的"。这也为欧洲处理国际事务提供了更清晰和丰富的视角。智库在参与到区域国际事务的过程中，也发挥了主动的作用，即积极拓宽路径、施加影响。如吴梦薇（2019）在研究荷兰国际关系研究所时，发现该智库通过"面向世界多国提供政策建议、课程培训与交流平台，并创办智库杂志，扩大专家的媒体话语权，开通常驻播客等社交媒体账号，以及举行公开辩论会议等国内外交流活动"，来提升智库影响力与扩大受众。而欧洲的外交关系委员会每年度发表的"欧洲外交政策计分"，"会对欧盟及其加盟国的外交表现进行评估，为各国外交部门提供参考和建议，对欧洲各国的对外政策影响深刻"，是该智库机构影响力最广的研究评估项目（谭玉等，2018）。Kelstrup（2017）在其研究中，运用了定量的研究方法，分析了德国、丹麦和英国智库在扩张影响力上做出的举措，研究发现智库机构的影响力与资金支持和媒体环境的宽松度具有正相关的关系，这也意味着智库的主动扩张是有助于其参与区域性国际事务的。在上述主动的扩张自身的过程中，智库对于国际事务的影响力自然水到渠成。

总之，对智库在国际关系中所发挥的作用应当予以高度的重视和深入的探索，从而正确认识其定位和合理利用好其功能，不断助力我国的外交事业迈上新的台阶。自"一带一路"倡议提出后，欧洲在其中始终扮演着重要角色。中国在"一带一路"沿线国家取得较好成绩的同时，也面临着种种挑战。在此情形下，欧洲本土智库成为中国了解欧洲想法的重要窗口，对欧洲智库中国观的研究刻不容缓。

在既有研究中，学界主要是采用了内容分析或话语分析的方法，尽管能够揭示研究报告呈现的数据特征或话语分析背后的研究意图，然而单一的研究方法对于由表及里的逻辑呈现说服力相对不充分。本研究则针对先前研究的研究方法相对单一、不系统的问题进行了优化，不仅采用了内容分析和话语分析相结合的方式，而且结合大数据的研究方法采用语义网络分析，全面展现"一带一路"背景下欧洲智库研究报告当中的"中国观"及其内在逻辑。

第四章 研究设计

第一节 研究问题和研究方法

本研究将通过定量和定性相结合的方法，探究"一带一路"倡议背景下欧洲智库对中国的整体认知，从而形成对于欧洲智库"中国观"的整体判断。在研究过程中，希望通过分析解决以下四个研究问题。

1. 欧洲智库对于与中国有关的话题，其关注焦点，包括话题、讨论层面、研究主体等，以及其时空分布情况。

2. 欧洲智库有关中国的研究报告中建构了怎样的中国形象，欧洲智库是如何认知"一带一路"倡议的，欧洲智库对于"一带一路"背景下中国的全球表现有怎样的认知和评价。

3. 在欧洲智库的关注点以及评价背后，蕴含着欧洲智库怎样的"中国观"，这种"中国观"反映了欧洲看待中国怎样的心理状态。

4. 在欧盟层面、西欧北欧国家层面以及中东欧国家层面，他们的"中国观"有何异同。

具体来说，本研究将采用内容分析、话语分析和语义网络分析相结合的方法来回答以上研究问题。

首先，内容分析法是一种量化的实证研究方法，指把文本中的文字、非量化的有价值的信息转化为定量的数据，通过建立有意义的类目来分解文本内容，分析信息的某些特征，以检测文本中本质性的事实和趋势,具有客观和系统的特点。内容分析法最早源于新闻传播学,第二次世界大战期间美国学者哈罗德·拉斯韦尔(Harold Lasswell)等人以德国公开出版的报纸为分析对象,获取了许多军政机密情报。20世纪50年代美国学者贝纳德·贝雷尔森(Bernard Berelson, 1952)发表《传播研究的内容分析》(*Content Analysis in Communication Research*)一书,确立了内容分析法的地位。后来,内容分析法被广泛运用到新闻传播、政治军事、图书情报、社会学等多学科领域。内容分析法首先要对各个变量进行操作化的定义,继而对考察变量的具体内容进行标准化的编码,最后对标准化的编码结果进行分析,并得出相应的结论。本研究采用这种方法对所选欧洲智库中有关中国的报告文本内容进行分类编码,对编码结果进行统计学相关分析,并结合社会背景进行分析讨论。为了回答第一个研究问题,本研究将对欧洲智库相关中国研究报告的篇目数量、时间、作者以及所主要涉及和提及的国家进行编码。针对第二个研究问题,本研究将对相关研究报告的基本态度评价进行编码,并采用框架分析的方式,对中国形象和"一带一路"倡议在这些智库报告中的性质认知和观点评价进行编码。

其次,话语分析是一种定性分析的方法,主要分析特定社会背景下的书面语言,同时也有助于理解在现实中实施的语言。研究者通常将语言视为影响社会世界的一种社会实践形式,反之亦然。话语分析与符号理论和话语理论相关,许多当代的话语分析都或多或少地受到了米歇尔·福柯关于权力、知识和话语的理论的影响。目前话语分析有三大主要流派:即福柯话语分析(FDA)、批评性话语分析(CDA)和葛兰西方法。虽然它们在理论和方法上有差异,但每一种方法都为研究者提供了一种有用的手段来考察和揭露特定社会空间背景下权力关系的符号学层面意义。

针对第三个研究问题,具体来说,本研究结合修辞学,则采用戏剧主义修辞批判中的"五位一体分析法"进行话语分析,以研究文本背后所蕴含的智库机构对我国的价值判断和社会心理。

本研究所采用的戏剧主义修辞批判是 20 世纪最流行的修辞批评范式之一。其提出者肯尼斯·伯克（Kenneth Burke）认为，"人生本就是一场戏剧，人类的一切行动及关系都是戏剧，每个人通过扮演一定的角色、付诸一定的行为来达到自己目的"（Foss et al.，1985）。伯克认为，语言具有戏剧性的原因主要在于语言的阐释均包括"动作者、动作、场景、工具、目的"五个要素。"在解释语言的动机时，必定要有一系列的词汇去命名发生了什么事（行为），由什么人实施了这一行为，介绍行为发生的背景，运用了什么手段或工具，希望达到的目的。"（Burke，1950）在此基础上，伯克提出了"五位一体分析法"（pentad），即通过分析动作者、动作、场景、目的、手段五个要素去发现语言表述背后的隐藏修辞动机以及价值判断。

"五位一体分析法"的一般研究范式为：首先，要确定文章中主要的修辞行动，继而从文本中提取五个要素的主要意象和阐释，再判断五个要素两两之间的逻辑关系。五个要素将会两两组合成为十组关系对子（ratio），包括"动作者—动作""动作者—场景""动作者—手段""动作者—目的""场景—动作""场景—手段""场景—目的""动作—手段""动作—目的""手段—目的"，以及将这十对前后倒转的十组，一共二十组关系对子（Burke，1962）。

其次，分析每一组对子，需要基于一般情理、逻辑分析是否能由第一个要素推出第二个要素，能推出，则记为"是"，因果关系成立；若无法推出，则记为"否"，因果关系不成立。在分析所有关系对子之后，被标记为"是"最多的要素则为戏剧五要素中的主导要素（邓志勇，2007）。此外，在文本当中找到对于该要素的主要描述和判断。这些描述和判断基本能够分析作者对于主导要素的基本价值判断，从而能够结合社会背景分析这种价值判断出现的原因和心理的变动。

伯克的"五位一体分析法"将戏剧性的五要素统合在统一的修辞行动当中，成为一种既分离又统一的辩证关系。能够通过文本呈现层层深入分析文本的话语呈现特征，而这种话语往往既包含文章的基本观点，又表明了文章的态度倾向，能够反映出其背后复杂的社会心理和认知逻辑。在本研究中，这种方法非常适合透过欧洲智库的研究报告分析其背后"中国观"的研究思路，特别是通过欧洲不同层面智库有关中国报告的话语背后的修辞和阐释，可以了解欧洲主流智库对中国作为一个国际行为体（international actor）的认知和判断。因此本研究将这种戏剧主义修辞学的"五位一体分析法"作为话语分析的主要方法。

再次，语义网络分析是将网络分析技术从文本中提取内容，并将其表示为行动者（actor）和议题（issue）之间的语义关系网络，可以通过这种方式来寻找特定的模式并回答研究问题。这种技术产生的数据比传统的内容分析技术更容易进行比较、组合和分享。除了频率，语义网络分析还使用共同发生法来映射文本中的词语之间的关系（Danowski，1982；Jang & Barnett，1994）。与传统的内容分析不同，语义网络分析是一个意义网络，其中节点是行动者，线条是词语的共同意义/解释（Doerfel，1998）。语义网络分析克服了传统内容分析中编码的主观性，能够准确提炼整体文本的中心思想，能够提升内容分析的有效性和准确性。因此，本研究将对欧洲智库中有关中国报告的文本进一步做语义网络分析，从而更好地回答前三个研究问题。具体操作上，第一，通过 Python 语言编程和 Jieba 中文词语分割工具对文本中的词语进行分离；第二，Python 提取样本中单词的频率，然后人工过滤无意义停用词，获得高频词后，继续用 Python 进行共现度识别，建构共现矩阵；第三，将共现矩阵输入 Gephi-0.9.2 进行可视化处理，得到聚类语义网。在聚类语义网中，节点对应的单词的字号大小反映了该节点的平均度（degree），字号越大，该节点的度越高，连接这一节点的点就越多，该节点在语义网中的位置越重要。另外，聚类语义网还对所有节点进行了模块化处理（Modularity），通过计算节点之间的模块度，将节点聚类为不同的集群，并用不同的颜色表示。

另外，本研究还将专门用一个章节对欧盟层面、西欧北欧国家层面以及中东欧国家层面的中国观进行比较研究，分析其异同点。

本研究的数据分析对象为欧洲在欧盟层面、西欧北欧层面和中东欧国家层面的共 18 家主流智库中有关中国的报告。选择这 18 家欧洲主流智库的原因在下文有具体介绍。研究使用"China"作为搜索关键词在所选 18 家欧洲主流智库的官方网站检索 2013 年 9 月 1 日至 2020 年 12 月 31 日之间的研究报告，并以所选文章与中国相关度超过 1/3 为标准筛选报告。筛选后，共计 412 篇为研究样本。研究者对样本文本进行人工编码，然后在每类编码中选取 10%—20% 以两两做交叉检验的方式进行信度检测，检验结果表明，每一编码项目的 Cohen's kappa 值均高于 0.750，一致性程度达到要求，编码数据可信。然后，研究者也对样本文本进行语义网络分析和戏剧主义修辞批判中的"五位一体分析法"的话语分析。

通过前期初步研究发现，欧洲智库有关中国的报告数量，以及他们对中国和"一带一路"倡议的阐释和态度分为三个阶段：2013—2016 年，欧洲智库有关中国和"一带一路"的报告较少，且呈现整体较中性和积极的态度倾向；2017—2019 年，欧洲智库有关中国和"一带一路"的报告数量明显增多，不过对中国的态度整体增加了更多质疑。2020 年新冠肺炎疫情在全球暴发，欧洲智库在原有关注的中国议题外又增加了与中国有关的对新冠肺炎疫情相关的研究。因此，我们将以 2017 年 1 月 1 日和 2020 年 1 月 1 日作为时间分界线，分析三个阶段欧盟层面、西欧北欧层面和中东欧层面有关中国的报告，以窥探近年来欧洲智库的"中国观"，其中第二阶段，即 2017—2019 年有关"一带一路"倡议的样本数量最多，也将是重点分析对象。

第二节　欧洲智库选择及简介

本研究选取了欧洲的 18 家智库为研究对象，其中欧盟层面的智库有 4 家，西欧北欧层面的智库有 9 家，中东欧层面的智库有 5 家。本文选取的欧洲智库,首先具有一定的主流性,即能够普遍代表欧洲社会或政界学界的声音,在欧洲地区拥有一定的声望和权威;其次,在所选取的时间维度之间,该智库发布过集中研究和分析中国议题的相关文章或报告,且具有鲜明观点,而并非简单进行信息提供。根据这两个选择标准,本研究共选取了欧洲18家具有代表性的主流智库,进而展开相应的研究。所选取的欧盟层面的智库有:布鲁盖尔研究院、欧洲政策研究中心、欧盟安全研究所、欧洲对外关系委员会。西欧北欧层面的智库有:英国皇家国际事务研究所、英国国际战略研究所、法国国际关系研究所、德国国际政治与安全事务研究所、德国对外关系委员会、德国墨卡托中国研究中心、荷兰国际关系研究所、斯德哥尔摩国际和平研究所、比利时皇家国际关系研究所。中东欧层面智库有:波兰东方研究中心、波兰国际事务研究所、拉脱维亚国际事务研究所、塞尔维亚国际政治经济研究所、捷克CHOICE等。[①]

另外,需要特别指出的是,中东欧等国与西欧北欧等国在目前对华关系上的不同在于,随着"16+1"(后升级为"17+1")机制的建立,中国与中东欧国家之间的友好交往日益频繁,经贸往来多元,其智库研究的"中国观"也呈现独特的特点。中东欧国家近年来的智库研究越发突出,每个国家都有大学设立了属于自己的智库研究中心。在这些智库的研究中,关于欧盟、中国的研究大量涌现。基于研究人员现有研究条件及语言限制,在中东欧国家地区只选取了以上5家智库的有关中国的研究报告作为主要数据获取研究对象。

下文将对本研究所选取的18家欧洲主流智库的基本情况及其对本研究的意义进行简要介绍。

[①] 虽然英国和塞尔维亚目前不是欧盟成员国,但英国皇家国际事务研究所和英国国际战略研究所在欧洲智库中有较大影响力,塞尔维亚国际政治经济研究所在中东欧国家智库中也有一定影响力,因此,本研究在欧洲层面智库的研究也包含英国和塞尔维亚的智库。

一 欧盟层面智库

1. 布鲁盖尔研究院（Bruegel）①

布鲁盖尔（Bruegel）研究院于2005年1月在布鲁塞尔成立，是一家专注经济学研究的欧洲独立智库，其筹备过程得到法国和德国两国政府的大力支持。布鲁盖尔的全名是布鲁塞尔欧洲和全球经济实验室（Brussels European and Global Economic Laboratory），其使命是立足开放及事实研究、分析与辩论，提升经济政策的质量。布鲁盖尔研究院的研究内容覆盖了欧洲宏观经济及其治理、金融及其监管、能源、气候、创新和竞争力。

布鲁盖尔研究院影响力大，在宾夕法尼亚大学发布的《2020年全球智库报告》全球智库中位列第二，欧洲智库首位。研究成果一般以图书、政策摘要、工作论文和会议论文集等形式发布，部分研究成果也会被翻译成中文，在其中文版官方网站上发布。会员包括欧盟成员国、国际公司及社会组织等。无论其权威性还是影响力，布鲁盖尔都是研究欧洲智库的必然之选。

2. 欧洲政策研究中心（Centre for European Policy Studies, CEPS）②

欧洲政策研究中心于1983年在比利时布鲁塞尔成立。在欧洲共同体执委会、比利时政府和美国福特基金会等组织支持下（余也鲁，1985），成为欧盟重要智库之一，是目前在欧盟经营的智库中被公认最有经验和权威的一家。根据宾夕法尼亚大学的《2020年全球智库报告》，欧洲政策研究中心在全球最有影响力的智库中排名第22，在西欧的智库中排名第9。

欧洲政策研究中心拥有非常强大的内部研究能力和遍布全球的合作机构网络，其研究具有先期性，预测趋势能力强。研究团队由来自23

---

① 布鲁盖尔研究院官网，https://www.bruegel.org/。
② 欧洲政策研究中心官网，https://www.ceps.eu/。

个国家的60多名分析员组成。研究内容包括对广泛领域的政策研究，如经济和金融监管，数字经济和贸易，能源和气候，教育和创新，外交政策和欧洲一体化进程，司法和内政事务，等等。

其宗旨是开展最先进的政策研究，解决欧洲面临的挑战；实现高标准的学术研究，并保持无条件的独立性和公正性；为欧洲政策进程中的所有利益相关者提供一个讨论的论坛；建立整个欧洲的研究人员、政策制定者和其他利益相关者的合作网络。

经费来源包括企业和机构会员费、研究项目、基金会拨款和会议费等。

3. 欧盟安全研究所（European Union Institute for Security Studies, EUISS）[1]

欧盟安全研究所成立于2002年1月，是欧盟分析外交、安全和国防政策问题的机构。其核心任务是协助欧盟及其成员国实施共同外交和安全政策（CFSP），包括共同安全和防御政策以及欧盟的其他对外行动等。自成立以来，影响范围覆盖了欧盟官员、专家学者、决策者和媒体等。

EUISS由欧盟成员国按照基于国民总收入的比例进行资助，由管理委员会专门管理，欧盟外交与安全政策高级代表担任管理委员会的主席。在不影响其知识独立性和业务自主性的前提下，政治和安全委员会（PSC）对其进行政治监督。

EUISS的总部设在法国巴黎。2012年，为了提高研究所在欧盟机构所在地的可见度和知名度，EUISS在比利时布鲁塞尔开设了一个联络处。联络处位于欧盟理事会和理事会总秘书处的主要所在地Justus Lipsius大楼。

4. 欧洲对外关系委员会（The European Council on Foreign Relations, ECFR）[2]

欧洲对外关系委员会（ECFR）于2007年10月创立，是首个真正

---

[1] 欧盟安全研究所官网，https://www.iss.europa.eu/。
[2] 欧洲对外关系委员会官网，https://www.ecfr.eu/。

意义上的泛欧性智库，旨在对欧洲的外交和安全政策进行前沿的独立研究，并为决策者、活动家和有影响力的人提供一个安全的会议空间来分享想法，并促进泛欧性的争论。它是唯一拥有真正的泛欧洲足迹的智库，除布鲁塞尔，在巴黎、伦敦、马德里、柏林、罗马、华沙和索菲亚也有办事处，有来自超过25个国家的80多名工作人员，以及1个在欧盟27个成员国的相关研究团队。

欧洲对外关系委员会由众多来自欧盟成员国和欧盟候选国的政治家、政策制定者、企业家等组成，主要的研究项目有：非洲、亚洲、中东与北非、大欧洲（Wider Europe）、欧洲力量（European Power）。

其理事会由现任外交部长、前总理、国家议会和欧洲议会成员、欧盟专员、前北约秘书长以及部分思想家、记者和商业领袖组成，体现其泛欧身份。这样的理事会成员组成有利于从欧洲一体化和欧洲价值观角度讨论各国有关欧盟外交政策的优先事项和挑战。

二　西欧北欧层面智库

5. 英国皇家国际事务研究所（The Royal Institute of International Affairs，又名 Chatham House）[①]

英国皇家国际事务研究所成立于1920年，成立时叫作国际事务研究所。1926年获得英国皇家特许，更名"皇家国际事务研究所"，地点位于伦敦圣詹姆斯广场著名的查塔姆大厦（Chatham House）。查塔姆大厦是前英国首相宅邸，居住过三位首相后由前首相皮特于1923年移交给该所。2004年，皇家国际事务研究所理事会决定正式使用 Chatham House 作为对外名称，但仍沿用皇家国际事务研究所的法定名称。

英国皇家国际事务研究所的宗旨是"为建设一个繁荣安全的世界提供全球一流的独立分析讨论及有影响的思想"。它是目前英国规模最大、

---

① 英国皇家国际事务研究所官网，https://www.chathamhouse.org/。

世界最著名的国际问题研究中心之一,在英国和世界国际关系学界具有相当的权威性。由英国高层要人担任名誉所长,其日常事务管理机构和理事会则由知名政要、学者等组成。其研究领域包括非洲项目、美洲项目、亚洲项目、中东项目、俄罗斯与欧亚项目等。其中,亚洲项目以中国项目为核心,关注中国经济发展与亚洲贸易问题。

除了研究活动,皇家国际事务研究所每年也会组织至少百场国际会议和研讨会,为政界、商界、学界、媒体界和各类社会组织提供思想交流讨论的场所。

皇家国际事务研究所的经费主要来自政府委托研究合同、会议收入、会员会费、基金会赞助费、投资和出版收入。

根据宾夕法尼亚大学的《2020 年全球智库报告》,英国皇家国际事务研究所在全球最有影响力的智库中排名第 6,在西欧的智库中排名第 5。

6. 英国国际战略研究所(The International Institute for Strategic Studies, IISS)①

英国国际战略研究所成立于 1958 年 11 月,由英国学术界、政界、宗教界和新闻界人士发起创立,当时称布莱顿协会,主要研究核时代的国防安全和防务政策。1964 年改组,由美国福特基金会赠款,正式成立研究所,吸收来自欧洲、美国和第三世界 60 多个国家的 2200 多名工作会员和 200 多个集体会员,研究领域逐步扩大到政治、经济和和平等问题,研究地域由原来的北约防区扩展到中东、非洲及世界其他热点地区,但仍保持着突出军事战略研究的特色,1971 年改为现名,所址设在伦敦。

该智库是一个独立的国际军事情报和研究机构,研究范围包括冲突、防务、军事、全球问题、大国关系、核不扩散、裁军、气候变化与安全、跨国威胁和国际政治风险等。因军事战略研究一直是其特色,故该所也是国际政治军事冲突的权威研究机构。其会员绝大多数是军、政、外

---

① 英国国际战略研究所官网,https://www.iiss.org/。

交、新闻界人士和研究人员。美、英成员占60%—75%。研究所出版的刊物中，以《军事力量对比》（Military Balance）和《战略研究》（Strategic Survey）最为有名，常被推崇为世界军事方面的权威著作。

英国国际战略研究所每年有年会，同时也组织以其前所长阿拉斯塔尔·巴肯为名的"阿拉斯塔尔·巴肯纪念讲座"，邀请重要的国际知名人物到研究所发表演讲，此外，平时每月也会为会员就当前关心的问题组织讨论会。

英国国际战略研究所的经费主要来自英国、美国、加拿大等国基金会的捐款、会员会费和出版收入。

根据宾夕法尼亚大学的《2020年全球智库报告》，英国国际战略研究所在全球最有影响力的智库中排名第12，在西欧的智库中排名第8。

7. 法国国际关系研究所（French Institute of International Relations，IFRI）[1]

法国国际关系研究所创建于1979年，由Thierry de Montbrial担任主席，是法国主要的独立研究和辩论机构，致力于分析国际问题和全球治理。

该机构会集了一个由50名合作者组成的多国团队，其中包括约30名长期专业研究人员，分为11个研究单位。其研究关注欧洲、俄罗斯/新独立国家、亚洲、北美洲、撒哈拉以南非洲、土耳其/中东等重点区域，同时也重点关注交叉问题的研究，如安全和战略事务、能源和气候、技术的地缘政治学、空间、移民和公民身份等。其研究有法语、英语、德语和俄语版本，出版物中最有名的是《对外政治》季刊和RAMSES年度报告。

法国国际关系研究所每年在巴黎和国外组织130多个会议和辩论会，大约10个国际活动，以及许多讲习班和研讨会。该智库与政府和媒体关系十分密切，在国家决策和舆论中都有较大的影响力。研究所许

---

[1] 法国国际关系研究所官网，https://www.ifri.org/en。

多研究人员都有政府和重要国际组织机构的工作经验，国际关系知识丰富，因而，每当国际上有大事发生，都应邀在《费加罗报》《世界报》《新观察家》和国家电视二台等重要报刊和传媒机构发表评论，在法公共舆论中有着重要的号召力。

根据宾夕法尼亚大学的《2020 年全球智库报告》，法国国际关系研究所在全球最有影响力的智库中排名第 5，在西欧的智库中排名第 4。

8. 德国国际政治与安全事务研究所（German Institute for International and Security Affairs）[①]

德国国际政治与安全事务研究所成立于 1962 年，以基金会的形式注册，是德国最大的智库之一。1965 年，联邦德国议会通过决议对该研究所给予资助，从此，该所的经费主要由联邦政府提供。理事会是其最高监督和决策机构。德国国际政治与安全事务研究所的本部最初设在慕尼黑的埃本豪森（Ebenhausen），2000 年移至柏林。自 2009 年始，该研究所又在布鲁塞尔开设了办事处。

研究所的主要工作任务是为德国联邦议会和联邦政府以及经济工作者和公众提供外交和安全事务相关问题的分析和咨询服务。下设的研究部门包括：非洲和中东、美洲、亚洲、东欧和欧亚大陆、欧盟/欧洲、全球问题、国际安全上耳其应用研究中心等。

研究所的出版物形式多样，包括图书、评论、研究报告和通讯简报等，平时会组织各类学术会议和讨论会。与许多智库不同的是，该智库采取自下而上的机制，听取社会和民众的需求，为德国政府制定政策提供有效的民间声音。

9. 德国对外关系委员会（German Council on Foreign Relations，DGAP）[②]

德国对外关系委员会成立于 1955 年，是一家独立、无党派、非营利智库，最初总部设在波恩，2000 年迁到柏林。自成立以来，该智库

[①] 德国国际政治与安全事务研究所官网，https：//www.swp-berlin.org/en/。
[②] 德国对外关系委员会官网，https：//dgap.org/en。

的目标是促进有依据的外交政策决策、促进德国在外交政策问题上的知情辩论、进一步发展德国在外交政策方面的专业知识。其研究专家根据他们的外交政策研究向政治、商业和民间社会的决策者提供战略建议,加强德国外交政策共同体,提高德国在世界上的外交地位。

该智库主要进行以实际为导向的实证研究,40多名专家学者为紧迫的外交问题制定具体的解决方案,以应对日益严峻的世界性问题与挑战。该智库的核心研究主题包括:国际秩序与民主、安全与国防、技术与数字化、地缘经济学、移民问题和气候变化等。

最著名的出版物为德语杂志《国际政治》(*Internationale Politik*,IP)该杂志主要对复杂的外交政策问题提供清晰的分析和详细的背景。除研究外,每年举办150多场活动,来自德国和其他国家的政府官员、国会议员及其工作人员、大使和外交官在活动进行交流。

10. 德国墨卡托中国研究中心(Mercator Institute of China Studies,MERICS)[①]

德国墨卡托中国研究中心成立于2013年11月,是位于柏林的一个新型智库。其发起人是德国墨卡托基金会(Stiftung Mercator)。目前,该智库已成为欧洲最大的当代中国研究和知识传播机构。其宗旨是加深德国和欧洲对中国的认识和了解,从而影响公众讨论。其研究报告为德国政府和欧洲议会的中国政策提供建议,在德国以及欧盟对华政策上有重要影响。

德国墨卡托中国研究中心是德国汉学界的著名智库,该智库注重从实践的角度独立研究中国问题,分析中国在政治、经济、社会、技术等领域的发展及其对世界的影响。该智库十分注重与媒体保持密切交流,致力于及时将研究成果传递给公众,从而为政治、经济以及社会各界的决策者提供专业的见解和资讯。

但是其报告无法做到客观中立,在某些敏感议题上会散布针对中国

[①] 德国墨卡托中国研究中心官网,https://merics.org。

的不实谣言,从而对德国和欧盟对华政策产生负面影响,加上它与媒体关系密切,上可达欧洲对华决策者,下可至欧洲普通公众,因此,其影响力不容小觑。

11. 荷兰国际关系研究所(Clingendael Institute)①

荷兰国际关系研究所成立于1983年,总部设在海牙,是荷兰最著名的智库。根据其官网介绍,该智库在全球排名第25,在西欧排名第3。该研究所既是荷兰著名的智库,也是著名的国际事务外交学院。2012年,为进一步明确分工,研究所进行了机构改革,分为研究院和培训学院两大部门,分别负责研究和培训工作。

研究院就紧迫的国际问题提供独立的、跨学科的和与政策相关的建议,分析国际环境和政策中最重要的趋势和问题,评估国际政策,研究有关国际政策的意见和接受程度,并就如何处理关键国际问题提供建议。培训学院提供外交培训课程、专题课程,如欧盟、可持续发展问题、经济和贸易、安全和冲突管理等,技能课程、定制培训、专家研讨会、公开申请课程和个人辅导等。

荷兰国际关系研究所强调其学术独立性,与任何政治、社会或宗教运动无关,表明其作为一个独立的平台,目的是澄清当前的国际发展,并通过研究专家在传统媒体和网络媒体的积极作用与广大公众分享知识;为科学家、政治家、政策制定者、社会组织和企业提供分享知识的平台。它出版在线杂志《Clingendael观察家》在荷兰和欧洲具有一定影响力。

12. 斯德哥尔摩国际和平研究所(Stockholm International Peace Research Institute,SIPRI)②

斯德哥尔摩国际和平研究所(SIPRI)创建于1966年,是瑞典研究和平与安全等重要问题的学术机构,总部设在斯德哥尔摩,以其对全球

---

① 荷兰国际关系研究所官网,https://www.clingendael.org/。
② 斯德哥尔摩国际和平研究所官网,https://www.sipri.org/。

安全问题权威性的评估而享誉世界，常被列为全球最受尊敬的智库之一。它是根据瑞典议会的一项决定成立的，其大部分资金来自瑞典政府的年度拨款，但它也是一个国际型的研究所，管理委员会是研究所的最高决策机构，成员不分国籍，由瑞典政府任命，采用任期制，主要负责研究方向确定以及人事和财务管理决策。

斯德哥尔摩国际和平研究所的愿景是，在这个世界上，不安全的根源得到确认和理解，冲突得到预防或解决，和平得以持续。使命是开展有关安全、冲突与和平的研究和活动；提供政策分析和建议；促进对话和能力建设；促进透明度和问责制；向全球受众提供权威的信息。

斯德哥尔摩国际和平研究所的主要研究领域是：技术军备竞赛、军费和武器贸易、化学武器、裁军和军控谈判与建议，以及军事活动对环境的影响，为制定国家战略规划和安全政策提供建议和咨询报告。

该所有专门的中国问题研究专家，尤其中国与全球安全（China and Global Security）项目不仅继承了该所长期以来对传统安全问题的关注，而且也关注中国作为一个崛起的全球力量给世界带来的影响。

根据宾夕法尼亚大学的《2020年全球智库报告》，斯德哥尔摩国际和平研究所在全球最有影响力的智库中排名第43，在西欧的智库中排名第26。

13. 比利时皇家国际关系研究所（Belgium Royal Institute for International Relations）[①]

比利时皇家国际关系研究所是一家独立智库，总部设在布鲁塞尔，与比利时外交部办公地点同在埃格蒙特宫（Egmont Palance）。智库内众多的研究员和专家为比利时和外国决策者提供可行的分析与政策解决方案。得益于布鲁塞尔在全球舞台上的作用和埃格蒙特宫的环境，该研究所为来访的国家元首和政府首脑、国际组织代表、外交部长等政治人物

---

① 比利时皇家国际关系研究所官网，http://www.egmontinstitute.be/。

提供了一个理想的论坛，促成了政治、经济和学术界、媒体和民间社会等各界代表人物交换意见。

除了研究和会议，该研究所还开展了专门的培训活动。它可以应要求为来访的和常驻的外交官以及外国专业人员提供具体培训方案。同时，该所也与比利时、欧洲和其他国家的研究中心密切合作，举办联合会议，使其国际影响力进一步提升。

三　中东欧层面智库

14. 波兰东方研究中心（Centre for Eastern Studies，OSW）[1]

波兰东方研究中心成立于1990年，位于华沙，由中央行政预算供资，是波兰国家分析中心，代表波兰官方对于国际事务与外交关系的认知及研究。波兰东方研究中心致力于分析当今国际关系舞台上的重要事件，主要研究领域包括俄罗斯、高加索和中亚、中欧和东欧、波罗的海沿岸以及中国、土耳其和以色列等国家外交政策和国际关系。

波兰地处欧洲心脏地带，承东启西、连通南北，是欧洲的"十字路口"，是中国进入欧盟大市场的中转站，是深化中国—中东欧合作的欧方主要牵头国家之一，因此对于波兰相关智库的研究是本研究的重点之一。波兰东方研究中心有40多位研究人员，通过持续跟进世界主要国家和地区政治、社会和经济进程，为波兰政府提供最新和深入的分析，作为当今世界国际关系研究重要的参考资料来源。

15. 波兰国际事务研究所 The Polish Institute of International Affairs[2]

波兰国际事务研究所成立于1996年，主要任务是对影响波兰在世界上地位的国际环境和进程进行专门分析和前瞻性研究。该研究所致力

---

[1] 波兰东方研究中心官网，https：//www.osw.waw.pl/en。

[2] 波兰国际事务研究所官网，https：//www.euromesco.net/institute/pism-the-polish-institute-of-international-affairs/。

于推动关于欧洲内部国家间关系及欧洲与世界的关系相关问题展开更广泛的讨论。波兰国际事务研究所不仅开展对波兰的研究，还密切关注着其欧洲友邻及世界大国的外交政策，比如其展开了中东和北非地区研究计划（MENA programme），出版了关于中东问题、地区性国家间关系和安全环境的研究报告。

波兰国际事务研究所为波兰外交政策的制定贡献了重要力量，此外，波兰国际事务研究所还组织了对执行波兰外交与相关事务从业人员的培训，提供的课程包括外交和领事应用、外交政策研究、外交礼仪和语言课程等。波兰国际事务研究所在外交政策、国际关系领域很有影响力，其研究层次包含了国际关系实践与外交政策变革。

16. 拉脱维亚国际事务研究所（The Latvian Institute of International Affairs，LIIA）[①]

拉脱维亚国际事务研究所是拉脱维亚历史最悠久、最著名和国际公认的机构之一，于1992年5月在里加成立。作为非营利性基金会，该研究所负责向拉脱维亚的决策者、专家和广大公众提供关于国际发展、地区安全问题的分析、建议和信息，以及外交政策战略和选择。该研究所的主要研究领域包括拉脱维亚外交政策、大西洋两岸关系、欧盟政策等。此外，其还全面关注能源安全和政策的各个方面，包括欧盟能源政策，欧盟—俄罗斯能源对话，国家和地区能源互动，等等。

拉脱维亚国际事务研究所成立后，最初由瑞典政府的几笔拨款资助，以支持其对波罗的海安全的研究，并与瑞典国际事务研究所（官网：www.ui.se）在技能转让计划方面进行了多年的合作。目前，拉脱维亚国际事务研究所由个人项目提供资金，没有从政府或其他非政府机构获得任何永久性资金。

拉脱维亚位于欧洲东北部，西邻波罗的海，优越的地理位置使其成为连接欧盟和独联体的重要物流中心。同时中国是拉脱维亚除欧盟外的

[①] 拉脱维亚国际事务研究所官网，https：//liia.lv/en。

第二大贸易对象，因此对拉脱维亚智库展开研究具有重要意义。

17. 塞尔维亚国际政治经济研究所（The Institute of International Politics and Economics, Serbia, IIPE）①

塞尔维亚国际政治经济研究所成立于1947年，位于贝尔格莱德，是东南欧最古老的研究机构之一，致力于以批判和跨学科的视角进行国际关系研究。主要从国际关系、国际经济和国际法等学科的角度研究各种全球、区域和具体国家的现象和进程，研究领域包括塞尔维亚在国际关系中的地位，全球国际关系与安全，大国外交政策，国际法的发展，国际经济关系，当前全球贸易、金融、科学、技术和信息趋势，泛欧一体化，欧洲联盟的政治制度以及区域合作等各类问题，研究领域之广泛为拓宽本研究的研究数据获取维度提供了良好的基础。

研究所的研究成果一直是塞尔维亚政府领导人和政策制定者在确定国家外交政策优先事项方面的重要资源。通过与外交部的密切合作，塞尔维亚国际政治经济研究所帮助创建了国家对外政治和经济关系的战略方向，培训了大量的外交官，并将其研究人员外包给特定的临时外交和其他重要的国际国家任务和使命。研究所在国际关系方面有一个多功能的专业图书馆，包括联合国、欧盟、北约和其他国际组织的丰富官方文件。到目前为止，已经出版600多本书籍、编辑卷、论文集和工作文件。

目前，塞尔维亚与欧盟关系日益密切，加入欧盟成为塞尔维亚外交政策的重要目标。2012年3月1日，塞尔维亚获得欧盟候选成员国地位；2014年1月，塞尔维亚"入盟"谈判正式启动。目前，塞方正在积极推动谈判进展，力争于2025年前成为欧盟正式成员国。同时，塞尔维亚与中国关系密切，两国在几十年的良好关系基础上，于2009年签署了《关于建立战略伙伴关系的联合声明》。随后，塞尔维亚加入"16＋1"（现为17＋1）合作机制和"一带一路"倡议。由此，与欧盟以及中国均十分密切的塞尔维亚相关数据库也成了本研究重要的数据来

---

① 塞尔维亚国际政治经济研究所官网，https：//www.diplomacy.bg.ac.rs/en。

源之一。

18. 捷克 CHOICE 智库，全称中东欧中国观察者（China Observers in Central and Eastern Europe）①

中东欧中国观察者是一家跨国的专家联盟，其主要运营者为位于布拉格的捷克国际事务协会（Association of International Affairs），关注中国在中东欧国家中影响力的相关议题。CHOICE 为其成员监测和评估中国在中东欧的活动提供了一个讨论、信息共享、实践和合作的平台。目前，中国中东欧观察者的分析文章主要围绕中国与中东欧国家的一系列倡议展开，如"17 + 1"合作机制和"一带一路"倡议等。

---

① 中东欧中国观察者官网，https://chinaobservers.eu/。

第五章　欧盟层面智库的中国观

第一节　2013—2016 年欧盟层面智库中国观分析

2013 年 9 月 1 日—2016 年 12 月 31 日，在欧盟层面的智库中，布鲁盖尔研究院、欧洲政策研究中心、欧盟安全研究所、欧洲对外关系委员会 4 所智库共有 25 篇有关中国的报告。在这一时间段，其报告数量分布如图 5-1-1。

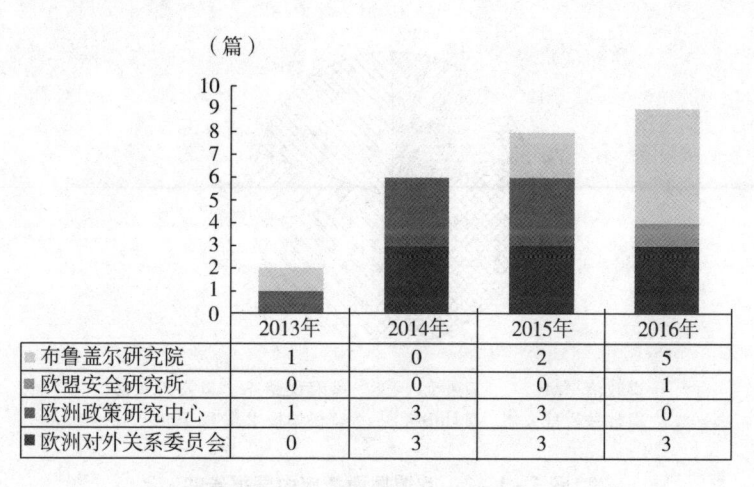

（篇）	2013年	2014年	2015年	2016年
布鲁盖尔研究院	1	0	2	5
欧盟安全研究所	0	0	0	1
欧洲政策研究中心	1	3	3	0
欧洲对外关系委员会	0	3	3	3

图 5-1-1　欧盟层面智库中国报告数量变化（2013.9—2016.12）

总体来说，2013—2016 年，欧盟层面智库研究报告对中国话题的关注度呈现逐年增长的趋势。2013 年，中国刚刚提出"一带一路"倡议时，欧盟层面智库仅有 2 篇关于中国的报告，均着重研究中国的对外贸易关系。2014年中国进一步全面深化改革，欧盟层面智库对中国的关注度陡然上升，相关报告为6篇，着重关注中国改革与外交关系。到了2015年，中国经济经历了25年来最为缓慢的增长，这也成了欧盟层面智库的焦点话题，相关报告有8篇，而样本中欧盟层面智库关于"一带一路"倡议的分析最早出现在2015年。2016年，欧盟层面智库对中国的关注度持续增长，并紧紧跟随南海争端、英国脱欧、国际恐怖主义等时事话题，讨论中国的外交关系，相关报告有9篇。在此背景下，欧盟层面智库开始着重关注中国的"一带一路"倡议，并将与中国合作视为欧洲走出危机阴影的重要机遇。

对于这些智库报告的主要有关中国的主题进行分类后，研究发现共分为政治军事、外交、宏观经济、对外贸易、社会教育文化、环境能源、科学技术以及其他等八个主要类别。经过统计，研究主题的分布以及时间变化趋势如图5-1-2和图5-1-3所示。

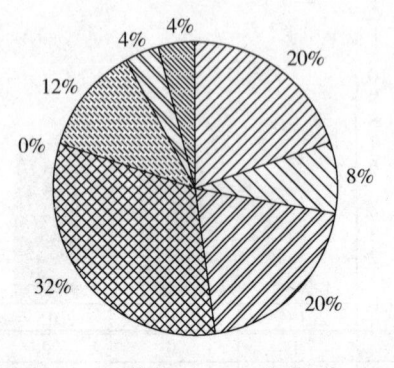

图5-1-2 欧盟层面智库中国报告的研究主题分布（2013.9—2016.12）

在研究报告所涵盖的主题当中，对外贸易、宏观经济和政治军事为研究报告的核心关注点，分别占总样本篇数的32%、20%和20%。而在诸如外交、环境能源、科学技术、文化等层面，欧盟层面智库只是给

第五章 欧盟层面智库的中国观

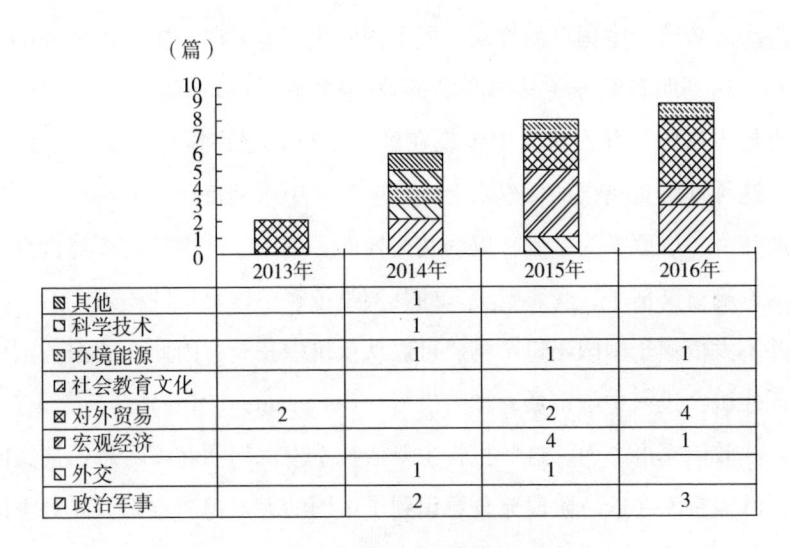

主题	2013年	2014年	2015年	2016年
其他		1		
科学技术		1		
环境能源		1	1	1
社会教育文化				
对外贸易	2		2	4
宏观经济			4	1
外交		1	1	
政治军事		2		3

图 5-1-3 欧盟层面智库中国报告的研究
主题时间分布（2013.9—2016.12）

予了少量关注。

在对外贸易方面，一些报告指出，中国已经成为全球领先的经济和金融强国，但是现有的国际贸易、货币等金融体系并没有充分适应中国崛起的现实，因此，中国应该积极参与到国际金融体系的构建之中。欧元危机的余波仍影响着许多欧洲国家，所以欧洲国家面临着向外围寻求贷款的压力，其中包括中国。欧洲应该创造条件吸引中国在欧投资基础设施建设，尤其是在通信、交通、能源这些中国企业表现出色的领域开展与中国的合作。而英国脱欧可能为中欧之间的自由贸易打开了大门。

在宏观经济方面，几家智库深入分析了中国的货币金融政策，指出这些政策对中国经济稳定发展以及对欧盟的影响。比如布鲁盖尔研究院一篇文章中指出，2014年中国实施了紧缩的货币政策，但是到了2014年末，为了实现再平衡、支持改革和化解金融危机，开始放宽政策。宽松的经济政策和中立的财政政策有利于中国支持国内经济稳定，免受疲软的美元的影响（Ma, 2015）。也有智库报告回顾了中国在金融改革方面所采取的措施，特别是人民币的国际化，指出在全球金融危机期间改革势头放缓后，中国开始推动人民币国际化。但同时，中国的债务翻了一番，达到明显高于大多数新兴市场的水平（García-Herrero，2015）。还有报告指出，有人认为中国现在经济下行是股市震荡之后的信任危机，这种理解是错误的，事实上，这应当是中国期待已久的市场经济模式的转变，以服务为基础，以消费为导向。中国经济增长放缓对世界经济的影响被高估了，受影响更多的其实是依赖中国出口的国家。由于欧盟并不太依赖于中国出口市场，可以从低价中获利，因此，欧洲各国应该抓住机会进入中国市场，加大投资（Godement，2015a）。

在政治军事方面，这些报告主要依托于南海问题和国际恐怖主义问题，欧盟智库在这一阶段充分意识到了中国的大国担当意识，并对中国的崛起同时表现出谨慎评估和积极参与的态度。

在时间分布上，如前所述，受到中国国内经济增长放缓、全面深化改革等经济政治动态影响，欧盟层面智库 2013 年主要关注的是对外贸易话题；2014 年受到中国国内改革步伐的影响，欧盟智库主要关注宏观政治军事话题；2015 年由于中国经济增长放缓，欧盟智库主要关注宏观经济话题；2016 年，由于国际环境较为动荡，欧盟国家遭遇多重经济危机，欧盟智库转而关注中国对外贸易话题，许多报告表明欧盟国家想通过与中国的经济合作，以政策利好吸引中国对欧的投资和基础设施建设。

在智库研究中国的相关报告中，除了中国这一研究主题的核心，研究报告还涉及对其他国家和地区的讨论。对于 2013—2016 年的报告，我们对其在讨论中国时主要涉及的国家进行了编码统计（见图 5-1-4）。

经统计得出，欧盟层面智库有关中国的报告中最关注中国和欧盟机构层面的关系以及中国的内政外交对欧盟的影响，占 44%。比如，一篇题为《中国的放缓：当巨龙感染流感时，欧洲会打喷嚏》的报告指出，中国经济增长放缓会导致大宗商品价格下跌，而大宗商品价格下跌可能会为欧盟国家提供强大的补偿，以抵销中国出口需求的下降，这可能有助于欧洲内部的再平衡。但如果中国经济增长放缓的速度比预期的

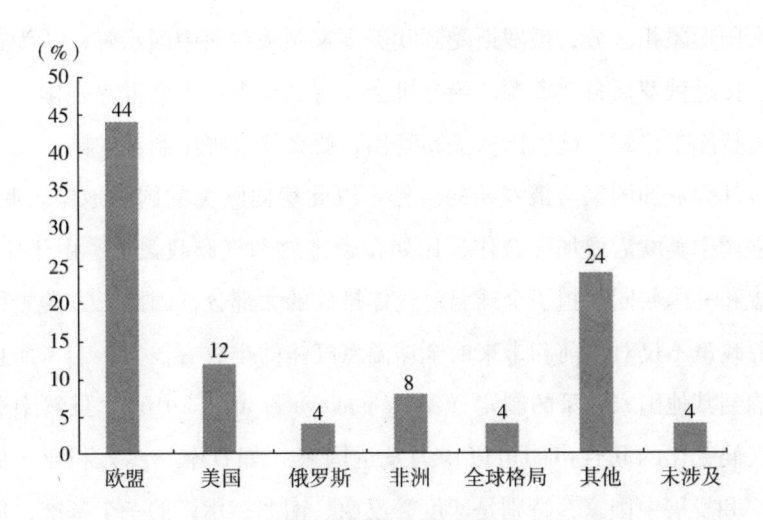

图 5-1-4　欧盟层面智库中国报告中涉及的
其他国家和地区（2013.9—2016.12）

要快，那么对欧盟国家的经济影响可能会更大、更广泛。在这种情况下，欧盟还应该担心这将如何影响中国的对内对外政策（Barslund & Alcidi, 2015）。而中国与其他国家的贸易和外交也会对欧盟产生影响，以俄罗斯为例，《中俄贸易关系及其对欧洲的影响》分析了中国和俄罗斯之间日益密切的贸易关系可能对欧盟产生的负面影响，指出欧洲和俄罗斯在中国市场上是互补关系，在俄罗斯市场上，中国对俄出口的商品正在取代欧洲对俄出口，尤其在电子机械、设备和机器以及核反应堆领域欧洲会受到严重的影响。因此，由于中国在出口结构方面正在迅速向上攀升，欧洲需要继续提升其产业以增加竞争力（García-Herrero & Xu, 2016a）。乌克兰危机不仅改变了俄欧关系，也促使中俄关系更加稳固，对俄罗斯来说，虽然中国不会取代欧洲，但可以为其提供一条生命线，让普京政府继续运转（Gabuev, 2015）。

除了欧盟，中美关系也是欧盟层面智库关注的重点，占总篇数的12%。欧盟层面智库常常将中美看作强烈的对立关系，而欧洲则夹在中间左右为难。比如，在网络安全方面，中国反对美国霸权，同时拒绝欧盟标准和欧盟政策。在对外关系方面，中国往往倾向于与美国压榨小国的大国形象相区分；俄罗斯受到欧美国家制裁后向中国示好，认为这是中国接近俄罗斯自然资源的绝好机会，有利于中国走向世界强国，欧盟层面智库报告建议欧洲国家提高警惕，要么联合美国制裁中国，要么促成日韩等亚洲国家与俄罗斯的合作，以此稳固欧美的国际地位。此外，还强调中美欧需要加强合作，比如在碳排放和气候政策上，由于中国、欧盟和美国共同承担了全球温室气体排放的大部分，因此三方的气候和能源政策不仅对当前和未来的全球温室气体的排放有很大影响，而且还影响到其他国家政策的制定（Averchenkova et al.，2016）。虽然中美关于气候变化的联合声明可以作为发达国家（如日本、澳大利亚、加拿大）和发展中国家，特别是印度、巴西、南非，承诺的一个基准，但是欧盟智库认为在实施起来的挑战会不容忽视，比如对美国来说这是政治上的挑战，对中国来说，则是考虑到实际的投资。同时，欧盟智库也认为该声明代表了美国坚持领导地位的愿望，是对欧盟在气候议题上认为自己是"世界第一"的挑战（Marcu，2014）。

非洲是这些智库有关中国报告中关注的第三个重要区域，有8%的报告涉及。在这些智库报告看来，中国加入WTO对非洲资源丰富型国家和地区经济增长有着巨大的影响，从而有助于中非形成紧密的友好伙伴关系。同时，中国通过和平行动在非洲安全方面实现了规模和性质的根本转变。最具体的表现是，中国在维和行动中，将部队和医生输送到非洲最危险和复杂的地方，从此可以看出中国努力为全球作出贡献的大国担当，有利于建构一个中国是有助于全球安全的大国形象。同时，这也增加了中欧军队接触的机会，因此欧洲应该抓住机会加强与中国的合作（Duchâtel et al.，2016）。

研究还对欧盟层面智库的"中国观"的基本态度倾向进行了判断。整体来看，绝大多数研究报告采取了中性的态度立场或并未表现出鲜明的态度倾向，然而在具有明显态度倾向的9篇报告中，有6篇表达了鲜明的正面态度，有3篇表达了明显的负面态度。

总体来看，2013年9月至2016年12月，欧盟层面智库的"中国观"

态度上整体呈现为中性偏正面评价积极的倾向，尤其在对中国的政治军事、经济、对外贸易和环境能源整体上表现出正面的评价（见图 5-1-5 和图 5-1-6）。在态度倾向的编码上，以 1 作为正面态度，以 -1 作为负面态度，0 则表示没有明显态度倾向或混合的态度倾向，这一阶段的态度平均值为 0.12。

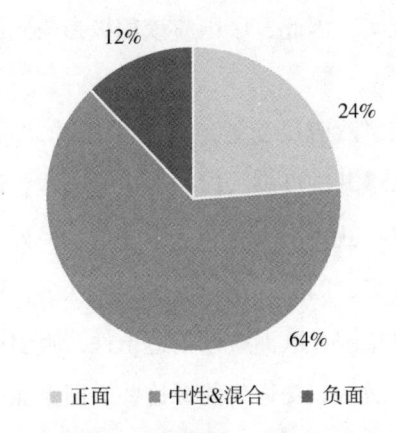

图 5-1-5　欧盟层面智库报告"中国观"
态度倾向（2013.9—2016.12）

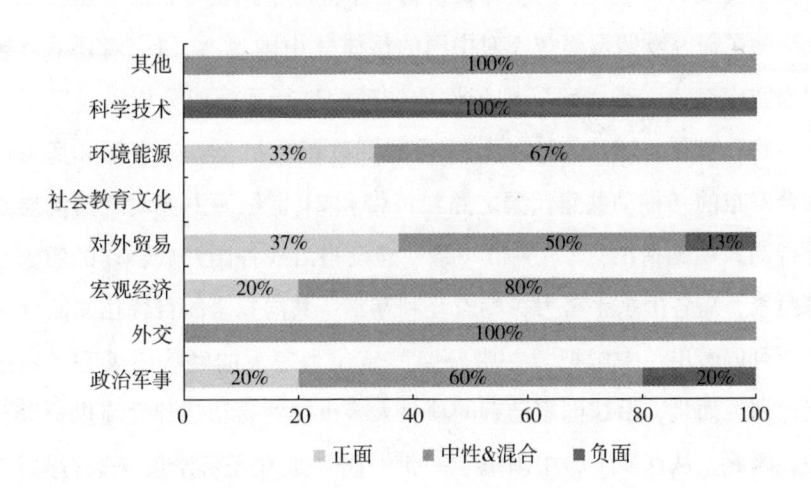

图 5-1-6 欧盟层面智库中国报告对华态度
倾向与主题分布（2013.9—2016.12）

在政治军事方面,欧盟层面智库肯定了中国在非洲维和行动的努力,认为中国将部队和医生输送到了非洲最危险的地方,并积极打击恐怖主义,这些努力表明了中国大国责任的担当和对全球秩序的贡献。

在宏观经济方面,欧盟层面智库承认中国最近成为全球领先的经济强国和金融强国,同时指出,现有的国际贸易和货币金融体系并没有充分适应中国崛起的现实,因此,中国应该积极参与到国际金融体系的建构之中。

在对外贸易方面,欧盟层面智库认为中国的"一带一路"倡议旨在改善中欧之间的跨境基础设施,以减少运输成本,认为这一倡议将会拉动巨大的贸易往来,欧盟国家将会从中受益。另外,欧元危机的余波仍困扰着许多欧洲国家,因此,欧盟层面智库认为,中国是欧洲国家向外寻求贷款的重要对象国,欧洲应该创造条件,吸引中国在欧投资基础设施建设,尤其是在通信、交通、能源这些中国企业表现出色的领域。

在环境能源方面,中国遏制碳排放量的可持续发展政策受到了欧盟层面智库的肯定。报告认为,中国的清洁能源政策将给全球碳市场带来可持续发展的希望,这为全球碳价格公平开辟了切实可行的道路。

除了研究欧盟层面智库对中国的整体"中国观",研究者还对欧盟层面智库对"一带一路"倡议性质的理解进行了框架分析。对于"一带一路"倡议,2015 年,由国家发展和改革委员会、外交部和商务部联合发布的《推动共建丝绸之路经济带和 21 世纪海上丝绸之路的愿景与行动》明确指出:"'一带一路'建设是沿线各国开放合作的宏大经济愿景,需各国携手努力,朝着互利互惠、共同安全的目标相向而行"。由此可以看出,中国把"一带一路"定位为宏大的经济愿景和经贸投资计划。而且,沿线国家已有的项目大多也与贸易和基础设施投资等有关。因此,从性质上,中国把"一带一路"放在经济维度来进行解读,将其作为经济领域的国家战略来看待。然而在欧盟层面智库的研究报告当中,从政治维度上来解读,认为"一带一路"倡议为政治战略的共有 5 篇,占 20%,从经济维度来解读,认为"一带一路"倡议为经济议题的有2篇,占8%,其余文章未提及"一带一路"倡议或未明显表现出对其性质的判断。在这一阶段,欧盟层面智库对中国"一带一路"倡议的政策性解读尤为关注。

在政治维度上,认为"一带一路"是一种地缘政治和外交攻势,是中国的对外"大跃进"(China's Great Leap Outward),是将过去十年的西部开发政策推广到国外,不过同时也对这种做法的有效性持怀疑态度,认为由于中国以外的地理和地缘政治条件差异很大,尤其是大陆路线沿线,所以对于中国向低回报项目和高风险国家投入巨额资金来进行"一带一路"建设是否明智有争论(Godement,2015b)。在经济维度上,智库报告认为"一带一路"倡议,旨在改善跨境基础设施,以降低中国和欧洲之间广大地区的运输成本。报告估计了"一带一路"建设国家之间可能因运输成本的降低(包括铁路和海运)而产生的贸易量,并发现欧盟国家,特别是欧盟的内陆国家,应该大大受益。东欧和中亚也是如此,在较小程度上,东南亚也是如此。相反,如果中国寻求在"一带一路"区域内建立自由贸易区,欧盟成员国将受益较少,而亚洲将受益更多。"一带一路"的愿景,以改善交通基础设施为中心,就创造贸易而言,对欧洲是非常好的消息(García-Herrero & Xu,2016b)。

在对于"一带一路"的框架分析中,本研究选取了自利框架、合作互利框架、他利框架、参与框架、竞争框架、变革框架和实力框架。这些框架主要衡量所选取研究报告对于中国"一带一路"倡议的基本观点和认识,框架阐释及统计结果如表5-1-1、图5-1-7所示。

表5-1-1　　　　欧盟层面智库对"一带一路"倡议
性质的认知(2013.9—2016.12)

框架	阐释	判定为"是"样本数占比
自利框架	中国政府为了自己的利益而发起"一带一路"倡议,对中国有利	12%
合作互利框架	"一带一路"倡议有利于中国与沿线国家开展合作,是一种互利的机遇,包括报告主体国	4%

续表

框架	阐释	判定为"是"样本数占比
他利框架	"一带一路"倡议有助于沿线国家的发展	8%
参与框架	报告主体国表达要积极参与中国的"一带一路"建设	8%
竞争框架	"一带一路"倡议是中国和美国竞争和争霸的手段，是中式全球化、新殖民主义	0%
变革框架	"一带一路"倡议反映中国正在寻求自身变革、改变自身产能过剩状况等	4%
实力框架	"一带一路"倡议体现了中国强大的实力与财力，中国是 big power	0%

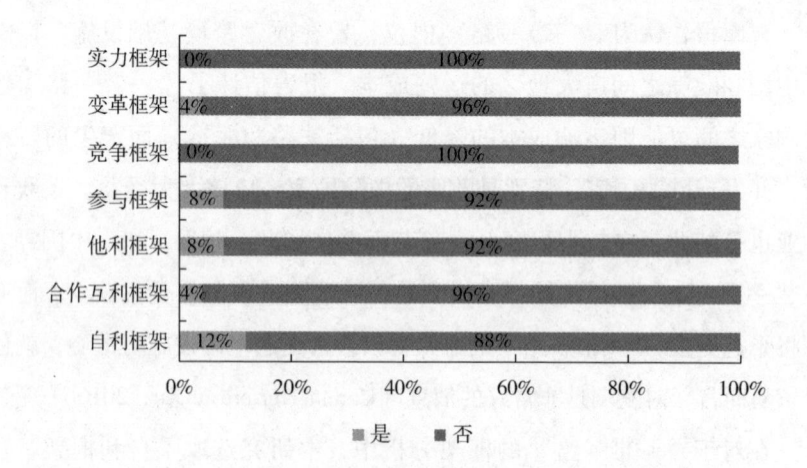

图 5-1-7 欧盟层面智库对"一带一路"
倡议认知（2013.9—2016.12）

在中国刚刚提出"一带一路"倡议的四年里，欧盟智库提及该倡议的次数并不多。在欧盟智库的认知中，中国"一带一路"倡议更多是从自身的利益出发而大力推进的（12%），同时也认为该倡议将有助于沿线国家发展（8%），并且认为欧盟应当积极参与到"一带一路"的合作中（8%）。有4%的报告认为"一带一路"倡议是中国基于自身变革而采取的战略调整，4%的报告认为该倡议有利于中国与沿线国家开展合作，是一种互利的机遇。

由此可以看出，在这一阶段，欧盟层面智库对"一带一路"倡议基本持肯定态度，认为"一带一路"倡议虽然是出于本国利益，但是也是有助于沿线国家发展的，并愿意积极参与其中。

由于智库报告有分析和研究性质，往往很长，2013年9月至2016年12月这一阶段欧洲层面智库有关中国的研究报告形成了一份278921词的语料库，本研究对语料库进行进一步分析。

表5-1-2是这一阶段欧盟层面智库中国报告语料库中去停用词后排名前二十的高频词，其中排在前十的依次为"中国""欧盟""美国""国际的""国""政策""经济的""贸易""俄罗斯""欧洲的"。图5-1-8显示排名前60的高频词词云，字母越大，表示频次越高。

表5-1-2 欧盟层面智库"中国观"高频词（2013.9—2016.12）

排名	高频词	频次
1	China 中国	4723
2	EU 欧盟	1003
3	US 美国	797
4	International 国际的	728
5	Countries 国	682
6	Policy 政策	669
7	Economic 经济的	660
8	Trade 贸易	601
9	Russia 俄罗斯	584
10	European 欧洲的	523
11	Foreign 外国的	514
12	Security 安全	486
13	Market 市场	450
14	Relations 关系	440
15	Development 发展	413
16	States 国家	399
17	Law 法律	395
18	Climate 气候	386
19	Investment 投资	383

续表

排名	高频词	频次
20	Cooperation 合作	374

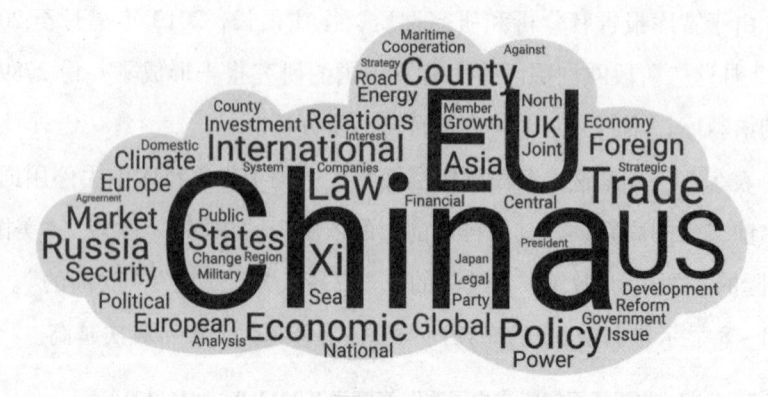

图 5-1-8　欧盟层面智库"中国观"高频词词云（2013.9—2016.12）

研究进一步对这 60 个高频词按照共现情况进行聚类语义网络分析。在聚类语义网中，节点对应的单词的字号反映了该节点的平均度（degree），字号越大，该节点的度越高，连接这一节点的点就越多，该节点在语义网中的位置越重要。另外，聚类语义网对所有节点进行了模块化处理（Modularity），通过计算节点之间的模块度，将节点聚类为不同的集群（cluster），并用不同的颜色表示。研究发现，这一阶段欧盟层面智库的中国观主要分为六个共现模块集群（见图 5-1-9）。共现最多的为左上角的集群，以大国和区域关系为主，共现关键词节点包括"中国""欧盟""美国""俄罗斯""英国""日本""亚洲"这些国名和区域名，讨论中国与其他国家和地区在政治和经济方面的关系以及中国发展和各项政策可能产生的与这些国家和地区相关的国际影响。这一阶段，英文 Belt and Road Initiative（BRI）（"一带一路"倡议）并没有出现在前 60 个高频词中。因为欧盟层面智库常常以"New Silk Road"（新丝绸之路）或者"One Belt One Road"指代"一带一路"倡议，在提到这一倡议时也经常提到这是习近平主席提出来的，所以"road"和

"Xi"也出现在这一共现集群中。右上角集群的共现关键词节点为"经济""金融的""市场""改革""全球",体现出这段时间中国的经济和金融改革及其对全球市场的影响也是欧盟层面智库关注的重点之一。此外,右下角集群显示出"气候""变化""能源""议题"及相关"政策"也是讨论重点。而南海争端引起的区域安全问题也在欧盟层面智库关于中国的讨论中(下方集群)。其他两个集群的共现关键词节点不多,一个涉及欧盟成员国,一个涉及共同发展。

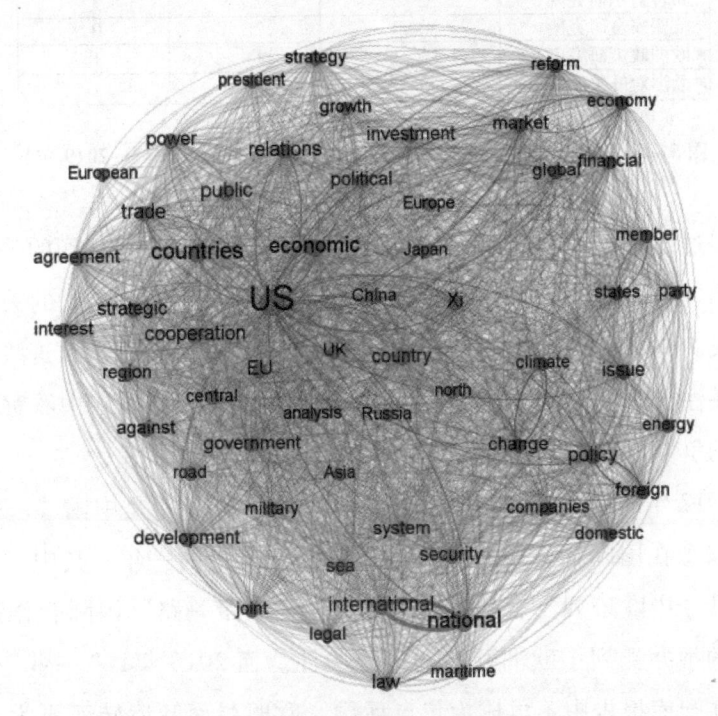

图 5-1-9 欧盟层面智库"中国观"语义网络分析(2013.9—2016.12)

第二节 2017—2019 年欧盟层面智库中国观分析

这一阶段,欧盟层面智库共发布 32 篇有关中国的报告,各智库报告数量及时间分布如下（见图5-2-1）。

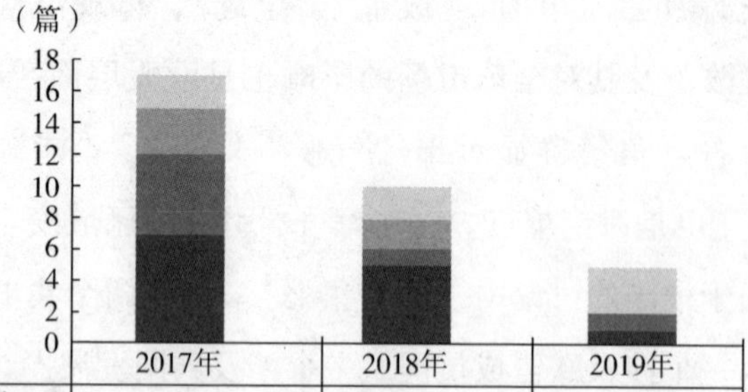

	2017年	2018年	2019年
布鲁盖尔研究院	2	2	3
欧盟安全研究所	3	2	0
欧洲政策研究中心	5	1	1
欧洲对外关系委员会	7	5	1

图5-2-1　欧盟层面智库有关中国报告数量变化（2017—2019年）

经过统计，这一阶段，欧盟层面智库研究报告对中国话题的关注度呈现出逐年降低的趋势，这与前一阶段（即2013—2016年）的关注趋势相反。其中以2017年的智库报告数量最多，占50%以上。这些报告主要关注了中国"一带一路"倡议的现实挑战以及中国在中欧贸易关系中的争议。

2017年的相关报告数量相对较多，因为2017年是中国"一带一路"概念在国际社会中广泛传播以及高调推进的一年。其中，2017年4月"中欧班列"合作的签署、首届"一带一路"国际合作高峰论坛的举办受到了欧洲社会的广泛关注。而2018年，"一带一路"倡议在智库报告中不再成为焦点话题，欧盟层面智库转而更为关注中国的对外贸易、数字经济以及中欧合作的新机会。2019年，欧盟层面智库集中批判了中国的对外贸易政策，并认为是对欧洲利益的损害。

研究者对于相关报告的主要研究主题进行了分类，共分为政治军事、外交、宏观经济、对外贸易、社会教育文化、环境能源、科学技术以及其他等8个主要类别。其中，需要特别说明的是，政治军事主题主要聚焦国内，故本研究把外交与之区分。宏观经济与对外贸易的区分亦然，前者更关注国内经济整体性发展及全球影响力，后者聚焦在中国对某一国家和地区的经贸关系上。经过统计，研究主题的分布以及时间变化趋势如图5-2-2和图5-2-3所示。

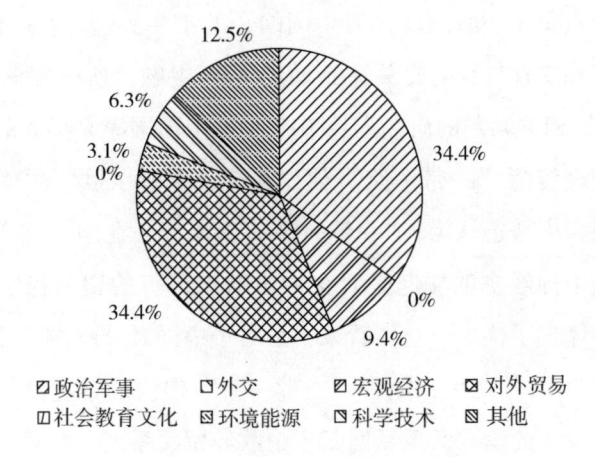

图5-2-2 欧盟层面智库有关中国报告的研究主题分布（2017—2019年）

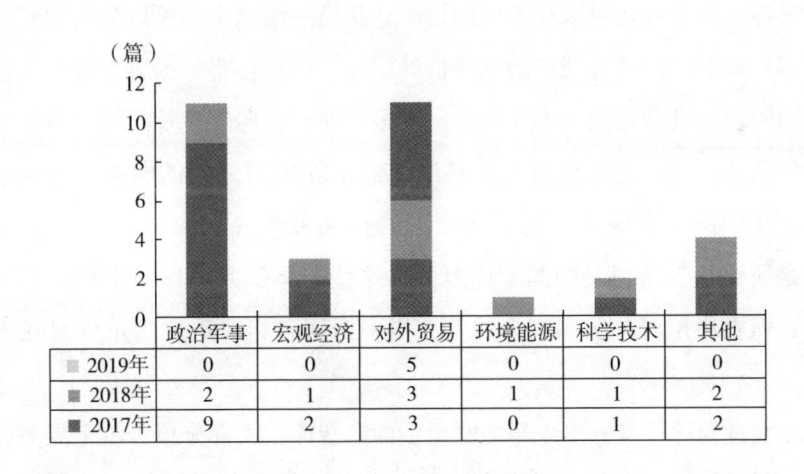

图5-2-3 欧盟层面智库有关中国报告的研究主题时间分布（2017—2019年）

	政治军事	宏观经济	对外贸易	环境能源	科学技术	其他
2019年	0	0	5	0	0	0
2018年	2	1	3	1	1	2
2017年	9	2	3	0	1	2

可以看出，在研究报告所涵盖的主题当中，政治军事和对外贸易为研究报告的核心关注点，这与2017年之前的核心关注点一致，分别占样本总篇数的34.4%和34.4%。这些研究主要聚焦于依托在"一带一

路"倡议以及中美关系和中欧关系之间的政治、军事力量对比,贸易冲突以及纠纷等问题上。而诸如环境、科技、文化等议题,报告并没有予以太多集中的关注,这也体现了欧盟层面的智库与欧盟紧密绑定的关系,研究焦点集中于欧盟层面对中国问题的主要关切。在时间分布上,如前所述,在 2017 年主要关注于政治军事主题,所选报告也聚焦在"一带一路"相关问题的研究上。2017 年,中国国家领导人频繁出席国际会议并积极传播"一带一路"倡议概念,引起了欧盟层面智库的广泛关注,报告中普遍认为,"一带一路"倡议势必在国际社会中扮演重要角色,但中国经济的崛起是否会冲击欧洲现行的贸易稳定和经济地位,报告中体现了忧虑,总体看来,是对于中国对外政治、经济作为的不信任。在 2017 年之后,随着"一带一路"倡议的推进渐趋稳定,欧盟层面智库关注的焦点又重新回归于中欧经贸关系上,并根据中欧经贸中的龃龉摩擦发表了对中国市场经济的质疑和批评。

在这些与中国相关的报告中,除了中国这一核心研究主题,研究报告还涉及对于其他国家和地区的讨论,从这一维度上,可以分析得到研究报告对于中国的外交和国际身份的定位,即更多将中国置于哪个区域的国际问题进行讨论。本文对于研究报告对其他国家涉及的情况进行了两种区分:其一是研究报告主要涉及的是除中国之外的国家,表现在报告集中研究中国与该地区或国家的往来关系(见图 5-2-4);其二是研究报告所提及的国家或地区,这些主体虽并未作为主要研究对象,但在中国对外关系和全球发展当中扮演着相对重要的角色(见图 5-2-5)。

经过统计可以看出,作为欧盟层面的智库,大部分报告将重点关注于中国与欧盟的双边关系当中,有 41% 的报告均将其作为主要分析对象。除此之外,美国作为非欧洲国家,在研究报告中受到了集中关注,报告关注中国的崛起对美国"全球霸主"地位的冲击,以及认为"一带一路"倡议在国际格局意义上而言是对美国的制衡,另外中美贸易战也是研究报告所关注的焦点。欧盟层面智库报告分析了中国贸易政策的

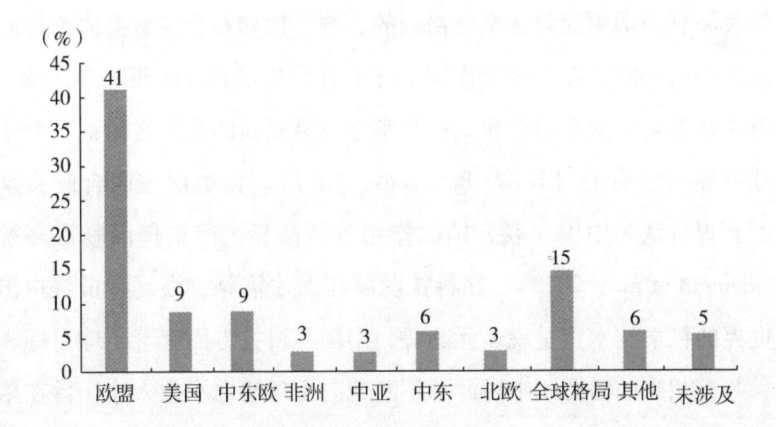

图 5-2-4 欧盟层面智库有关中国报告主要涉及国家和地区（2017—2019 年）

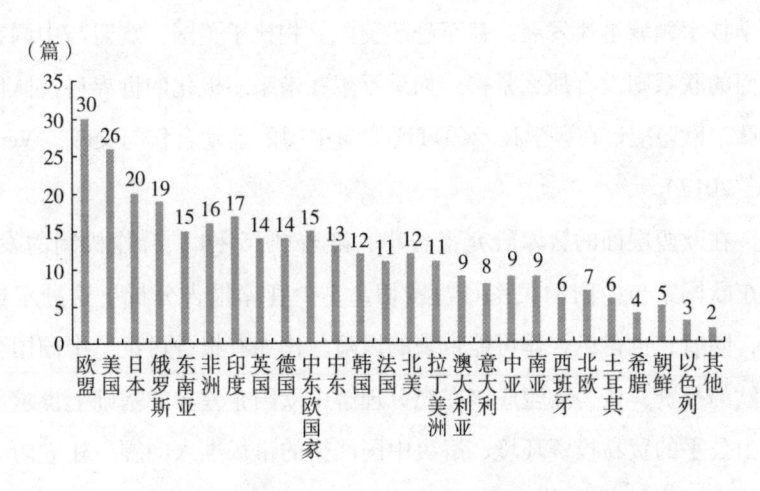

图 5-2-5 欧盟层面智库有关中国报告提及国家及地区（2017—2019 年）

风险，认为美国孤立中国的贸易政策给欧盟带来了风险，也给全球贸易带来更多质疑的声音，欧盟可以从当下的黑暗中期待未来的改善。还有报告称，中美贸易战对去全球化有着重要的推动作用。除了对中美贸易战的关注，欧盟层面智库还着重对比了中美的数字经济和网络信息技术，认为中国志在成为网络大国，就应当加强数字监管、完善数字治理体系。

这一国际格局的变动，体现在主要涉及国家或地区中，有 15% 的报告关注到中国崛起对于全球格局的影响。比如在全球贸易方面，有报告认为中国和欧盟在全球合作和责任上有着共同的目标和愿景，双方应该寻求开放自由的双边合作，这是基于贸易层面的合作与对话，而不是全球领导力的野心（Hu & Pelkmans, 2017）。在中国与联合国关系方面，有报告认为中国在联合国的作用日益凸显，但是仍面临许多挑战（Godement et al., 2018）。在科技发展和人才培养方面，有报告指出未来世界的科学技术将呈现多元趋势，中国在科技方面有着全球目标和部署，并有相当的潜力。中国源源不断地向全球输出本土人才，旨在培养其专业能力并建立关系网。人才各方面能力成熟后，将有利于中国的持续发展。中美在科学技术方面一直有着合作互利关系，这有利于中国在科学技术领域迅速发展，甚至赶超美国。相比于美国，欧盟与中国在这方面的联系则没有那么紧密。如果不想在未来多极化的世界科技队伍中掉队，欧盟应该在科学技术领域增加与中国的互动合作与交流（Veugelers, 2017）。

在欧盟层面的智库研究报告中，随着"16 + 1"合作机制的发展，中东欧国家与中国的关系日益密切，不少智库报告分析了这种双边合作，同时，也讨论合作可能带来的风险。比如有报告讨论了中国国企在中欧的投资，认为欧盟应该在充分理解中欧国企差异的基础上谋求更加自由公平的贸易投资环境、解决中国严格的市场准入问题、建立防火墙防范中国在欧投资的潜在问题（Garcíia-Herrero & Xu, 2017）。同时，中东欧对中国的态度也受到了欧盟层面的关注，如欧盟安全研究所的研究报告《通向东欧的中国之路》（"China's Road：into Eastern Europe"）指出，中国与中东欧"一带一路"合作获得了许多中东欧国家的信任与依赖，但贷款压力等潜在因素也会给这些中东欧国家带来潜在危险，报告建议欧盟在面对"一带一路"等全球项目时应当防范潜在的政治危险，在充分利用国际政策法规和欧盟标准的情况下，谨慎地获取利益（Makocki, 2017）。

在提及的国家中，俄罗斯、日本、东南亚各国、韩国、印度等中国邻近国家的态度和举动也受到了关注,另外非洲、中东、拉丁美洲等"一带一路"建设沿线国家也受到了格外关注。从这一维度上看,欧盟层面智库非常重视中国在东亚乃至亚太地区的影响力,以及在"一带一路"沿线地区的影响力。从这些角度上来看,欧盟层面的研究报告非常关注中国的崛起以及"一带一路"倡议对于现有国际秩序的冲击,而并非战略实施本身,认为中国作为一个既有秩序的挑战者正在重新塑造着国际社会的面貌。

本研究对欧盟层面智库"中国观"的基本态度倾向进行了判断,整体看来,绝大多数(占62.5%)的研究报告选取了中性的态度立场或并未表现出鲜明的态度取向,然而在具有明显态度倾向的12篇文章中,有9篇表达了鲜明的负面态度,只有3篇是正面态度倾向(见图5-2-6)。总体来看,这一阶段,欧盟层面智库的"中国观"整体上呈现中性偏负面评价的倾向,其中,对中国的对外政治和经济政策整体上持有负面评价甚至表现出抗拒的态度。

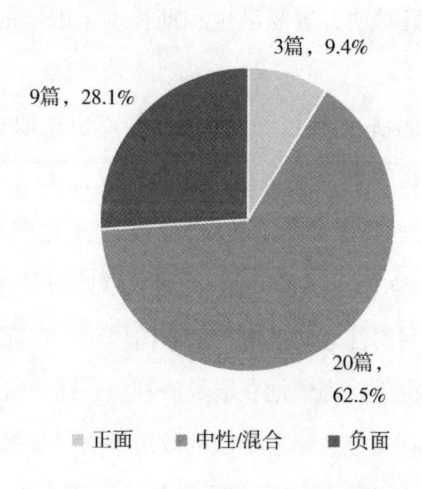

图 5-2-6 欧盟层面智库报告
"中国观"态度倾向(2017—2019 年)

为了进一步探究欧盟智库"中国观"的态度倾向,研究者按不同研究主题分类,计算了不同话题下的态度倾向期望值,进行了交叉分析。在本部分分析之前，研究者对于智库报告的态度倾向进行了编码，以 1 作为正面态度，以 -1 作为负面态度，0 则表示没有明显态度倾向或混合的态度倾向。所得结果如表 5-2-1 所示。

表 5-2-1 欧盟层面智库报告涉华不同主题态度倾向（2017—2019 年）

政治军事	宏观经济	对外贸易	环境能源	科学技术	其他	总体
-0.46	-0.33	0	1	0.5	-0.2	-0.16

经统计，这一阶段欧盟层面智库对中国的整体态度倾向呈现出 -0.16 的期望值，表现了整体上的中性略偏负面的态度。在政治军事层面，欧盟层面智库持有最为鲜明的负面态度，这集中体现在对于"一带一路"倡议的研究报告中。报告普遍认为，中国"一带一路"倡议的实施打破了原有国际秩序的稳定，并且在具体实施上存在诸多问题。例如在欧盟安全研究所的研究报告《巴尔干的腐败：与中国的联系》（"Balkan Corruption: the China Connection"）中，作者指责了中国"一带一路"的许多项目不够公开透明，容易滋生和助长本土国家的腐败（Makocki & Nechev, 2017）。

其次，在宏观经济主题上，欧盟层面智库也选取"一带一路"作为研究的切入点，并以欧洲经济发展的定位，评估了"一带一路"倡议对欧洲的效用。如欧盟安全研究所的研究报告《通向东欧的中国之路》（"China's Road: into Eastern Europe"）建议欧盟应当在面对"一带一路"等全球性的合作项目时注意防范潜在的政治风险，在充分利用国际政策法规和欧盟标准的情况下，谨慎地获取经济利益，而不应当冒进地在与中国的合作中获取经济利益但忽略了中国的政治渗透（Makocki, 2017）。

在对外贸易主题上，欧盟层面报告整体呈现出中性的态度。总体上来看，其研究报告肯定了中国巨大的经济发展潜力以及影响力，认为欧盟应该积极对话，实现与中国的合作互惠互利。但是同样在一些报告中有作者指出，中国的贸易透明度、开放度以及国有企业的身份定位使欧洲在对华贸易中往往陷入不利地位，这成了中欧之间进一步扩大贸易关系的阻碍，认为中国应当调整对外贸易政策，更符合欧洲定义下的市场经济标准。

在一篇编码为其他的报告中，分析了能源、外交、军事的混合主题，该报告指出作为中国能源探索的重要来源，北极地区的战略位置越来越重要。报告认为，虽然中国还不具备在北极部署军事的能力，但是其与俄罗斯等北极圈的经济合作获得的资源和能力存在将来应用于军事的可能。极地丝绸之路的发展会对欧盟标准构成挑战，其带来的安全等方面的挑战需要引起欧盟的重视（Pelaudeix，2018）。

在环境能源与科学技术方面，欧盟层面的智库肯定了中国科学技术的发展，以及环境能源方面可持续发展所做出的努力，并且指出欧洲应当与中国加强科技创新和环境保护方面的交流，提升自身的创新能力和可持续发展能力。

总体看来，在国家利益敏感度较高的领域，如政治军事、宏观经济等，欧盟层面的智库报告选择了相对负面的态度评价。而对于环保、科技等非国家利益直接敏感领域，智库报告则对中国所取得的成绩表示了肯定并且指出与中国合作对欧洲带来的潜在价值。

欧盟层面智库"中国观"报告的正面态度方面，尤其对中国的海洋经济和科学技术均给予了较高的肯定。在海洋经济方面，欧洲对外关系委员会研究员 Mathieu Duchâtel 和 Alexandre Sheldon Duplaix（2018）认为，中国"21世纪海上丝绸之路"背后有着发展海洋经济的愿望，这虽然为中欧关系创造了更多竞争关系，但是也为海洋经济的合作和海上安全创造了空间。欧洲应该效仿中国，将海洋经济作为经济发展的引擎，鼓励创新，维护海洋秩序。在科学技术方面，布鲁盖尔研究院研究员 Reinhilde Veugelers（2017）认为，未来世界的科学技术将呈现多元趋势，中国在科技方面有其全球目标和部署，并有相当的潜力。中国源源不断地向全球输出本土人才，旨在培养其专业能力并建立关系网。人才方面能力的成熟，将有利于中国的持续发展。中美在科学技术方面一直有着合作互利关系，这有利于中国在科学技术领域迅速发展，甚至赶超美国。相比于美国，欧盟与中国在这方面的联系则没有那么紧密。如果不想在未来多极化的世界科技队伍中掉队，欧盟应该在科学技术领域增加与中国的互动合作与交流。

除了研究欧盟层面智库对中国的整体"中国观"，研究者还对"一带一路"倡议进行了框架分析。对于"一带一路"倡议，在欧盟层面智库的研究报告当中，从政治维度进行分析的共有6篇，占18.8%，从经济维度进行分析的有8篇，占25.0%，其余文章未提及"一带一路"倡议或未表现明显性质上的判断。相比2013年9月至2016年12月的阶段，以项目实施为引讨论投资和基础设施建设的分析文章增加，但同时，"一带一路"所带来的政治意义仍然是分析的重点，欧盟层面智库对于"一带一路"倡议对国际政治格局的冲击作用尤为关注。

在对于"一带一路"的框架分析中，本研究选取了自利框架、合作互利框架、他利框架、参与框架、竞争框架、变革框架和实力框架。这些框架主要衡量所取研究报告对于中国"一带一路"倡议的基本观点和认识，具体框架阐释及统计结果如下（见表5-2-2和图5-2-7）。

表5-2-2 欧盟层面智库对"一带一路"倡议认知（2017—2019年）

框架	阐释	判定为"是"样本数占比
自利框架	中国政府为了自己的利益而发起"一带一路"倡议，对中国有利	50%
合作互利框架	"一带一路"倡议有利于中国与沿线国家开展合作，是一种互利的机遇，包括报告主体国	24%
他利框架	"一带一路"倡议有助于沿线国家的发展	18%
参与框架	报告主体国表达要积极参与中国的"一带一路"	21%
竞争框架	"一带一路"倡议是中国和美国竞争和争霸的手段，是中式全球化、新殖民主义	53%
变革框架	"一带一路"倡议反映中国正在寻求自身变革，改变自身产能过剩状况等	12%
实力框架	"一带一路"倡议体现了中国强大的实力与财力，中国是 big power	44%

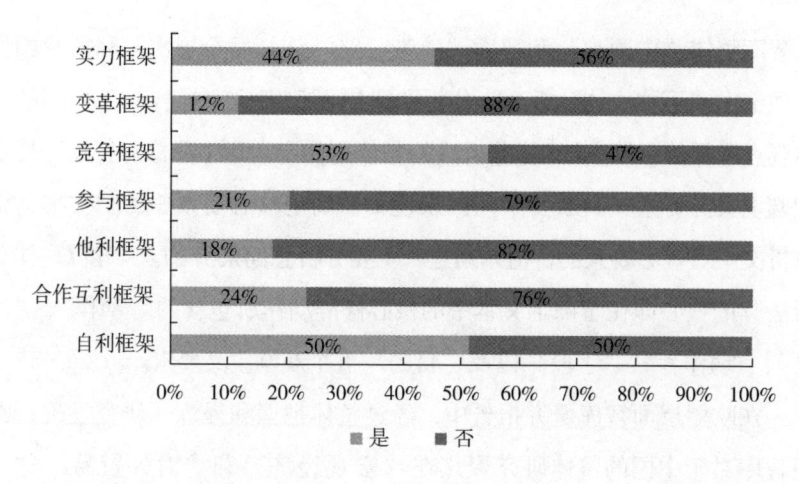

框架	是	否
实力框架	44%	56%
变革框架	12%	88%
竞争框架	53%	47%
参与框架	21%	79%
他利框架	18%	82%
合作互利框架	24%	76%
自利框架	50%	50%

图 5-2-7 欧盟层面智库对"一带一路"倡议认知（2017—2019 年）

在中国对"一带一路"倡议的传播中，"一带一路"被定位为中国与沿线国家开展合作并互利共赢的国际战略，并非"侵略性"的、"扩张性"的战略布局。但是在欧盟层面的智库报告中，认为"一带一路"倡议是中国基于自身变革而采取的战略调整只占 12%，认为"一带一路"能够实现"互利共赢"成效的仅占 24%，认为将有助于沿线国家发展的仅占 18%，并且仅有 21% 的报告认为欧盟应当积极参与到"一带一路"的合作中。相反，却有大部分的报告认为中国的"一带一路"倡议更多的是为了自身的利益出发而大力推进的（占 50%）；是一种制衡美国的手段，具有中式全球化、新殖民主义的特征（占 53%）；并且向全世界彰显了中国巨大的实力和财力（占 44%）。这不仅与 2013—2016 年阶段有较大差异，而且其分析重点显然与中国一贯秉持的传播调性截然不同。由此可得出，这一阶段，欧盟层面的智库虽然对"一带一路"倡议的分析报告数量上增加了，但是对待"一带一路"倡议基本持负面的批判态度，认为"一带一路"是具有"扩张性"特征的，是基于中国自身国家利益而实行的，是挑战美国霸权并且积极进行影响力构建和价值渗透的"新殖民主义"国家战略。

在应用内容分析法对欧盟层面智库报告进行数据呈现后，本研究将从智库整体"中国观"和智库"一带一路"认知两个层次，利用戏剧主义理论中"五位一体分析法"分析欧盟层面智库研究报告对于中国的基本观点和评价。"五位一体分析法"是依照确定文章主要修辞行动—提取戏剧主义五要素—判断要素间因果逻辑—确定核心要素—回归文本话语分析文中对核心要素的价值判断这一主要分析思路展开的。"五位一体分析法"的核心即在于确定文本中的核心修辞动作所包含的"动作"、"场景"、"动作者"、"手段"以及"目的"五个戏剧主义要素。

在欧盟层面智库研究报告中，经过整体把握和提炼，研究发现，欧盟智库对于中国的整体研究聚焦在"宏观经济"和"对外贸易"这两个主题上，且另一研究主题"政治军事"也主要聚焦在中国通过日益增长的综合影响力从而影响全球经济行为和对外贸易关系，并且欧盟层面智库在这两个主题上主要呈现出负面的评价。

在欧盟层面智库对"一带一路"的分析中，框架分析的结果体现出智库研究对于"一带一路"的"自利性"、"竞争性"和"实力彰显"等特征的基本价值判断。

将整体中国观和"一带一路"两个层次修辞话语中的戏剧主义五个要素进行提取，并各自结成20个因果关系对子，然后分别判定因果关系后，可以判断两个层次影响修辞行为成立的核心要素：关系对子前者假定为原因，后者假定为结果，判定为原因成立最多的即为修辞行为的核心要素。

由表5-2-3和表5-2-4可以看出，在欧盟层面智库的整体"中国观"修辞话语中，"目的"要素成为核心要素，即"政治、经济影响力最大化"。欧盟层面的智库报告认为，中国的许多经济活动并非都以经济利益为目标，而是兼具着政治性的目的。这些智库认为，中国的众多国际性举动都在力图扩张自身的影响力，以冲击美国和欧洲在全球的地位。从这一目的出发，中国采取了众多"违背自由贸易"的措施。如在欧盟安全研究所的研究报告《中国的极地丝绸之路》（"Along the Road China in the Arctic"）中指出，中国探索极地地区尽管主要为了能源勘探,但并不排除借助与俄罗斯的经济合作从而获取在北极地区部署军事存在的可能(Pelaudeix,2018)。另外,在欧洲政策研究中心的研究报告《全球化中的中欧领导力:野心与能力》("China-EU Leadership in Globalisation: Ambition and Capacity")中,作者认为,中国在与欧洲寻求开放自由的双边合作过程中,倾向于寻求全球领导力的再次升级,并且认为中国的市场准入原则负面影响了中欧合作,中国作为大国应当以身作则,担负起自身的责任(Hu & Pelkmans,2017)。总体来说,在这一层面上,欧盟层面智库认为"政治、经济影响力最大化"已成为中国开展众多国际合作行为的首要目标。

表 5–2–3　　欧盟层面智库"中国观"戏剧主义修辞要素分析(2017—2019 年)

事件	动作者	动作	场景	目的	手段
整体"中国观"认知	市场化不完全的中国	使欧盟陷入不利的经济地位	国际格局力量对比发生变动	政治、经济影响力最大化	"一带一路"及其他不平等贸易政策
"一带一路"认知	国家利益导向的"一带一路"倡议	使沿线国家卷入"中式全球化"	中美争霸	渗透中国政治、经济影响力	具有政治、经济风险的基建、投资等方式

表 5–2–4　　欧盟层面智库戏剧五元修辞话语 20 个关系对子的因果关系判定(2017—2019 年)

	整体"中国观"	"一带一路"
动作者—场景	否	是
动作者—动作	是	是
动作者—手段	是	是
动作者—目的	否	是
场景—动作	否	否
场景—手段	是	否
场景—动作者	否	是
场景—目的	是	是
动作—手段	否	是

续表

	整体"中国观"	"一带一路"
动作—目的	是	是
动作—场景	是	否
动作—动作者	否	是
手段—目的	是	是
手段—动作者	是	是
手段—动作	是	是
手段—场景	否	否
目的—场景	是	否
目的—动作者	是	否
目的—动作	是	是
目的—手段	是	是

在欧盟层面智库对于"一带一路"倡议的认知上，核心要素为动作者"国家利益导向的'一带一路'倡议"，认为中国宣传利他主义的"一带一路"倡议实质上都是在以经济合作的方式，换取在当地的政治影响力和话语权，从而进一步在当地积累政治资本，以扩大中国在全球的影响力、提升国际地位。比如，在欧洲对外关系委员会研究报告《中国与地中海地区：开放商贸的机遇》（"China and the Mediterranean：Open for Business"）中，作者认为，中东和北非是中国能源进口的重要来源地，中国在这些地区扮演的角色引人关注，这代表着中国公共外交和软实力的成功（Godement et al.，2017）。欧盟安全研究所的研究报告《新丝绸之路上的瓜达尔港和中国力量预测》（"Along the Road Gwadar and China's Power Projection"）认为，中国在瓜达尔港的建设或是新地缘政治格局的重塑，可能影响该地区的权力平衡，是对巴基斯坦在该地区不稳定政策的变相鼓励，欧盟应当介入其中，限制中国在霍尔木兹港区域的影响力（Grare，2018）。总而言之，在这个层面研究报告的话语呈现中，中国是一个"野心勃勃的话语权索取者"，正在通过其雄厚的财力和坚定的决心不断进行政治影响力的扩张和全球话语权的争夺。

由以上分析，我们可以看出，欧盟层面智库报告中涉及"中国观"

的整体修辞话语可以概括为：依然具有非完全市场化特征的中国，在国际格局和实力对比发生变动的国际环境下，正在通过"一带一路"及非平等透明的贸易政策，置欧盟于不利的经济地位，以获取自身政治、经济影响力的最大化。而欧盟层面智库对于中国"一带一路"倡议的整体修辞话语可以概括为：从中国利益出发的"一带一路"倡议，以渗透中国政治、经济影响力为目的，正在中美争霸的格局下，通过"新殖民主义"和带有政治、经济风险的基建、投资等方式，将所涉及国家卷入"中式全球化"的过程。

2017—2019年这一阶段欧洲层面智库有关中国的研究报告形成了一份287584词的语料库，本研究对语料库进行进一步分析。

表5-2-5是这一阶段欧盟层面智库中国报告语料库中去停用词后排名前二十的高频词，其中排在前十的分别为"中国""欧盟""美国""贸易""国""政策""经济的""国际的""发展""市场"。图5-2-8显示排名前60的高频词的词云，字母越大，表示频次越高。

表5-2-5　欧盟层面智库"中国观"高频词（2017—2019年）

排名	高频词	频次
1	China 中国	4355
2	EU 欧盟	1687
3	US 美国	1151
4	Trade 贸易	1091
5	Countries 国	863
6	Policy 政策	701
7	Economic 经济的	700
8	International 国际的	611
9	Development 发展	587
10	Market 市场	581
11	Global 全球的	519
12	Investment 投资	495
13	States 国家	489
14	Foreign 外国的	486

续表

排名	高频词	频次
15	World 世界	467
16	Government 政府	452
17	WTO 世界贸易组织	442
18	Cooperation 合作	401
19	Bonds 债券	397
20	Security 安全	382

图 5-2-8 欧盟层面智库"中国观"高频词词云（2017—2019年）

研究进一步对这60个高频词进行共现语义网络分析。研究发现，这一阶段欧盟层面智库的中国观主要分为五个共现集群（图5-2-9）。与上一阶段相似的是左上角集群，即中国的经济、贸易和投资政策对大国关系和区域的影响，不过，涉及的国家和地区比上一阶段少，国家和地区关键词节点包括"中国""美国""欧盟""日本""亚洲"等，共现节点涉及的国家领导人包括习近平（Xi）和特朗普（Trump）。这一阶段欧盟层面智库关于"一带一路"的讨论和分析比上一阶段明显增多，而且"一带一路"倡议更多以BRI的首字母缩写形式出现，出现的频次为285次，从节点大小可以看出，在本集群中"BRI"与其他词语的共现频次较高，同时这阶段"road"的共现频次也仍然较高。不仅如此，这一阶段欧盟层面智库对于"一带一路"的关注更加细节化，涉及很多具体的"一带一路"项目，所以中下方节点中"项目"和"基础设施"组成了共现频次高的语义模块。一些研究报告会从地缘政治目标、地理范围、国企的作用、资源分配等角度分析中国"一带一路"倡议。有报告认为BRI是中国试图连接欧洲大陆的桥梁（Tonchev, 2017），也有报告认为BRI涉及了许多不同发展规模的国家，BRI应满足贸易与发展战略的基本条件，即目标明确、资源充足、选择性强、实施计划可行性强、沟通清晰等，报告还指出，中国应该评估项目风险和成本，以保证能够实现"一带一路"沿线国家的长期利益（Baltensperger & Dadush, 2019）。

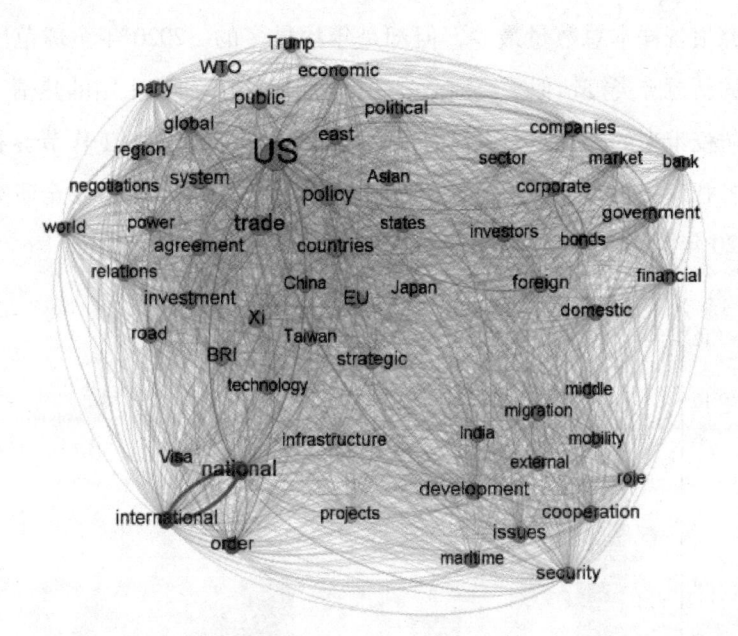

图 5-2-9　欧盟层面智库"中国观"语义网络分析（2017—2019年）

右上角集群的共现关键词节点为"企业""市场""公司""投资者""债务""银行""金融""政府""国内的""外国的"等，体现出这一阶段欧盟层面智库对中国经济和金融改革及其对本国和国际市场影响的持续关注。右下方集群主要是关于中国周边以及海洋经济和安全等议题，共现关键词节点包括"发展""对外""议题""海洋""安全""印度"等。比如有报告指出中国海上丝绸之路背后有着发展海洋经济的野心,这虽然为中欧关系创造了更多竞争关系,但是也为海洋经济的合作和海上安全创造了空间,所以欧洲应该效仿中国,将海洋经济作为经济发展的引擎,鼓励创新,维护海洋秩序(Duchâtel & Duplaix, 2018)。

第三节 2020年欧盟层面智库中国观分析

这一阶段,欧盟层面智库共发布17篇有关中国的报告,虽然2020年研究报告样本总数量最少,但却是年均最多的。2020年全球范围内暴发的新冠肺炎疫情似乎反而激发了欧盟层面智库研究中国的热情,而且因防疫带来的社交距离也没有影响其对中国进行研究的工作节奏和效率。各智库报告数量及时间分布如图5-3-1,其中,欧盟安全研究所在2020年的样本数为零。

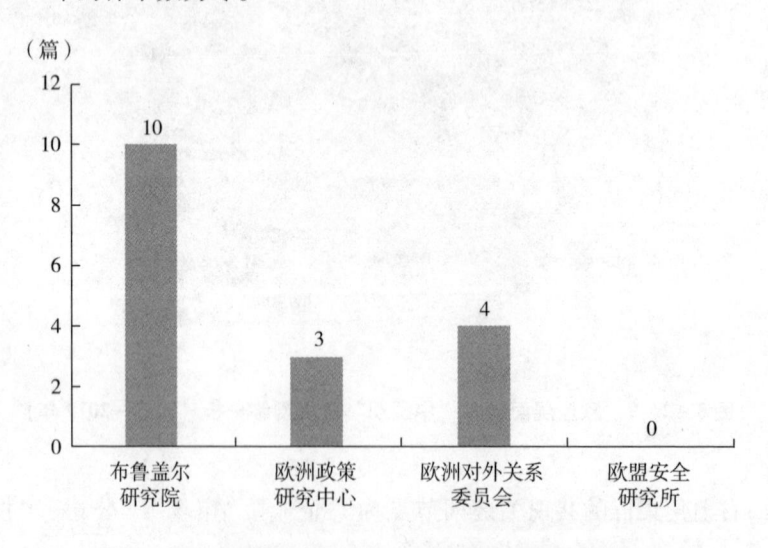

图5-3-1 欧盟层面智库有关中国报告数量(2020年)

从主题上来看(见图5-3-2),2020年有关中国的经贸议题为欧盟层面智库关注的重点,且大部分讨论内容与新冠肺炎疫情相关。有关中国的对外贸易占比最高，为47.1%，其次为宏观经济，占17.6%。环境能源和外交议题各占11.8%。从涉及的区域来看（见图5-3-3），欧盟作为一个整体占半数以上，为53%，其次为全球格局，占23%。

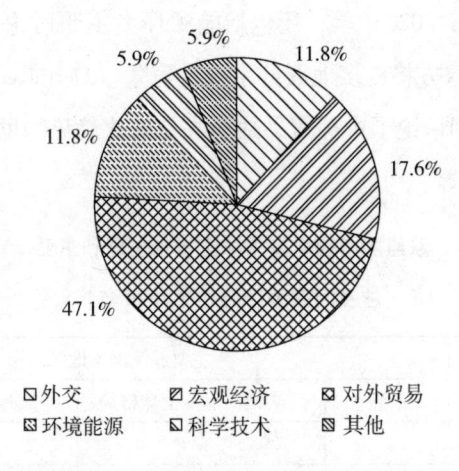

图5-3-2 欧盟层面智库有关中国报告的
研究主题分布（2020年）

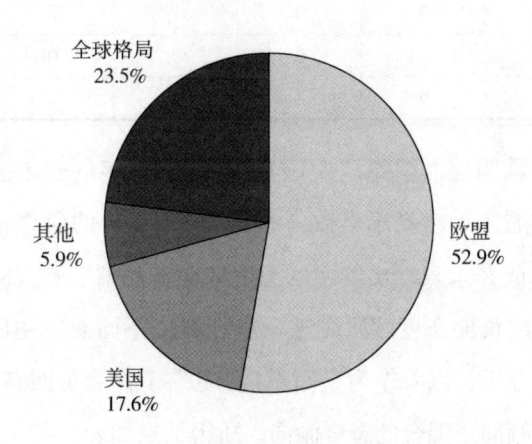

图5-3-3 欧盟层面智库有关中国报告
主要涉及国家和地区（2020年）

表5-3-1显示，除一篇科学技术类讨论COVID-19背景下技术对经济发展和健康防护的重要性（Hobbs, 2020），其他主题都与欧盟直接

相关，其中包括经济主题的中国国有企业不仅在中国国内市场上占主导地位，在欧盟也获得了不公平优势（García-Herrero & Wolff，2020），也包括外交主题讨论新冠肺炎疫情期间中国对欧盟援助不力并意在借机渗透在欧影响力（Small，2020）等，还包括能源环境主题讨论中欧在气候变化的总体背景下，双方将更多地展开系统性竞争（Oertel et al.，2020）等。而涉及美国的，则讨论了中美贸易战对去全球化趋势的助推作用（García-Herrero，2020）等。

表5-3-1　欧盟层面智库有关中国报告主题和主要涉及国家地区分布（2020年）　　　　单位：篇

主题	主要涉及国家地区				
	欧盟	美国	全球格局	其他	总计
外交	2	0	0	0	2
宏观经济	1	0	2	0	3
对外贸易	3	3	1	1	8
环境能源	2	0	0	0	2
科学技术	0	0	1	0	1
其他	1	0	0	0	1
总计	9	3	4	1	17

本研究对欧盟层面智库"中国观"在2020年的基本态度倾向进行了判断，整体看来，略高于半数（9篇，52.9%）的研究报告选取了中性的态度立场或并未表现出鲜明的态度取向，而剩下的（8篇，47.1%）则表现出鲜明的负面态度。研究进一步计算了不同研究主题下的态度倾向，进行交叉分析，以1作为正面态度，以-1作为负面态度，0则表示没有明显态度倾向或混合的态度倾向。所得结果如表5-3-2。

表5-3-2　欧盟层面智库报告涉华不同主题态度倾向（2020年）

外交	宏观经济	对外贸易	环境能源	科学技术	其他	总体
-1	-1	-0.13	-0.5	0	-1	-0.47

经统计，这一阶段欧盟层面智库对中国的整体态度倾向呈现出-0.47

的期望值，表现了整体上的偏负面态度。外交和宏观经济层面均持有最为鲜明的负面态度，其中外交上一则欧洲对外关系委员会发布的有关新冠肺炎疫情的研究报告，题为《系统性对抗的意义：疫情外的中欧关系》("The Meaning of Systemic Rivalry: Europe and China beyond the Pandemic")。该报告指出，新冠肺炎疫情全球暴发后，中国虽然对欧洲国家进行了援助，但是在表面的医疗援助下，中国却借机向欧洲国家渗透，破坏了中欧之间已经建立的合作伙伴关系（Small，2020）。另一篇布鲁盖尔研究院的题为《欧洲正在失去在全球价值链中的竞争力，而中国则急剧上升》("Europe is Losing Competitiveness in Global Value Chains while China Surges") 的文章指出欧盟在全球价值链中的作用正在萎缩，而欧盟与中国日益密切的合作更多是有利于中国的利益，所以是破坏了欧盟的外部竞争力（García-Herrero & Turegano，2020）。可见，在新冠肺炎疫情影响下，全球经济受到冲击，欧盟也不例外，然而欧盟一方面以恶意揣测中方对欧洲的医疗援助，另一方面把自身竞争力不强的原因归罪于中国，真是欲加之罪，何患无辞。

由于2020年欧盟层面大部分有关中国的研究报告都或多或少与新冠肺炎疫情相关，我们把其在此背景下与中国有关的认知的修辞话语按戏剧主义五个要素进行提取分析，并各自结成20个因果关系对子，然后进行因果关系判定，找出影响修辞行为成立的核心要素：关系对子前者假定为原因，后者假定为结果，判定为原因成立最多的即为修辞行为的核心要素。

由表5-3-3和表5-3-4可见，欧盟层面智库在新冠肺炎疫情背景下对中国认知的核心要素：手段为"医疗援助与政治利益攫取相捆绑"，认为中国防疫援助，实质上都是在以人道主义援助的方式，换取在当地的政治影响力和话语权，从而进一步在当地积累政治资本，以扩大中国在全球的影响力、提升国际地位。欧盟层面智库研究报告在新冠肺炎疫情背景下可提取的关于中国的修辞话语可以概括为：在欧洲各国深陷新冠肺炎疫情危机的情况下，兼具经验与资源优势的中国以政治渗透为目的，将医疗援助与政治利益攫取相捆绑，损害了欧盟的政治利益并破坏了中欧的合作关系。

表5-3-3 欧盟层面智库"中国观"戏剧主义修辞要素分析（2020年）

事件	动作者	动作	场景	目的	手段
新冠肺炎疫情下的中国认知	兼具经验与资源优势的中国	损害欧盟的政治利益	欧洲各国深陷新冠肺炎疫情危机	政治渗透	医疗援助与政治利益攫取相捆绑

表5-3-4 欧盟层面智库戏剧五元修辞话语20个关系对子的因果关系判定（2020年）

	新冠肺炎疫情下的中国认知
动作者—场景	否
动作者—动作	否
动作者—手段	是
动作者—目的	否
场景—动作	否
场景—手段	是
场景—动作者	是
场景—目的	否
动作—手段	否
动作—目的	否
动作—场景	否
动作—动作者	否
手段—目的	是
手段—动作者	是
手段—动作	是
手段—场景	否
目的—场景	否
目的—动作者	否
目的—动作	是
目的—手段	是

2020年欧洲层面智库有关中国的研究报告形成了一份97181词的

语料库，本研究对语料库进行进一步分析。

表5-3-5是这一阶段欧盟层面智库中国报告语料库中去停用词后排名前二十的高频词，其中排在前十的分别为"中国""欧盟""美国""贸易""数字的""市场""全球的""对话""政策""经济的"。值得注意的是，与数字技术和人工智能相关的"AI"和"数据"第一次出现在欧盟层面智库对中国的讨论中。图5-3-4显示排名前60的高频词词云，字母越大，表示频次越高。

表5-3-5　　欧盟层面智库"中国观"高频词（2020年）

排名	高频词	频次
1	China 中国	1424
2	EU 欧盟	1032
3	US 美国	473
4	Trade 贸易	414
5	Digital 数字的	373
6	Market 市场	265
7	Global 全球的	240
8	Dialogues 对话	236
9	Policy 政策	231
10	Economic 经济的	225
11	Companies 公司	224
12	Climate 气候	217
13	AI 人工智能	216
14	States 政府	215
15	Countries 国	202
16	Technology 技术	182
17	Sovereignty 主权	174
18	Data 数据	171
19	Investment 投资	166
20	Cooperation 合作	154

研究进一步对这60个高频词进行共现语义网络分析。研究发现，这一阶段欧盟层面智库的"中国观"主要分为五个共现集群（见图5-3-5）。

图 5-3-4　欧盟层面智库"中国观"高频词词云（2020年）

其中左边集群和右上角集群与前两个阶段类似，前者围绕政治、经济和金融政策影响下的大国关系，后者围绕贸易、投资和市场准入等问题及其对话合作。欧盟层面智库认为，欧盟需要进一步打开中国市场，降低中国市场对欧洲企业的准入标准。不仅如此，他们也认为，服务业是欧洲企业的强势产业，但在中国仍然处于快速发展阶段，因此，欧洲企业可以通过选择进入服务业来拓展中国市场。

值得注意的是，左边集群中，人工智能"AI"是一个重要核心节点。同时"AI"也有弧线分别连接到与"数字""时代""强国""竞争"有关的集群，和与区块"链""价值""标准"有关的集群。这一阶段，欧盟层面智库普遍认为，美国是中欧关系中重要的影响因素，中美关系中的焦点问题是中美贸易争端，争端围绕数码科技、知识产权等主题，双方采取了附加惩罚性关税、对相关企业设限等方式。特别是人工智能领域，中国的快速发展使得美国对中国技术产生了危机感，因此对中国企业和中国留学生加大了限制措施。这些措施不仅对中欧贸易关系产生了影响，还使得各国调整贸易政策，转向贸易保护主义，最终影响全球贸易格局。下方集群围绕国内国际的互联网治理讨论。

综上所述，本章通过对欧盟层面智库有关中国报告的内容分析、话语分析和语义网络分析探究其蕴含的中国观。研究发现，在欧盟层面的

第五章 欧盟层面智库的中国观 99

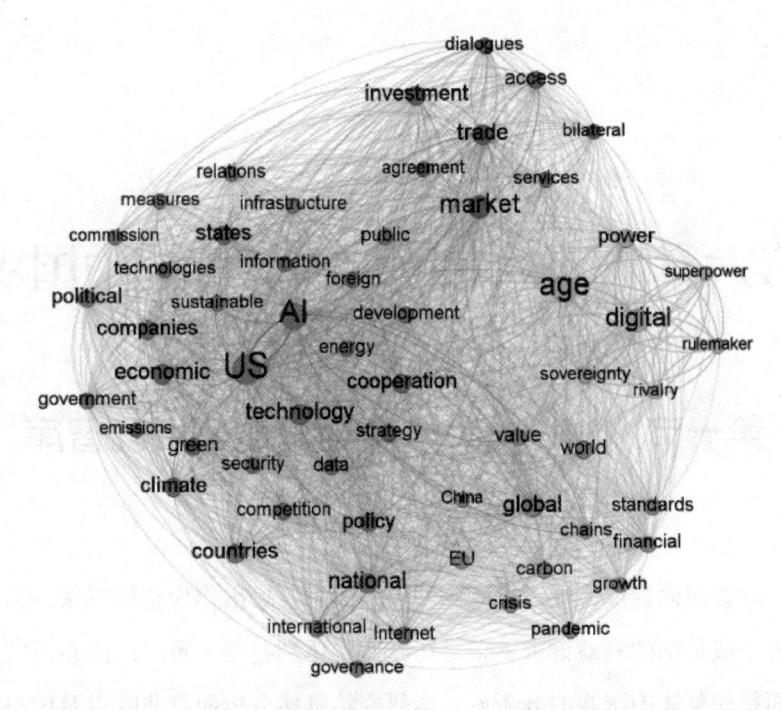

图 5-3-5 欧盟层面智库"中国观"语义网络分析（2020 年）

智库研究中，中国是一个"以经济合作换取政治利益"的崛起力量，中国的"合作行为"虽然充满诱惑但却具有"欺骗性"，与中国的合作充满着机遇却又让欧盟本身充满疑虑和担忧。欧盟层面智库认为，中国在具体的各方面交流中，往往以政治利益相裹挟，并非简单的单维度的合作，而是一种获取霸权的途径。欧盟层面智库指责中国的国有企业政府背景和垄断性过强，并且在市场准入等贸易问题上进行了集中的批评，还认为"一带一路"倡议推进、北极地区探索、疫情援助都存在着政治渗透的风险。欧盟将中国定位为一个正在崛起的"竞争者"，对中国的发展深表焦虑和感到威胁，但又希望利用中国发展的机会，有着既欢迎又防范的态度。这种心理和态度的变迁很大程度上源于中欧双方力量发生的深刻变化，随着中国经济的持续增长，欧盟在对华关系处理上竞争和防范的心理加剧，这种心理状态集中地体现在欧盟层面的智库研究报告中。

第六章 西欧北欧层面智库的中国观

第一节 2013—2016年西欧北欧层面智库中国观分析

欧盟层面智库,往往以欧洲一体化的利益输出作为整体诉求,而欧盟各个成员国的利益诉求,未必与欧盟整体利益相一致。因此在对欧盟层面智库整体中国观的分析后,本研究将具体分析西欧北欧以及中东欧智库有关中国的内容和话语表现,以期更清晰描摹欧洲智库中国观的全貌。本章专注对西欧北欧的智库进行整体分析和国别分析。

2013年9月1日至2016年12月31日,在西欧北欧层面的智库中,本研究选取了德国墨卡托中国研究中心、德国对外关系委员会、德国国际政治与安全事务研究所、英国皇家国际事务研究所、英国国际战略研究所、法国国际关系研究所、比利时皇家国际关系研究所、荷兰国际关系研究所、瑞典的斯德哥尔摩国际和平研究所,按照关键词检索和相关性共获取73篇报告,样本具体机构分布和时间分布见图6-1-1。

经过统计,2013—2016年,西欧北欧层面智库研究报告对中国话题的关注度整体呈现出增长的趋势,虽然2016年有所下降,但仍然保持较高关注度。2013年,中国刚刚提出"一带一路"倡议时,西欧北欧层面智库仅有9篇关于中国的报告,主要关注中国的政治军事议题。2014年和2015年,中国开始推广"一带一路"倡议,欧盟开始关注中国的对外经贸与经济结构,既包括中国在传统经济体系(如世界贸易组织、上海合作组织）中的作用与未来可能的行动，也包括中国发起的新兴经济体系（如亚洲基础设施投资银行）。2016年，围绕南海仲裁案，中美两国海军在南海地区对峙近两个月，围绕中美两国在南海可能采取的政治军事行动，西欧北欧智库展开了研究，与此同时，对外经贸话题仍然是研究的热点。可以说，从"一带一路"倡议之后，西欧北欧地区开始关注中国作为新兴国际贸易秩序建立者的身份，研究中国可能采取的对外贸易策略。

	2013年	2014年	2015年	2016年
德国对外关系委员会			2	
德国国际政治与安全事务研究所		1	1	3
比利时皇家国际关系研究所		2	2	3
荷兰国际关系研究所			4	3
英国皇家国际事务研究所			4	3
斯德哥尔摩国际和平研究所	2	1	5	
法国国际关系研究所	4	4	5	2
德国墨卡托中国研究中心	3	9	5	5

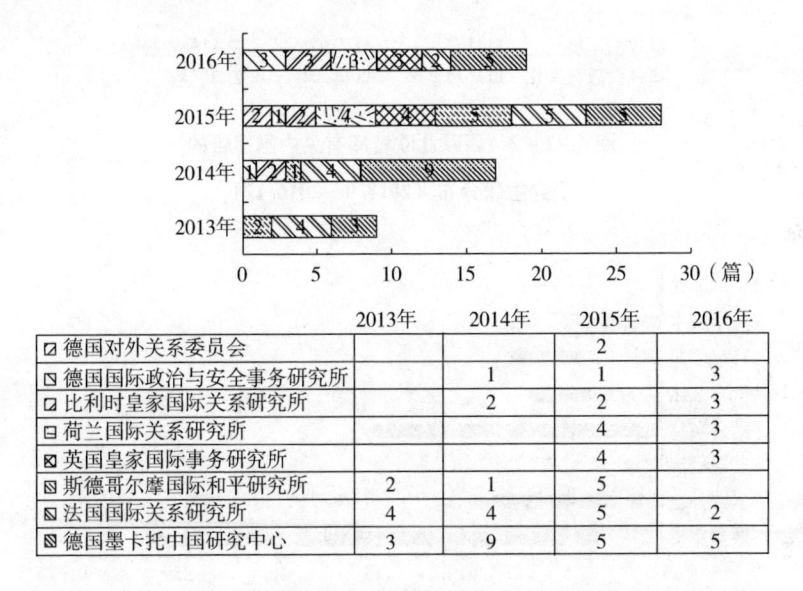

图6-1-1　西欧北欧智库有关中国报告数量变化（2013.9—2016.12）

研究对报告的关注主题进行了分类，共分为政治军事、外交、宏观经济、对外贸易、社会教育文化、环境能源、科学技术以及其他等八个主要类别。经过编码统计，研究主题的分布以及时间变化趋势如图6-1-2所示。

在研究报告所涵盖的主题中，有关中国的政治军事和对外贸易主题为研究报告的核心关注点，分别占总样本篇数的36.9%和20.5%。在政治军事方面，西欧北欧智库的关注重点集中在中国与邻国的领土争端问题上，尤其是东海问题和南海问题。2013年1月22日，菲律宾正式

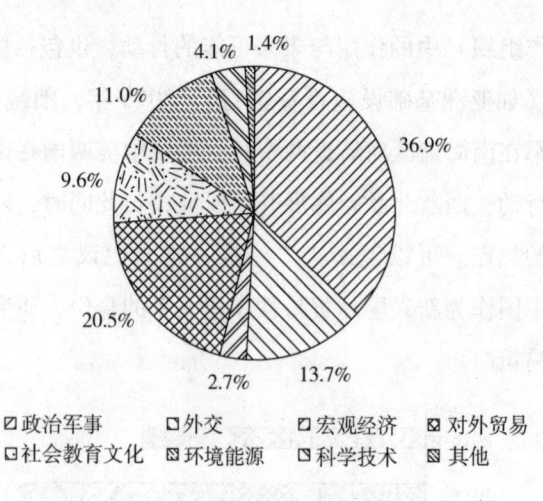

图中数据：
- 政治军事 36.9%
- 外交 13.7%
- 宏观经济 2.7%
- 对外贸易 20.5%
- 社会教育文化 9.6%
- 环境能源 11.0%
- 科学技术 4.1%
- 其他 1.4%

图6-1-2　西欧北欧智库有关中国报告的
研究主题分布（2013.9—2016.12）

	政治军事	外交	宏观经济	对外贸易	社会教育文化	环境能源	科学技术	其他
2013年	3	1			2	2		1
2014年	9	2	1	1	2	2		
2015年	9	5	1	6	3	3	1	
2016年	6	2		8		1	2	

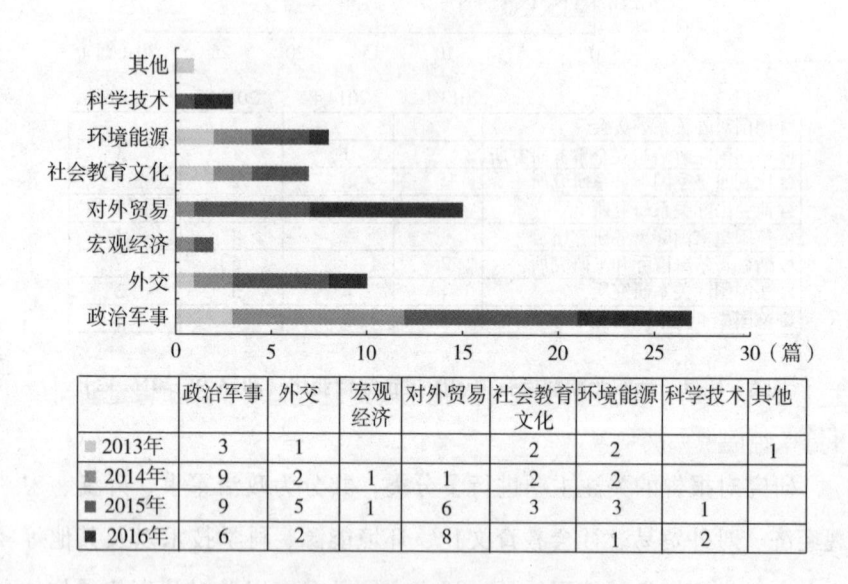

图6-1-3　西欧北欧智库有关中国报告的
研究主题时间分布（2013.9—2016.12）

向联合国海洋法法庭提请针对中国的"仲裁"，南海仲裁案立刻成为南海问题中新的矛盾点，影响到了亚太地区的多边关系，由此西欧北欧智库开始研究中国在南海问题上的主张及策略，肯定了南海问题的经济属性和政治属性,并对中国在南海问题上的主张持批评态度。此外,西欧北欧智库还指出,中国一边在联合国指挥下扩大在非洲的军事作用,一边在非洲大陆的商业利益和民间的存在感正在快速增长(van der Putten, 2015)。

而在对外贸易方面,西欧北欧智库表现出了对于中国对外贸易政策的持续性关注。一方面,随着中国自身经济实力的增强,中国不可避免地对现存国际贸易体系产生影响,因此西欧北欧智库开始关注中国在世界贸易组织、传统对外贸易方式的策略及可能出现的变化;另一方面,中国提出"一带一路"倡议,设立了亚洲基础设施投资银行等组织,这一倡议的提出将会对中欧的贸易产生影响,因此西欧北欧智库开始关注"21世纪海上丝绸之路"对于中欧航线的影响、中国对欧洲投资的政策转向,以及人民币在国际贸易中地位的变化。

除了这两个议题,外交、社会教育文化和环境能源主题也在一定程度上受到西欧北欧智库研究的关注,但是没有成为西欧北欧层面智库研究的核心主题。2015年,第21届联合国气候变化大会(又名"全球气候变化巴黎大会")在法国巴黎召开,中国在解决环境问题中的积极姿态引起了欧洲各国的关注,又因为中国此前曾因为环境保护问题屡遭美国及欧盟的批评,因此环境及可再生能源的主题成为西欧北欧智库的关注点之一。除了环境能源主题,其他主题则没有呈现出伴随特定新闻事件而小程度爆发的特点。

在这些智库研究中国的相关报告中,除了中国这一研究主题的核心,研究报告还涉及对其他国家和地区的讨论。对于2013—2016年的报告,我们主要对其主要涉及的除中国之外的国家进行了编码统计(见图6-1-4)。

图6-1-4显示,与欧盟层面智库不同,西欧北欧层面智库主要关注中国行动对于全球格局的影响,报告数量占总篇数的27%;紧随其后的是欧盟,报告数量占总篇数的19%。在全球格局层面,西欧北欧智库都将中国描述为一个正在崛起的大国,并且在尝试改变现有的全球

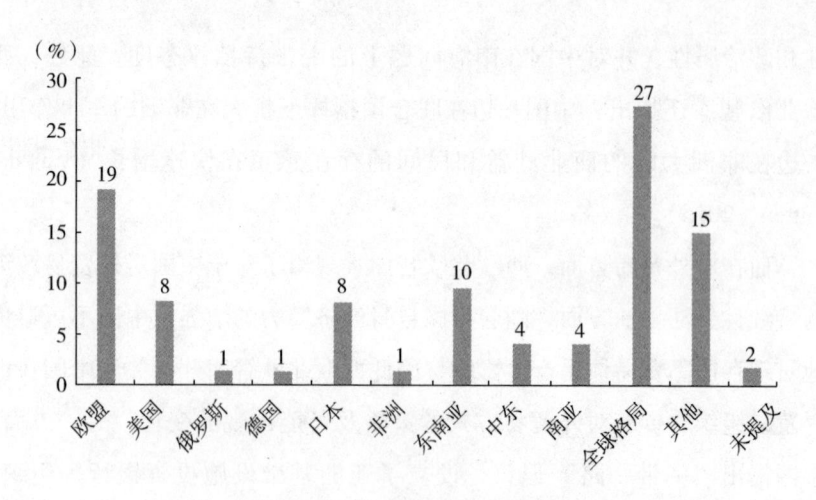

图 6-1-4　西欧北欧智库有关中国报告中涉及的
其他国家和地区 (2013.9—2016.12)

政治经济体系。与欧盟层面的智库不同，西欧北欧的智库主要关注点不在于欧洲如何应对中国的策略和提案，而是试图还原和梳理中国策略和中国行动，并对策略和行动的效果进行评估。西欧北欧智库对于中国在世界格局中的研究涵盖了多个方面，包括中国的"和平崛起"策略、南海问题的中国立场、CCTV 在海外的传播（宣传）策略、海外能源政策等，认为中国在崛起的过程中，正在尝试通过与发展中国家合作，来打造有利于自身发展的"舒适圈"。

而在中欧双边关系层面，西欧北欧层面智库始终在关注欧盟与中国的合作，对于中国提出的"一带一路"倡议、"17+1"合作体系等都进行了研究，认为欧盟应该保持同一个基本立场，以整体的方式与中国进行合作。

东南亚地区是最受西欧北欧智库"中国观"报告关注的东南亚地区，报告数量占总篇数的 10%，随后则是日本（占 8%）和美国（占 8%）。西欧北欧层面的智库对于东南亚地区的研究体现了研究者对于南海问题的高度关注，所有关于东南亚地区的研究都以南海问题为核心展开。一方面，这些智库的研究报告认为中国在南海地区做出的填海造陆行为和军事行动是"挑衅"行为,与中国希望保持南海地区的合作意向矛盾;另一方面,如果要解决南海问题,需要中国进行让步,并且建立新的亚太地区对话平台(Paul,2016;van Ham et al.,2016)。还有报告指出,亚太地区比以往任何时候都更加是中国外交政策的优先方向,对中国来说,集中在该地区的经济、能源和安全利益的结合至关重要(Ekman,2015)。

研究对西欧北欧层面智库的"中国观"的基本态度倾向进行了判断(见图6-1-5),整体来看,绝大多数研究报告(52篇)采取了中性的态度立场或并未表现出鲜明的态度,然而在具有明显态度倾向的21篇报告中,有7篇表达了鲜明的正面态度,有14篇表达了明显的负面态度。在态度倾向的编码上,以1作为正面态度,以-1作为负面态度,0则表示没有明显态度倾向或混合的态度倾向,这一阶段的态度平均值为-0.10。因此,总体来看,2013—2016年,西欧北欧层面智库的中国观整体上呈略为负面评价的倾向。进一步分析表示,西欧北欧层面智库中国观的态度倾向存在明显的主题差异,对中国的政治军事、社会教育文化、科学技术和环境能源整体上表现出较为负面的评价,但是对中国的对外贸易和外交整体上表现出较为正面的评价(见图6-1-6)。

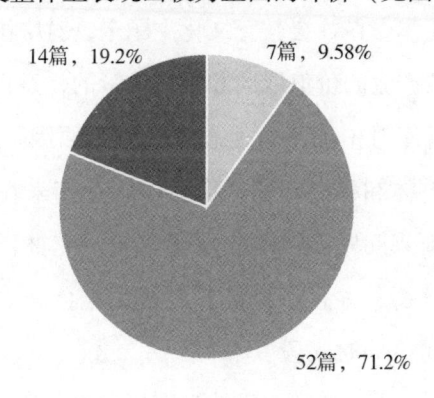

图6-1-5 西欧北欧智库报告"中国观"
态度倾向(2013.9—2016.12)

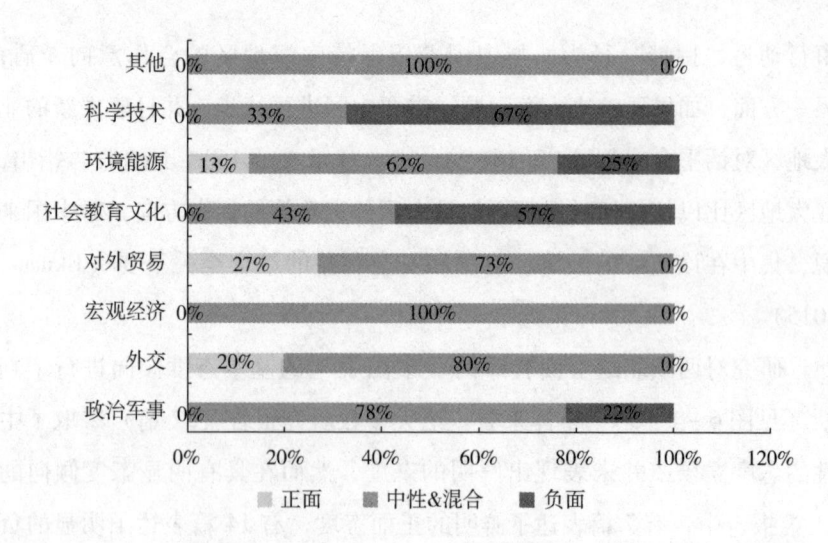

主题	正面	中性&混合	负面
其他	0%	100%	0%
科学技术	0%	33%	67%
环境能源	13%	62%	25%
社会教育文化	0%	43%	57%
对外贸易	27%	73%	0%
宏观经济	0%	100%	0%
外交	20%	80%	0%
政治军事	0%	78%	22%

图 6-1-6 西欧北欧智库有关中国报告对华态度倾向与主题分布（2013.9—2016.12）

在政治军事、社会教育文化和科学技术主题中，西欧北欧智库的研究报告呈现出了中性偏负面的态度倾向，没有正面态度的研究报告。

在政治军事主题上，报告认为中国的行为破坏了亚太地区的秩序，中国为了巩固自己在南海地区的势力，正在试图拉拢俄罗斯甚至是联合国等有话语权的主体。在社会教育文化主题上，对中国持负面态度的报告都是关于中国共产党的价值取向和领导政策的，意识形态领域的差异仍然是西欧北欧智库对中国持负面态度的重要原因。他们还关注到了中国的中产阶级群体和移民问题，作为中国近年来在经济发展和国际化进程中面临的新兴问题，西欧北欧智库的研究报告对于这些问题进行了较为中性的分析，并且认为接下来的几年会是中国社会内部对这两个问题进行大讨论的时间段。

在科学技术主题中，西欧北欧的智库研究报告认为在中国崛起的背景下，中国对于互联网的大力发展是为了加强国家对于民众的控制，并且认为中国正在与俄罗斯、印度联合，采取类似的措施建立自己的区域性互联网。

除了研究西欧北欧层面智库对中国的整体中国观，我们还对"一带一路"倡议进行了框架分析。对于"一带一路"倡议，中国的传播工作中一般将其作为经济领域的国家战略来看待。在这一阶段的西欧北欧层面智库的研究报告当中，认为"一带一路"倡议为经济议题的有11篇，占15%，其余文章未提及"一带一路"倡议或未表现明显性质上的判断，只有个别研究报告认为"一带一路"倡议为政治议题，或者从地缘政治角度来讨论"一带一路"倡议。

有报告认为"一带一路"是过去三年中国最雄心勃勃、最引人注目的外交倡议，研究认为"一带一路"应当被看作一个包容、开放和全球合作网络。原因有三点：①这一思想很大程度上源于中国传统的社会组织和政治秩序的思想；②其主要目标是加强中国与"一带一路"成员之间的合作与联系。③"一带一路"是关于具体的基础设施项目（通信、能源资源/电网和交通运输），其中也涉及各种中国参与者（国有企业、银行、省政府等）。目前，欧洲国家和欧盟在对华关系中过于集中于单个基础设施项目、亚投行等特定的金融机制以及双边谈判，而没有意识到从中国的角度来看，这些项目都与"一带一路"相关。为了响应"一带一路"，欧洲国家首先需要收集和传播有关其本国甚至整个欧洲的"一带一路"活动信息。只有在欧盟成为协调中国和欧洲各国在"一带一路"项目中的枢纽时，欧盟的连通性平台才对欧盟成员国具有真正价值（Godehardt，2016）。还有报告讨论"一带一路"倡议与中国同希腊、土耳其、塞浦路斯和巴尔干国家的关系，尤其以希腊比雷埃夫斯港口为例，认为中远集团在比雷埃夫斯港的长期存在为中国政府发展同希腊的关系提供了坚实的基础。短期来看，中国在欧洲东南部和土耳其的地缘政治影响仍然有限，但是长期看来，中国正在成为这一地区更为重要的地缘政治角色。随着新丝绸之路的发展，这一地区国家将更加依赖中国贸易和投资关系。但与此同时，中国与其他超级大国的关系才是这一地区最为重要的地缘政治因素，如果中国与美国、俄罗斯等国的关系变化，则会对这一地区的稳定产生负面影响

(van der Putten et al.，2016)。

在对于"一带一路"的框架分析中，本研究选取了自利框架、合作互利框架、他利框架、参与框架、竞争框架、变革框架和实力框架。这些框架主要衡量所选取研究报告对于中国"一带一路"倡议的基本观点和认识，框架阐释及编码统计结果如表6-1-1。

表6-1-1　　西欧北欧智库对"一带一路"倡议认知（2013.9—2016.12）

框架	阐释	判定为"是"样本数占比
自利框架	中国政府为了自己的利益而发起"一带一路"倡议，对中国有利	100%
合作互利框架	"一带一路"倡议有利于中国与沿线国家开展合作，是一种互利的机遇，包括报告主体国	73%
他利框架	"一带一路"倡议有助于沿线国家的发展	82%
参与框架	报告主体国表达要积极参与中国的"一带一路"	82%
竞争框架	"一带一路"倡议是中国和美国竞争和争霸的手段，是中式全球化、新殖民主义	100%
变革框架	"一带一路"倡议反映中国正在寻求自身变革，改变自身产能过剩状况等	82%
实力框架	"一带一路"倡议体现了中国强大的实力与财力，中国是 big power	100%

在中国提出"一带一路"倡议之初，西欧北欧层面智库提及该倡议的次数屈指可数。在这一阶段，中国的"一带一路"被西欧北欧智库研究者认为是结构不够清晰的倡议，需要等待中国进一步的行动进行判断，因此"一带一路"倡议并没有成为智库报告的主要研究内容。但是，西欧北欧智库对"一带一路"的解读中每个框架占比都比欧盟层面智库高很多，他们认为"一带一路"是建立在"互惠互利"的基础上，对于增强中国自身利益（100%）和"一带一路"沿线国家发展（82%）都有好处，基本认同中国对于"一带一路"倡议的官方话语体系。比如有报告评估了中国在亚欧主要航线沿线

建设海上基础设施对欧盟的影响,认为这些项目属于海上丝绸之路计划的一部分,对欧盟意义重大。中国与非洲、中东和中亚国家之间投资和贸易关系的加强,增加了中国在地区事务中的利益,也增强了这些国家与中国保持友好关系的必要性。中国政府对中国与欧盟之间贸易路线的影响能力有所增强。从长期来看,涉及亚洲和非洲的运输和供应链路线在未来可能会逐渐绕过欧洲。另外,中国的参与有助于欧洲周边地区的经济发展,有利于稳定,也有利于欧盟自身的经济增长。积极主动地密切监测和与中国和当地行为者合作,似乎是保持欧洲角色的最佳途径。这种接触还将使欧洲能够支持受中国基础设施战略影响的行业和地区的经济发展,并从中受益(van der Putten & Meijnders,2015)。

由此可以看出,在这一阶段,西欧北欧层面智库对"一带一路"倡议基本持肯定态度,认为"一带一路"倡议虽然是出于本国利益,但也是有助于沿线国家发展的,虽然目前的政策仍然不是十分清晰,但是愿意参与其中。

2013年9月至2016年12月这一阶段西欧北欧智库有关中国的研究报告形成了一份644764词的语料库,本研究对语料库进行进一步分析。

表6-1-2是这一阶段西欧北欧智库有关中国报告语料库中去停用词后排名前二十的高频词,其中排在前十的分别为"中国""安全""国家""欧盟""经济的""美国""国际的""新""政策""亚洲"。图6-1-7显示排名前60的高频词词云,字母越大,表示频次越高。可以看出,与欧盟层面智库的涉华报告在2013—2016年、2017—2019年和2020年三个阶段中"中国""欧盟""美国"均为排名前三的高频词不同,在这一阶段西欧北欧智库涉华报告中,虽然"欧盟"和"美国"也都进入了高频词前十,不过却不是前三,而且涉及南海问题和西欧北欧国家的外交政策和能源发展是被提及比较多的词语。

表6-1-2 西欧北欧智库"中国观"高频词（2013.9—2016.12）

排名	高频词	频次
1	China 中国	11142
2	Security 安全	1842
3	States 国家	1686
4	EU 欧盟	1683
5	Economic 经济的	1669
6	US 美国	1664
7	International 国际的	1653
8	New 新	1579
9	Policy 政策	1552
10	Asia 亚洲	1403
11	Countries 国	1381
12	South 南	1308
13	Sea 海	1292
14	Trade 贸易	1278
15	Foreign 外国的	1182
16	Global 全球的	1163
17	Military 军事	1135
18	Energy 能源	1071
19	Development 发展	1045
20	Political 政治的	1033

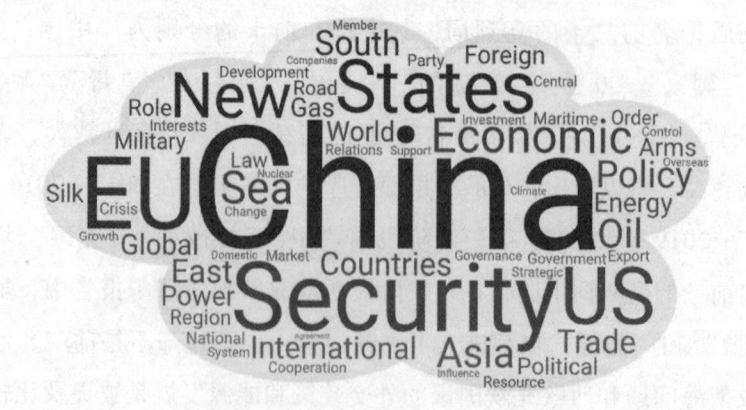

图6-1-7 西欧北欧智库"中国观"高频词词云（2013.9—2016.12）

第六章 西欧北欧层面智库的中国观　111

　　研究进一步对这 60 个高频词的共现情况开展聚类语义网络分析。研究发现，这一阶段西欧北欧智库的中国观主要分为四个共现模块集群（见图 6-1-8）。左边共现最多的集群涉及政治、军事、经济、投资、能源、气候治理的大国关系及其对世界的影响，关键词节点不仅包括中、美、欧，而且包括"政治的""经济的""战略的""军事""能源""气候""变化""全球""治理""政府""协议""世界""强国""影响"，甚至"一带一路"的早期指代方式"新丝绸之路"等。左上角集群只有五个关键词节点，涉及成员国、出口，以及军控等。右下方集群显示出这一阶段西欧北欧智库对中国推出"一带一路"后对"国际""体系""秩序"的关注，尤其这一时期欧洲几个国家内部"政党"政治关系微妙，在民粹主义抬头、极端主义和难民"危机"影响"国内"政治的情况下，如何发展与中国关系和在世界秩序中确立自身定位成为其智库涉华报告的关注重点之一。下方集群也包括五个关键词节点，涉及"海洋"上的"（石）油"和"（天然）气"开采，尤其业务与此相关的"海外""企业"投资和运行等，区域关注在中国的东海、南海，以及东欧和俄罗斯（如，Paul，2016；Fischer & Klein，2016）。

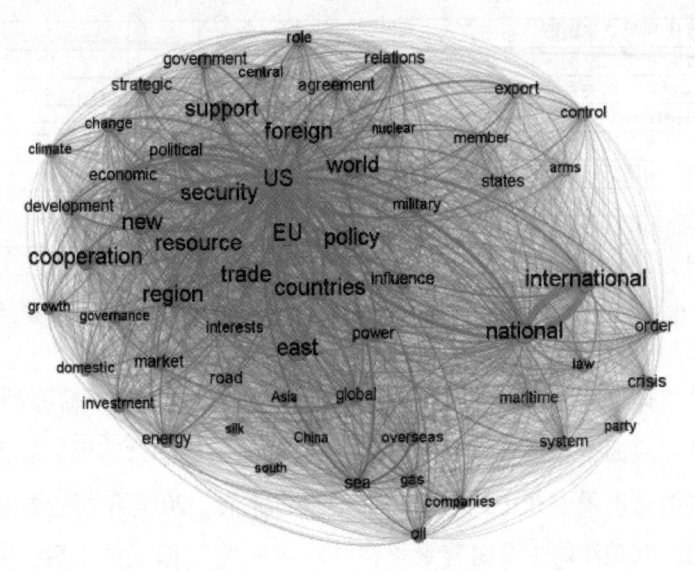

图 6-1-8　西欧北欧智库"中国观"语义网络分析（2013.9—2016.12）

第二节 2017—2019年西欧北欧层面智库中国观分析

在西欧北欧层面的智库中，这一阶段的样本数量共为73篇研究报告。除德国墨卡托中国研究中心（欧洲最大的当代中国研究机构）研究数量尤为突出（30篇），其余智库数目分布相对均衡。以国家为单位来看，德国智库因德国墨卡托中国研究中心篇目数量领先，其余主要西欧北欧国家智库的报告数量较为均衡（见图6-2-1）。

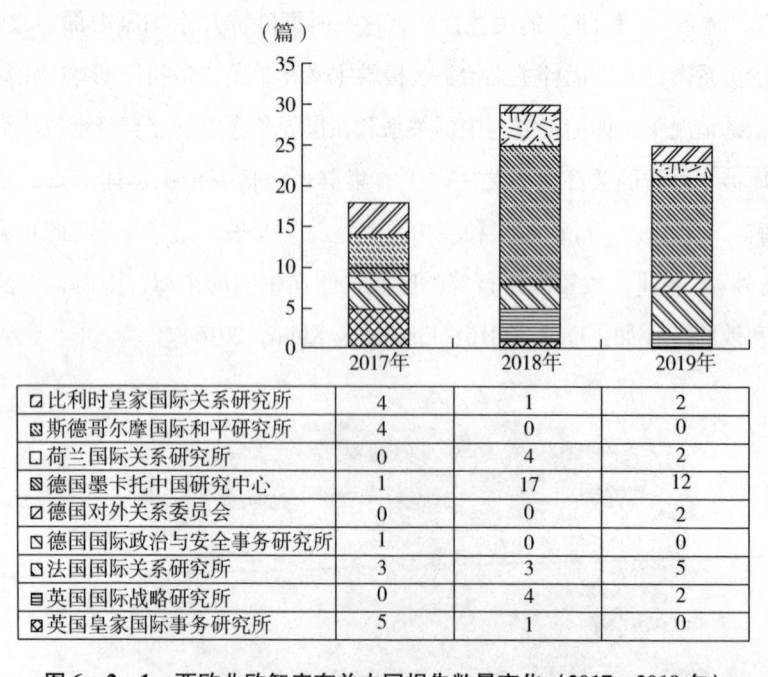

（篇）	2017年	2018年	2019年
比利时皇家国际关系研究所	4	1	2
斯德哥尔摩国际和平研究所	4	0	0
荷兰国际关系研究所	0	4	2
德国墨卡托中国研究中心	1	17	12
德国对外关系委员会	0	0	2
德国国际政治与安全事务研究所	1	0	0
法国国际关系研究所	3	3	5
英国国际战略研究所	0	4	2
英国皇家国际事务研究所	5	1	0

图6-2-1 西欧北欧智库有关中国报告数量变化（2017—2019年）

从整体时间分布上来看，2018年的报告数量达到这一阶段的峰值，这与欧盟层面智库报告数量由2017年递减的趋势非常不同。就样本数量最多的德国墨卡托中国研究中心的报告来看，2018年报告数目达到了峰值。其关注的主要内容聚焦在"一带一路"倡议推出后，中国在不同地区（如非洲、中东欧、东南亚）的经济举措和合作关系，以及在内部改革上对于这种战略做出的适应性的调整（如中央外事工作组的成立提高了中国共产党在外事工作中的地位），等等。由此可见，在欧盟成员国层面的西欧北欧智库研究报告中，其研究视角更倾向于微观，如"一带一路"的落实进展和具体实施细节，而不仅限于宏观的利弊讨论。

研究数量的时间变化趋势与具体内容的侧重点，反映了自 2017 年起，中国逐渐在国际范围内推行"一带一路"倡议等积极的对外合作的战略及政策，欧盟各国的智库均意识到了中国影响力的觉醒，并且逐渐意识到这种影响力所带来的对于各国区域地位和利益的挑战。而相较欧盟层面而言，西欧北欧主要国家的关注点更偏向于后置性的，即对于战略推进后影响力的逐渐扩大和战略的实施更为关注。例如，法国国家关系研究所的研究报告《中国在地中海地区：一个正在崛起的存在》（"China in the Mediterranean: An Emerging Presence"）认为，中国在区域合作论坛、基础设施投资和军事演习三个方面，已经开始影响地中海地区国家的经济，这些行为宣告了欧盟的脆弱，并且显示了中国可能取而代之，并且成为欧洲地区的新"领导者"（Ekman, 2018）。德国墨卡托中国研究中心 2019 年的研究报告《当欧洲之于中国的话语愈发强硬，中国的新欧盟政策也随之强硬》（"As Europe's Tone on China Gets Tougher, So does China's New EU Policy"）认为，中国对欧政策正在逐渐越发强硬和鲜明，这表现在中国提出了许多具体要求，如要求欧洲国家在中国台湾问题上采取谨慎的态度等（Bayes, 2019）。在《中国的数字化崛起为欧洲带来挑战》（"China's Digital Rise Challenges for Europe"）一文中，作者认为中国的 5G 技术、人工智能、区块链等技术的发展，对欧洲而言更多是挑战而非机遇（Shi-Kupfer & Ohlberg, 2019）。这些智库研究报告的观点均反映出，随着中国全球影响力的不断提升，西欧北欧层面的智库已经感受到这种影响力所带来的震慑力和潜在威胁，并且从各个角度开始论证这种中国力量的后续发展以及对于欧洲究竟意味着什么。

西欧北欧智库在研究报告的主题选取上，相对于欧盟层面智库，研究领域更为广泛。虽然在研究主题上，政治军事主题和对外贸易主题仍然是占比最高的研究主题分类，分别占比21%和33%（见图6-2-2）。这延续了2013—2016年西欧北欧智库研究中国的核心关注点，只是随着"一带一路"和"17+1"等倡议的提出，2017年之后西欧北欧智库对对外贸易主题的关注度超过了对政治军事议题的关注。然而从外交、宏观经济、社会教育文化、环境能源、科学技术等较为广泛的主题来看，西欧和北欧成员国层面智库关注中国的角度更为丰富和全面。如宏观经济领域的研究报告，关注了人民币国际化、金融市场的改革和转型以及数字经济产业等细分经济领域的议题；社会教育文化领域的研究报告关注了中国社会老龄化、对外移民以及社会征信系统升级等议题，为研究报告的受众呈现了一些社会问题解决的中国方案和路径；在环境能源方面，西欧北欧智库关注到中国稀土资源的战略性地位以及中国天然气市场的供求关系变化对于全球经济的影响。这些方面的研究，凸显了在欧盟层次聚焦宏观的基础上，西欧北欧层面的智库更倾向于聚焦某一领域的某一热点进行深度挖掘，细致展现中国发展对于世界所造成的影响和作用。

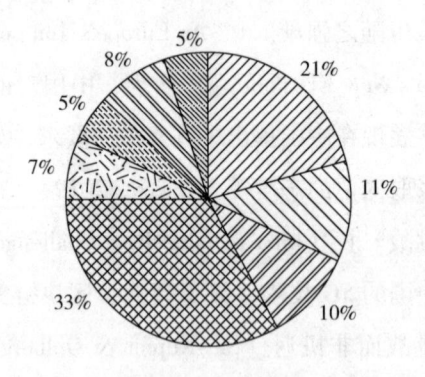

图6-2-2　西欧北欧智库有关中国报告的
研究主题分布（2017—2019年）

在研究主题的时间分布上，同样本数量的时间变化趋势相比较可看出（见图6-2-3），以政治军事为主题的研究报告在2019年尤为集中，这主要是源于2019年中美贸易战打响，有关中国与美国的结构性力量对比以及中国科技全球化推广带来的潜在风险议论更为集中。

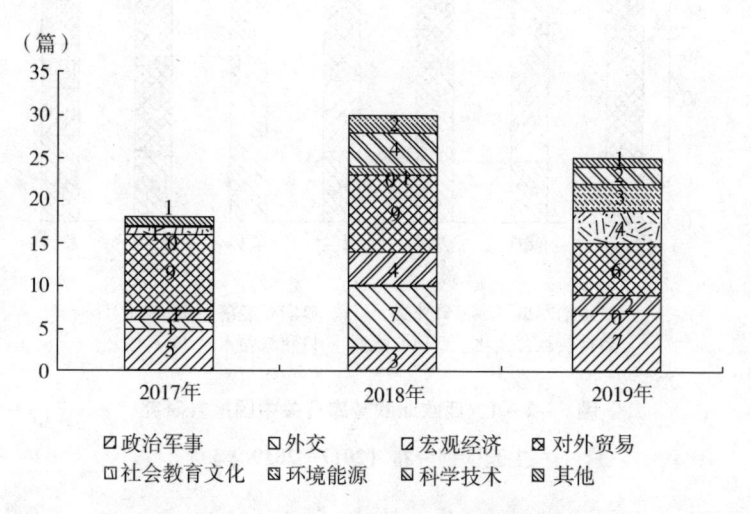

图6-2-3　西欧北欧智库有关中国报告研究
主题时间分布（2017—2019年）

不同西欧北欧国家的智库对于中国的研究主题选取倾向也不尽一致（见图6-2-4），其中英国、荷兰、比利时主要关注对外贸易，包括中国"一带一路"倡议的推进、北极地区的开发等，更关注中国对于其本国的影响。而德国的智库关注的焦点更倾向于中国自身的政治改革、经济发展和对于全球格局的影响力，并不局限于其仅针对欧洲或德国的影响。而瑞典所选取的斯德哥尔摩国际和平研究所由于其智库机构本身定位的原因，集中关注中国军事方面的动向，包括中国与俄罗斯、朝鲜的合作关系，中国武器销售的动向以及中欧在南亚地区的利益龃龉，等等。相比其他国家，法国国际关系研究所对环境能源的关注最多，涉及稀土资源和中国的燃气市场。

西欧北欧层面对于中国的研究所提及的国家和地区当中（见图

116　欧洲智库的中国观研究

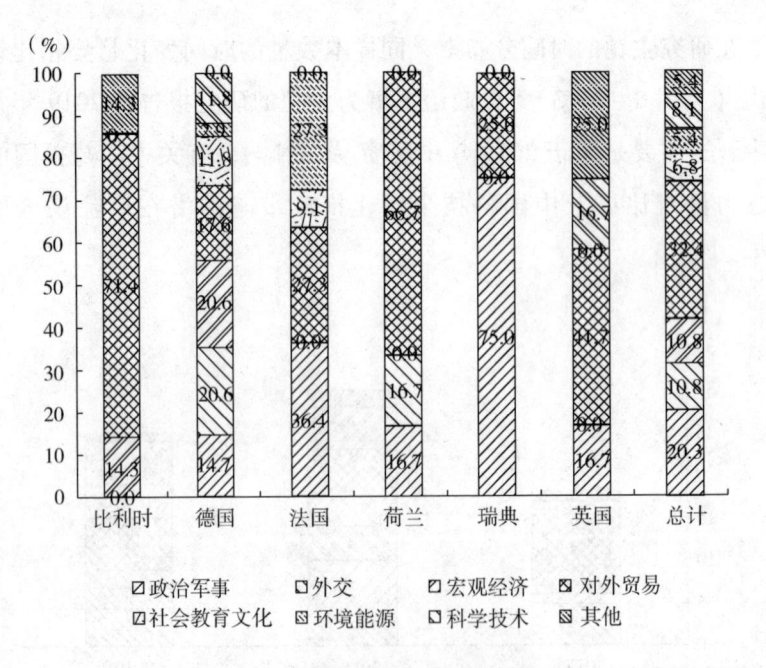

图 6-2-4　西欧北欧智库有关中国报告研究
主题国别分布（2017—2019 年）

6-2-5），欧洲各国的切身利益在数据中得以体现。英、法、德、意等欧洲大国所提及的频率明显上升。并且在研究报告中，对于美国的提及次数反而高于欧盟，尽管美国在研究报告中，并非讨论的焦点，但是美国在报告中的反复出现，还是体现了西欧、北欧各国对于中美对弈这一全球格局变化的动向的认同。

在西欧北欧层面智库的研究报告中，中美关系不仅影响到了全球政治、经济体系的发展，也使这些智库的研究者开始反思欧盟与中、美两国的关系，以及在新的全球格局中应如何定位。西欧北欧智库认为，中国在多个领域的快速发展是造成中美关系变化的主要原因。在这些报告中，中国的科技发展（如 5G 技术、智慧城市）、货币政策（主要指人民币国际化政策）、军事战略（国防预算和武器装备制造）等领域蓬勃发展，这些领域不仅触及了美国的经济利益，更被美国视为对其全球领导地位的威胁。不仅如此，有报告指出，由于中美政治制度和意识形态

(篇)
60 ┤ 57 56

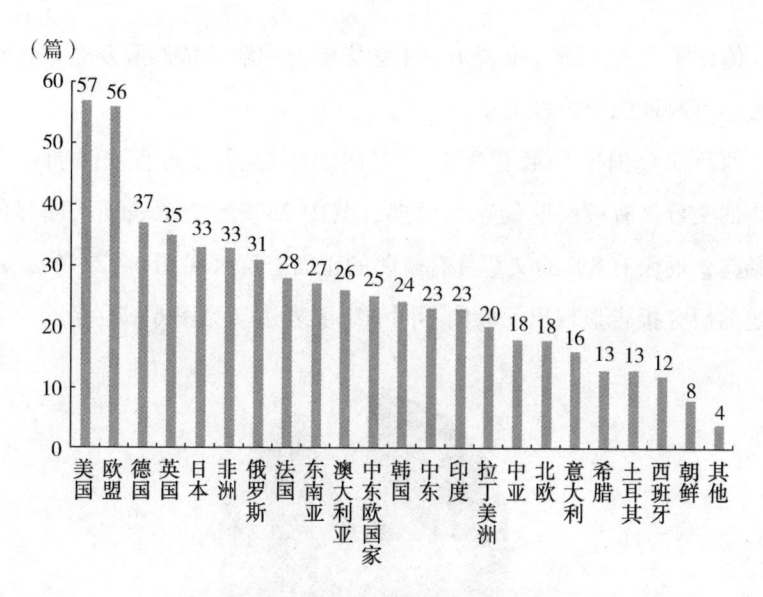

柱状图数据：美国57、欧盟56、德国37、英国35、日本33、非洲33、俄罗斯31、法国28、东南亚27、澳大利亚26、中东欧国家25、韩国24、中东23、印度23、拉丁美洲20、中亚18、北欧18、意大利16、希腊13、土耳其13、西班牙12、朝鲜8、其他4

图6-2-5 西欧北欧智库有关中国报告
提及国家及地区（2017—2019年）

的差异，中美之间的竞争和摩擦可能会在未来成为常态，全球政治经济等领域的现有体系和秩序都会受到影响（Nardon，2017）。

除此之外，欧盟在中美关系中的立场也产生了变化。这一阶段，西欧北欧智库的研究报告认为中国在催促欧洲选择立场。一方面，中国在台湾问题、新疆问题和西藏问题上，敦促欧洲各国和欧盟表达立场，并将其作为对外贸易合作的前提；另一方面，中国又与欧盟成员国签订"国家—国家"的双边合作备忘录，并且大力推动"17+1"的地区性合作体系，使得西欧北欧智库研究者认为，中国正有意分裂欧盟，使其丧失政治和经济上的完整性。

对于美国政府，西欧北欧层面智库的研究报告认为，欧盟在当前的中美关系中，不应过度偏向美国，更不能以牺牲与中国的合作关系和地区发展为代价。

尽管欧洲视角占据了主导，这些西欧北欧层面的智库也并未将视野局限在各国自身利益当中，中国在全球各地的表现在报告中也受到了关注，体现了在智库研究报告中，中国影响力的触角依然遍及全球，成为绝对不可忽视的全球性力量。

西欧北欧国家层面智库对于中国的研究报告其态度倾向也仅有33%的文章具有较鲜明的态度倾向，其中25%的文章表现了明显的负面倾向，而仅有8%的文章具有鲜明的正面态度（见图6-2-6）。不同主题的研究报告显现出了倾向不同的态度表达（见图6-2-7）。

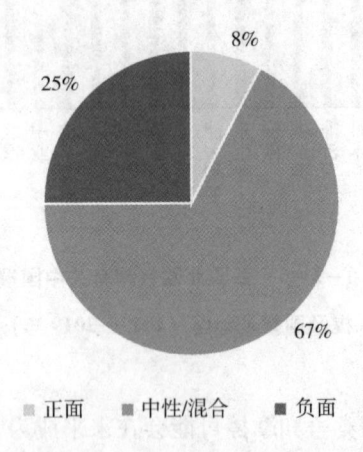

图6-2-6 西欧北欧智库报告"中国观"态度倾向（2017—2019年）

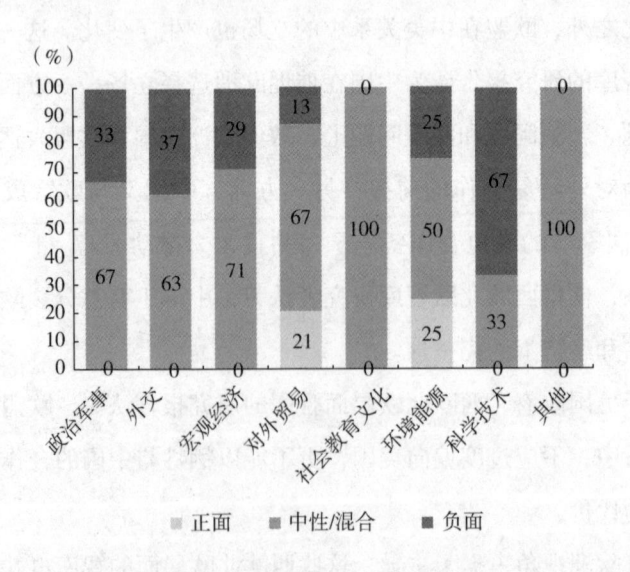

图6-2-7 西欧北欧智库报告涉华不同主题态度倾向（2017—2019年）

为了进一步探究各个研究议题下的态度倾向，研究分别计算不同话题下的态度倾向期望值并进行了交叉分析，所得结果如表 6-2-1。

表 6-2-1　西欧北欧智库报告涉华不同主题态度倾向（2017—2019 年）

政治军事	外交	宏观经济	对外贸易	社会教育文化	环境能源	科学技术	其他	总体
-0.33	-0.38	-0.29	0.08	0	0	-0.67	0	-0.16

经过态度倾向期望值的分析，可以发现在政治军事、外交、经济、科学技术四个议题上，西欧北欧智库报告的态度倾向于负面，在对外贸易议题上，研究倾向于肯定和积极态度，而在社会教育文化、环境能源、其他三个维度上，没有表现出明显的态度倾向。整体看来，西欧北欧智库的对华态度倾向是略偏向于负面的。

在政治军事议题上，表现出明显的负面评价或批判态度的研究报告不在少数。如德国墨卡托中国研究中心就有大量渲染"中国威胁"的报告，认为中国对非洲、中东的援助以及支持华为等民营企业出海，正在造成全球范围内的恐慌。另外，该智库还批判中国拒绝进行武器管控，认为拥有第二大国防预算的中国在军事领域表现得毫不负责任。英国皇家国际事务研究所及法国国际关系研究所的报告也认为，中国的"一带一路"虽然是以经济为导向，但实则是在中国优先原则主导下的政治行为，深深威胁了欧美国家的全球利益。

而在外交议题上，西欧北欧层面的智库也表现出同政治军事层面相似的评价倾向。如德国墨卡托中国研究中心及荷兰国际关系研究所均认为，中国目前往往以"双重标准"来看待中欧双边关系。在欧洲没有干涉中国内政的情况下，中国却倾向于利用外交政策干涉欧洲内部的政治关系，中国与中东欧的合作倾斜就是鲜明代表，智库报告同时指出，中国善于利用联合国等国际组织将中国的国内利益国际化并合法化（Okano-Heijmans & van der Putten, 2018）。在宏观经济层面的负面评价主要集中在德国墨卡托中国研究中心的报告中，其报告《"一带一路"的现实考察：如何评估中国在东欧地区的投资》（"Belt and Road reality check—

How to assess China's investment in Eastern Europe")批判了"一带一路"倡议对于许多较小经济体来说压力过大（Eder & Mardell, 2018）。在该机构的另外一篇报告中，作者直接将批判的矛头指向了中国内部的经济环境，认为中国的企业债务处理、国内投资的有效性以及中国内部的去杠杆行动并未收获理想的效果，存在诸多潜在风险（Ma, 2019）。

在科学技术议题上，相比于欧盟层面智库报告中的肯定态度，在西欧北欧的智库研究报告中，研究显示了较鲜明的负面态度。这集中体现在德国智库的研究报告中，认为中国的技术突破和创新不仅没有助益于全球的发展，反而会对全球的安全与稳定带来冲击。德国的智库研究报告十分关注中国的5G技术、人工智能技术以及区块链技术的发展和运用，认为这些技术有极大可能会成为中国威胁欧洲网络安全建设的手段，并且极大地削弱欧洲企业的影响力。中国目前积极探索并塑造科技行业的全球规范和标准，也是对欧洲相对竞争力的极大威胁（Shi-Kupfer & Ohlberg, 2019）。

在对外贸易议题上，西欧北欧层面的报道呈现出相对积极的评价。在对外贸易领域，智库研究报告普遍认为，中国具有强大的经济活力和巨大的市场，同中国的合作将有助于欧洲经济的发展。智库报告建议欧洲各国应当在兼顾、注重解决贸易合作中相关问题的基础上，抓住中欧经济之间的互补性，加强合作，实现双赢。比如，荷兰国际关系研究所报告指出尽管欧盟和中国在非洲之角的活动在意识形态和政治利益方面往往不同，但二者在经济和安全利益方面有很大的互补性，欧盟可以与中国合作，以加强该地区的稳定性（Ursu & van den Berg, 2018）。法国国际关系研究所的报告指出，近年来，欧洲在中国的投资力度逐渐加大，中国投资对于欧洲各国经济的贡献变得不可忽视。一方面，欧洲成为中国投资者偏好的投资地点，甚至可能比欧洲对中国投资的需求更明显；另一方面，中国的投资已经成为欧洲各国寻求经济增长的新机遇（Seaman et al., 2017）。

除了对外贸易议题上，其他研究主题中也呈现出了部分对中国持积极正面态度的报告，虽然数量与占比远不及对外贸易领域多。在对中国持正面态度的研究报告中，"一带一路"倡议与中国在全球领导地位的上升是决定研究者态度的重要因素。"一带一路"作为目前中欧合作中最为重要的倡议，其影响力渗透到了中欧合作的多个方面。有报告指出，"一带一路"不仅为中欧贸易带来了变革性的发展，还打通了中欧在安全问题上的沟通渠道，中国在"一带一路"倡议中所表现出来的诚意，使得欧洲各国认为，即使中欧之间存在意见不合，但仍可以通过对话的方式解决。

不仅如此，中国还通过"一带一路"倡议，给发展中国家提供资金、技术和原料的支持，这一新型援助方式也被部分智库研究认同。有研究认为，中国通过"一带一路"倡议，以基础设施建设的方式为非洲的决策者和商人展示了绿色环保的发展方式，使其获得了未来 40 年内可持续发展的工业化路径，为非洲的环境治理提供了重要的经验。

在不同成员国智库对于中国的研究报告中，英国、荷兰和比利时的智库对中国的正面评价占比较高（见图 6-2-8）。但是，德国智库表现出较为明显的对中国的负面态度，认为中国无论是外交政策、政治军事战略还是科技创新，都深深威胁到了欧盟的利益，并且蚕食了欧盟在全球的势力范围，应当予以警惕甚至对冲。尤其是德国墨卡托中国研究中心，对于中国的批判是全方位的，认为中国的经济行为都具有强烈的政治意图，以一个扩张性的姿态在全球进行影响力的扩散。在德国智库的研究报告中，中国被描绘为一个以经济合作为掩饰而扩张政治势力的新兴崛起者和全球霸权的挑战者。斯德哥尔摩国际和平研究所在这一阶段一共只有 4 篇有关中国的报告且都发表在 2017 年，其中 2 篇关于中俄关系，1 篇关于朝核问题以及中朝关系，这 3 篇对中国的态度评价都比较中性，而 1 篇负面报告认为"一带一路"倡议的推动对欧盟在中亚和南亚的安全利益产生了威胁。其他国家的智库则对中国的评价相对中性或褒贬掺杂，在表现出对于中国崛起的忧虑之时，仍然提示政府要重视与中国合作的机会，认为机会与挑战是并存的，各国应积极但谨慎

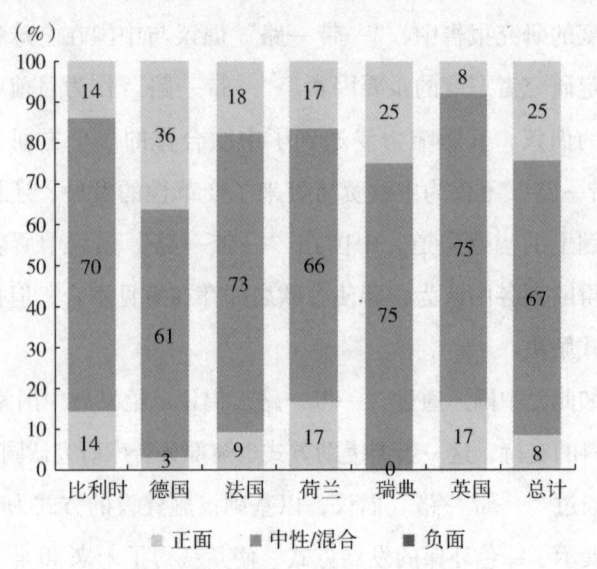

地处理对华关系，与中国展开全方位的合作。

国家	正面	中性/混合	负面
比利时	14	70	14
德国	36	61	3
法国	18	73	9
荷兰	17	66	17
瑞典	25	75	0
英国	8	75	17
总计	25	67	8

图 6-2-8　西欧北欧不同国家智库报告
涉华态度倾向（2017—2019 年）

在西欧北欧国家层面智库的报告中，"一带一路"倡议更多以经济战略的形象出现，持有这种认知的研究报告占总数的 53.4%，而认为"一带一路"为政治行为的仅占 6.8%。由此可见，在西欧北欧国家层面上，"一带一路"的性质认知与中国传播工作中的主要形象相对一致。西欧北欧国家层面智库并未像欧盟层面智库那样认为"一带一路"的政治目的大于经济目的。尽管，西欧北欧智库的许多研究报告中依然认为"一带一路"倡议在经济上并未取得预期的效果，或对于受援国具有许多潜在风险和问题。但是在整体认知上，"一带一路"的全球意义更多是从经济层面而非政治层面考量，这一点在欧洲出现了欧盟层面与成员国层面认知的不一致。

研究同时也对西欧北欧层面智库对于"一带一路"倡议的认知从七个框架出发进行了更为深入的框架分析（见图 6-2-9）。在西欧北欧国家层面的"一带一路"认知中，这些智库依然认为，中国的"一带一路"倡议的利己性（56%）要远高于利他性（25%），但是却认为中国"一带一路"倡议的根本目标是帮助内部进行经济结构的调整和政治结构的优化，与美国争夺全球霸权并非中国的目的。这一点体现在智库报告当中有37%对变革框架持有肯定态度，而只有32%确认了竞争框架。这些智库报告认为，尽管"一带一路"倡议并非意在争夺霸权和彰显实力，但是仍能够让全球感受到中国的强大影响力和日渐增长的全球范围内的行动力，这体现在47%的智库报告都对实力框架持有肯定态度。然而，西欧北欧智库却对于所在国家参与"一带一路"倡议的共同建设和深入合作持有相对消极的态度，仅有11%的研究报告提及了所在国家应当深入参与"一带一路"倡议的共同推进和建设，也仅有16%的研究报告认为欧洲国家有可能在与中国"一带一路"倡议的合作中获取较大的利益。因此，整体而言，在西欧、北欧国家的智库研究当中，"一带一路"倡议尽管更大程度上被认为是一种经济行为，但是却形成了政治上的影响力，服务于中国利益和自身内部调整发展需求的对外经济战略，对于所涉及国家的帮助和收益并不乐观，因此在这些智库的研究报告中，"一带一路"倡议不具有深入参与的价值，故呼吁西欧北欧各国应当持相对谨慎的态度。

本研究还从"中国观"和"一带一路"认知两个层次以戏剧主义修辞学的五因分析方法对西欧北欧智库的中国观进行话语分析。

在"中国观"层面，首先从主题选取上来看，政治军事、外交、宏观经济以及对外贸易仍然是西欧北欧智库最为关注的热点，因此"中国观"层面的戏剧主义修辞行为也将从这四个方面进行话语分析。而这四个主题以主体作为区分，可以分为两个类别。一个是以中国自身发展的主动性动作作为主要特征，即中国自身的政治军事建设、外交政策制定和经济调整，是基于中国自身展开的讨论。另外一个是以双边关系作为基础，更多是以智库所在国利益为出发点的讨论焦点，对外贸易则是这种类别的主题。从西欧北欧智库的态度倾向主题分布规律上来看，政治军事、外交、宏观经济主要是持有负面的态度评价，而对外贸易主题

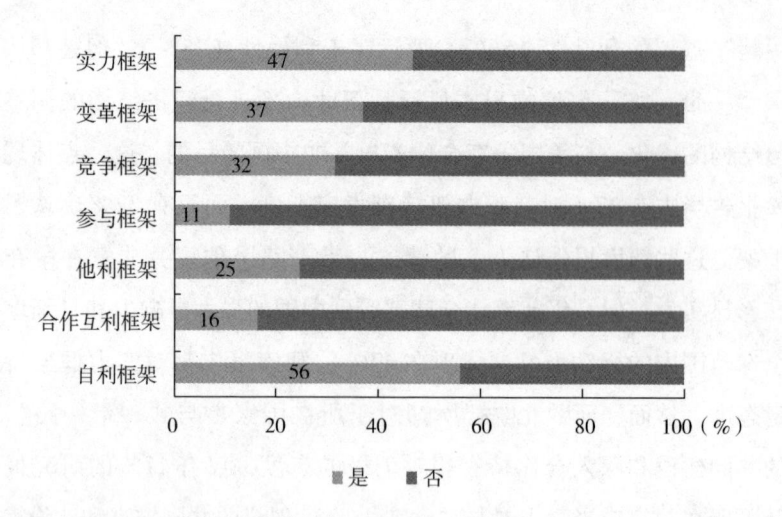

框架	是
实力框架	47
变革框架	37
竞争框架	32
参与框架	11
他利框架	25
合作互利框架	16
自利框架	56

图 6-2-9　西欧北欧智库对"一带一路"倡议的认知（2017—2019 年）

下对于中国的评价是中性并偏向正面的。整合所有西欧北欧的智库报告主旨来看，西欧北欧国家层面的智库普遍认为，中国与欧洲各国原本是存在着十分广阔的经贸合作关系和发展空间的，但是由于中国影响力日渐增大，从而威胁到了欧洲各国的政治、经济地位和切身利益，因此会破坏原本存在的诸多经贸合作机会。

在"一带一路"认知层面，从智库报告对于"一带一路"性质的判断以及框架分析中可以看出。在整体认知上，西欧北欧层面的智库认为"一带一路"更大程度上是一种经济行为，而并非欧盟层面智库所认知的是一种以经济行为作为掩饰的政治行为。但是，中国的全球影响力日渐增长，可能使得该经济行为产生了非常多的政治后果，使得沿线国家以及欧美等国感受到了"一带一路"所带来的政治、经济上的双重威胁。另外，西欧北欧国家层面的智库还认为，"一带一路"在具体推进的过程当中，存在着诸多问题和风险，对许多小国家而言，未必是一件好事。所以，在对待"一带一路"倡议时，西欧北欧智库的整体意见还是持谨慎态度。

综合以上分析，在这两个层次上，西欧北欧国家层面智库的"中国观"整体修辞行为及相对应的戏剧主义要素可以概括为表 6-2-2。

表 6-2-2　西欧北欧智库"中国观"戏剧主义修辞要素分析

事件	动作者	动作	场景	目的	手段
整体"中国观"认知	政治、经济实力不断提升的中国	破坏了中欧合作机会	中欧原本具有巨大合作潜能	提升全球影响力，增强话语权	扩张性的政治、外交、经济战略
"一带一路"认知	谋求全球话语权的中国	使得欧洲各国对合作保持谨慎态度	中国已经打破现有全球实力结构	展开经济合作同时，增加政治影响力	存在风险、具有一定负债压力的经济合作

基于以上戏剧主义要素的提取，在本阶段话语分析中形成了 20 个因果关系对子，根据其内在逻辑关系可以判断出如下关系（见表 6-2-3）。

表 6-2-3　西欧北欧层面智库研究 20 个关系对子的因果关系判定

	整体"中国观"	"一带一路"
动作者—场景	是	是
动作者—动作	否	是
动作者—手段	是	是
动作者—目的	是	是
场景—动作	是	否
场景—手段	否	否
场景—动作者	否	是
场景—目的	是	是
动作—手段	是	否
动作—目的	否	否
动作—场景	否	否
动作—动作者	否	否
手段—目的	是	否
手段—动作者	是	是
手段—动作	是	是
手段—场景	否	是
目的—场景	是	否
目的—动作者	是	是
目的—动作	是	是

续表

	整体"中国观"	"一带一路"
目的—手段	是	否

经过上述戏剧主义五因分析后发现,在整体"中国观"认知上,目的要素"提升全球影响力,增强话语权"是核心要素,并且在"一带一路"认知上,动作者要素"谋求全球话语权的中国"成为核心要素。在大部分的西欧北欧智库研究报告中,中国都是一个具有显著政治影响力和经济实力的大国,正在继续扩张这两个实力并且争夺国际话语权。这一描述成为目前中国在西欧北欧智库报告中的核心形象以及目前的常规状态,而这一状态长期使得欧洲各国颇为忌惮。西欧北欧各国智库看到了与中国合作的庞大市场和机会,或者目前已经建立良好的经济合作关系,但是中国近来的政治、外交和经济动态使得经贸合作关系逐渐蒙上了阴影,也让这些国家逐渐开始怀疑日后中国会不会在经济交流之外更进一步侵吞自身的政治利益。在这些国家的智库研究报告中,西欧北欧各国的焦虑情绪十分明显。如在比利时皇家国际关系研究所的报告《重新定义中欧经济合作伙伴关系:在互惠互利之后的更深层战略》("Redefining the EU-China Economic Partnership: beyond Reciprocity Lies Strategy")中,作者认为欧洲领导人现在在中美关系中越来越感到不安,欧盟必须迅速行动起来,以免成为中美关系之间的棋子(Gehrke, 2019)。德国墨卡托中国研究中心的报告《作为欧洲推动力的中国》("China as a Driving Force in Europe")认为,在"一带一路"的框架下,意大利作为G7国家中第一个与中国签订备忘录的国家,再次证明了中国是分裂欧洲的势力(Ewert, 2019)。

2017—2019年这一阶段西欧北欧智库有关中国的研究报告形成了一份685071词的语料库,本研究对语料库进行进一步分析。

表6-2-4是这一阶段西欧北欧智库中国报告语料库中去停用词后排名前二十的高频词,其中排在前十的分别为"中国""欧盟""经济的""投资""安全""国""美国""政治的""外国的""国际的"。

图 6-2-10 显示排名前 60 的高频词词云，字母越大，表示频次越高。可以看出，这一阶段，"欧盟"的词频从上一阶段的第四上升到第二，不过"美国"从第六降到第七，这一阶段关于中国北极（Arctic）政策的讨论首次进入欧洲智库中国观的视野。

表 6-2-4 西欧北欧智库"中国观"高频词（2017—2019 年）

排名	高频词	频次
1	China 中国	11064
2	EU 欧盟	2742
3	Economic 经济的	2127
4	Investment 投资	1820
5	Security 安全	1736
6	Countries 国	1615
7	US 美国	1594
8	Political 政治的	1537
9	Foreign 外国的	1434
10	International 国际的	1433
11	Government 政府	1398
12	States 国家	1367
13	Policy 政策	1364
14	New 新	1350
15	Development 发展	1305
16	Trade 贸易	1268
17	Global 全球的	1210
18	Cooperation 合作	1122
19	Companies 公司	1061
20	Market 市场	1055

研究进一步对这 60 个高频词进行共现语义网络分析。研究发现，这一阶段西欧北欧智库的中国观主要分为五个共现集群（见图 6-2-11）。左边最大的共现集群主要是大国间在"军事""核能""能源""天然气""市场""基础设施""北极""项目"等方面关系博弈在区域和全球的影响。右上角集群关注"人民币"的"国际化"以及各类国际国

图 6–2–10　西欧北欧智库"中国观"高频词词云（2017—2019 年）

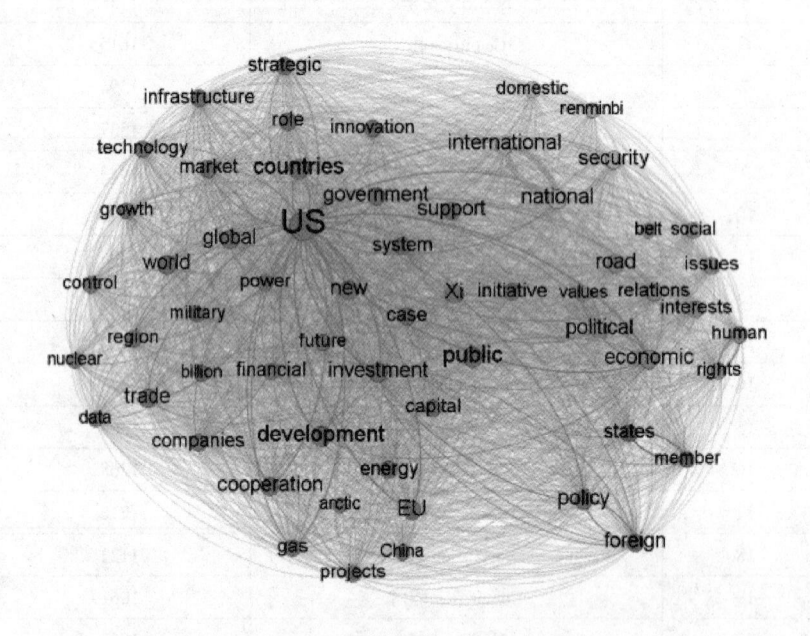

图 6–2–11　西欧北欧智库"中国观"语义网络分析（2017—2019 年）

内层面"安全"问题，比如国家（national）安全、网络安全、信息安全、数据安全等。右边集群主要包括随着"一带一路"倡议的推行，中国与沿线国家在政治、经济、社会等方面与"利益""价值""人权"等相关"议题"的讨论。比如斯德哥尔摩国际和平研究所有报告指出，

"一带一路"是中国在中欧关系方面的长期规划之一（Ghiasy & Zhou, 2017）；比利时皇家国际关系研究所的报告也指出，随着"一带一路"的影响越来越广泛，中国在欧洲的投资不断增加，给欧洲的团结、繁荣和安全带来了挑战。鉴于这些挑战，与中国"一带一路"倡议进行建设性接触对欧盟来说是一项艰巨的任务（Klose et al., 2017）。右下方两个语义集群分别各有两个关键词节点，一个围绕欧盟成员国，一个围绕外交政策。

第三节 2020年西欧北欧层面智库中国观分析

这一阶段，西欧北欧层面五个国家九个智库共发布52篇有关中国的报告，是2013年以来年均数量最多的。各智库报告数量及时间分布如图6-3-1所示，其中德国墨卡托中国研究中心发布的最多，有19篇，其次是英国皇家国际事务研究所，有12篇。按国别分，德国智库共发布22篇，英国智库共发布15篇，法国智库共发布9篇，荷兰和瑞典的所选智库均发布2篇，比利时智库发布1篇。

从主题上来看（见图6-3-2），2020年有关中国的政治军事议题为西欧北欧智库关注的重点，占30%，而有关宏观经济和对外贸易的议题分别占13%和11%。这与欧盟层面智库在2020年对中国的关注点有很大区别。如前文所述，2020年欧盟层面智库对中国政治军事的关注为零，而在中国对外贸易方面的关注占47.1%。

在主要涉及的国家和区域上，2020年西欧北欧智库有关中国的报告涉及的国家和区域明显比2020年欧盟层面智库多（见图6-3-3）。虽然欧盟作为一个整体仍然是占比最高的，达28%，全球格局占16%，美国占14%，但与欧盟层面智库不同，诸如英国、德国、法国、俄罗斯这样的大国在这一阶段的西欧北欧智库有关中国的报告中也有一定占比。

(篇)

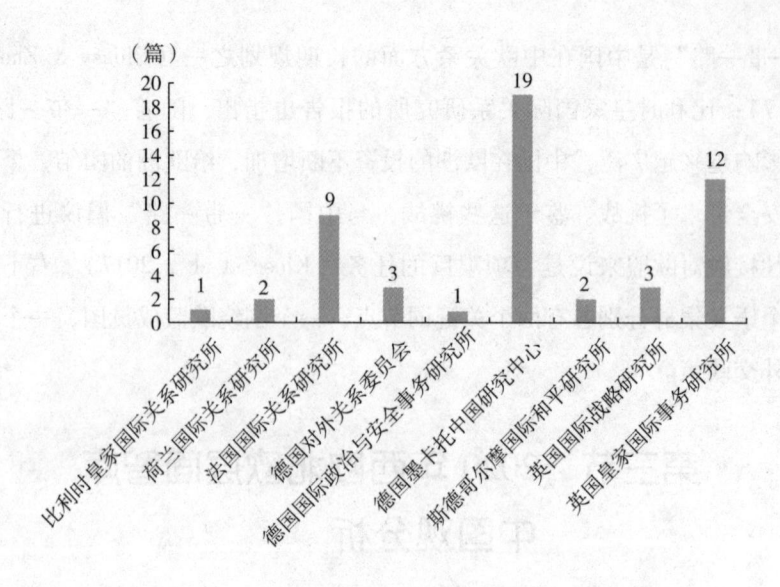

图6-3-1 西欧北欧智库有关中国报告数量（2020年）

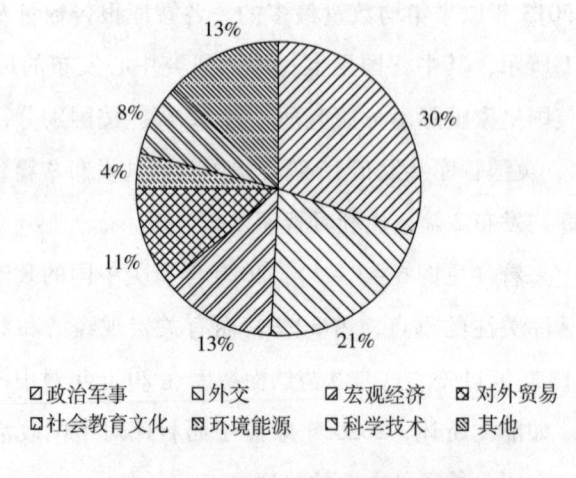

图6-3-2 西欧北欧智库有关中国
报告的研究主题分布（2020年）

图6-3-4显示了2020年西欧北欧智库有关中国报告在不同主题上的态度差异。可以看出，在这些涉华报告中，政治军事、外交和科学技术主题的报告持负面态度的占比较大。比如有报告分析中国对非洲和中东的援助以及华为事件来阐述中国崛起造成了全世界的恐慌（Legard，2020）；

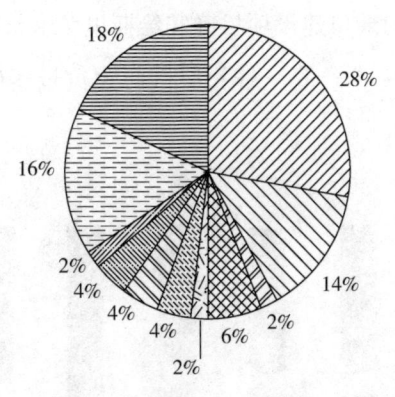

[图表：饼图数据]
- 欧盟 28%
- 美国 14%
- 俄罗斯 2%
- 英国 6%
- 法国 2%
- 德国 4%
- 非洲 4%
- 东南亚 2%
- 北欧 4%
- 全球格局 16%
- 其他 18%

图6-3-3 西欧北欧智库有关中国报告主要涉及国家和地区（2020年）

中美关系、中美芯片之争以及涉台问题等（Arcesati, 2020）；英国对华为5G的态度等（Yu & Hakmeh, 2020）。不过，总体来说，新冠肺炎疫情暴发后，西欧北欧智库关于中美关系的研究，其态度和立场比前一阶段趋于中立。中国在能源环境主题上，中性&混合以及正面态度各占一半，总体来说比较正面。比如有报告强调中国的农业展示与大自然的合作，可以帮助人们更好地应对疫情和气候变化等危机（Jones & Chuang, 2020）；作为全球最大的能源消费国和生产国，中国能源经济充满矛盾。一方面，中国能源消费高度依赖易污染的煤炭，使其成为世界上无可争议的碳排放领先经济体；另一方面，中国也是世界上最大的清洁能源市场，中国已安装并采用了超过三分之一的全球太阳能和风能发电，并已拥有全球近一半电动汽车的库存（Tu, 2020）。在有关中国宏观经济和对外贸易主题上的涉华报告的态度则以中性&混合态度为主、正面为辅。有报告指出，中国的经济快速发展、创新活力不断增强以及作为全球化推动力的核心作用不断加强，再加上新冠肺炎疫情，报告认为中欧经济之间的相互依存关系应不断增强（Zenglein, 2020），也有报告讨论了在"一带一路"倡议的影响下中国在斯里兰卡进行的大量投资项目，报告指出中国投资的港口建设项目确实给斯里兰卡带来了经济增长，斯里兰卡也并没有因为"一带一路"项目而背负过多中国债务等（Wignaraja et al., 2020）。

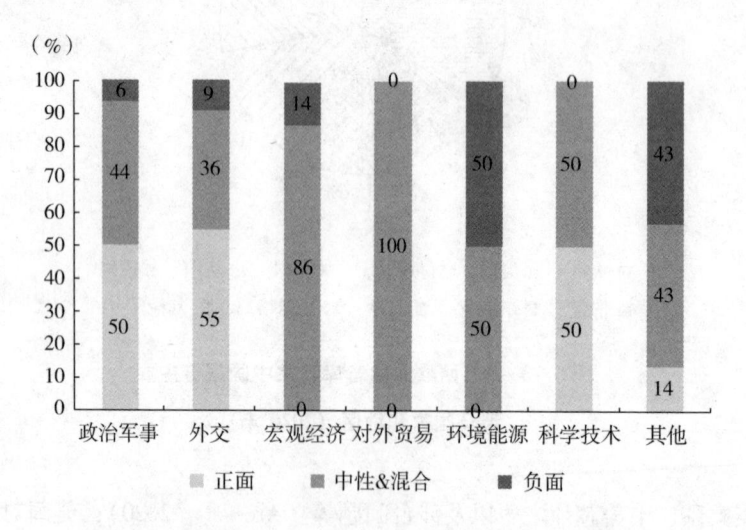

图 6-3-4 西欧北欧智库涉华不同主题态度分布（2020年）

表 6-3-1 显示了 2020 年西欧北欧智库有关中国报告在不同主题上的态度分值，经过态度倾向期望值的分析，可以发现，整体看来西欧北欧智库在这一阶段的态度倾向值为 -0.19，比上一阶段的 -0.16 偏向于负面，不过比欧盟层面智库 -0.45 的负面态度要更偏向正面一些。新冠肺炎疫情暴发之后，美国政府对于欧洲各国和欧盟的立场转向发挥了较大的作用。在新冠肺炎疫情中，特朗普在白宫新闻发布会上多次指责中国的疫情防控，并且屡次对欧盟及其周边邻国施压，更加凸显了美国的单边主义立场，但特朗普的言行也影响了欧盟和西欧北欧国家的对华态度。

表 6-3-1 西欧北欧智库报告涉华不同主题态度倾向（2020年）

政治军事	外交	宏观经济	对外贸易	环境能源	科学技术	其他	总体
-0.44	-0.45	0.14	0	0.5	-0.5	0.29	-0.19

研究对 2020 年新冠肺炎疫情背景下与中国有关认知的修辞话语按

戏剧主义五个要素进行提取分析,并各自结成 20 个因果关系对子,然后进行因果关系判定,找出影响修辞行为成立的核心要素:关系对子前者假定为原因,后者假定为结果,判定为原因成立最多的即为修辞行为的核心要素。在新冠肺炎疫情防疫背景下对中国认知和评价这一层面上,德国墨卡托中国研究中心在《中国经济形势的季度分析》("Quarterly Analysis of Economic Trends in China")的文章中,作者预测中国经济因为新冠肺炎疫情会出现前所未有的下滑,之后中国将会采取刺激性的经济政策来恢复经济发展。法国国际关系研究所《新冠肺炎与中欧关系:一个国家层面的分析》("Covid-19 and Europe-China Relations: A Country-Level Analysis")的文章提到,在疫情期间,中国对于欧洲的援助已经超过了欧洲对中国的援助。在这期间,欧洲各国意识到了与中国合作的必要性,但是这种必要性同样引起了其对华态度的激烈讨论。许多国家在面对中国时会在国内舆论以及美国对华态度等压力下犹豫不决、进退两难。

在这个层次上,西欧北欧层面智库的"中国观"整体修辞行为及相对应的戏剧主义要素可以概括为中国在新冠肺炎疫情期间对欧洲进行了雪中送炭般的医疗援助,其目的是在援助的同时提升中国在欧洲的政治影响力,是为了推动中国在欧公共外交,因此在欧洲社会反华声浪和紧张的中美关系下,欧洲对中国的善意合作充满了迟疑态度(见表 6-3-2)。

表 6-3-2 西欧北欧智库"中国观"戏剧主义修辞要素分析(2020 年)

事件	动作者	动作	场景	目的	手段
新冠肺炎疫情下的中国认知	力推公共外交的中国	欧洲对于与中国合作充满迟疑态度	社会中的反华声浪和中美关系紧张	援助的同时提升政治影响力	疫情期间雪中送炭般的医疗援助

表 6-3-3 的戏剧五元修辞话语的因果关系判定表明,在中国新冠肺炎疫情下的中国认知中,场景要素"社会中的反华声浪和中美关系紧张"成为核心要素。新冠肺炎疫情当中欧洲社会对于中国的歧视,以及

中美关系紧张当中欧洲站位选择的问题又加剧了欧洲各国对华态度中的焦虑情绪。这些智库报告也指出，中国政府感受到了这种国际社会对于自身的"敌意"，进而开展了公共外交活动，然而这种活动，反而使得欧洲各国认为中国是在"秀肌肉"，加剧了欧洲社会的不信任和怀疑情绪，令欧洲各国政府在面对中国时显得无所适从。

表6-3-3　西欧北欧智库戏剧五元修辞话语20个关系对子的因果关系判定（2020年）

	新冠肺炎疫情下的中国认知
动作者—场景	否
动作者—动作	否
动作者—手段	是
动作者—目的	是
场景—动作	是
场景—手段	是
场景—动作者	是
场景—目的	是
动作—手段	否
动作—目的	是
动作—场景	否
动作—动作者	是
手段—目的	否
手段—动作者	是
手段—动作	否
手段—场景	否
目的—场景	否
目的—动作者	是
目的—动作	是
目的—手段	是

2020年西欧北欧智库有关中国的研究报告形成了一份526812词的语料库，本研究对语料库进行进一步分析。

表6-3-4是这一阶段西欧北欧智库中国报告语料库中去停用词后

排名前二十的高频词,其中排在前十的分别为"中国""美国""欧盟""经济的""安全""政府""外国的""国际的""政策""国"。与前两个阶段不同,2020年"美国"的词频跃居第二,而"BRI一带一路倡议"的词频也首次高居第十二。图6-3-5显示排名前60的高频词词云,字母越大,表示频次越高。其中,新冠肺炎疫情"COVID"是排名第三十三的高频词,此外,与军事相关的北约组织("NATO")、"武器"、"销售"出现的频率也较高。

表6-3-4　西欧北欧智库"中国观"高频词(2020年)

排名	高频词	频次
1	China 中国	4422
2	US 美国	1459
3	EU 欧盟	1065
4	Economic 经济的	622
5	Security 安全	581
6	Government 政府	574
7	Foreign 外国的	556
8	International 国际的	550
9	Policy 政策	517
10	Countries 国	498
11	Companies 公司	478
12	BRI 一带一路倡议	453
13	New 新	451
14	Global 全球的	446
15	Investment 投资	433
16	Relations 关系	431
17	Strategic 战略的	428
18	States 国家	417
19	Military 军事	398
20	Industrial 工业的	393

研究进一步对这60个高频词进行共现语义网络分析发现,这一阶段西欧北欧智库的中国观主要分为六个共现集群(见图6-3-6)。左

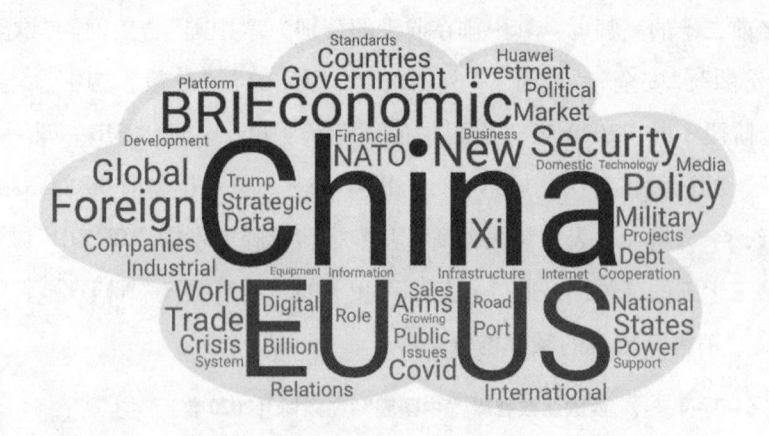

图6-3-5　西欧北欧智库"中国观"高频词词云（2020年）

边共现关键词节点最多的集群主要围绕中国对外政策、中美和中欧关系展开，包含"一带一路"、"基础设施"建设"项目"、中国"媒体"出海以及新冠肺炎疫情下个人保护"器材"捐赠、中欧抗疫"合作"、中国宏观经济发展和中国经济波动带来的全球范围内的联动效应等。右下方集群主要讨论疫情"危机"对"本土"和"全球"、"市场"和"金融"的影响展开，其中多次提到特朗普的态度和言论，以及疫情中主要"大国"在"世界"中的"角色"。其他四个集群共现的关键词节点比较少。如前文所述，这一阶段政治军事议题占比较大，右侧偏上集群包含"军事""武器""公司""销售"四个关键词节点。与"一带一路"建设和疫情期间运输相关的"港口"也在这一阶段与"支持"形成共现比较多，构成一个单独的共现集群。右侧集群包含"数字的"和"平台"两个关键词节点，反映出这一阶段西欧北欧智库对中美在科技竞争方面的关注。下方共现集群包含"国际的""国家的""标准"三个关键词节点，这与西欧北欧智库有不少报告讨论中欧关系以及"一带一路"建设中需要有各国认可的统一标准有关。

综上所述，本章通过对西欧北欧主流智库有关中国报告的内容分析、话语分析和语义网络分析探究其蕴含的中国观。研究发现，整体而言，西欧北欧国家层面智库对待中国的认知凸显出欧洲社会和欧洲政坛

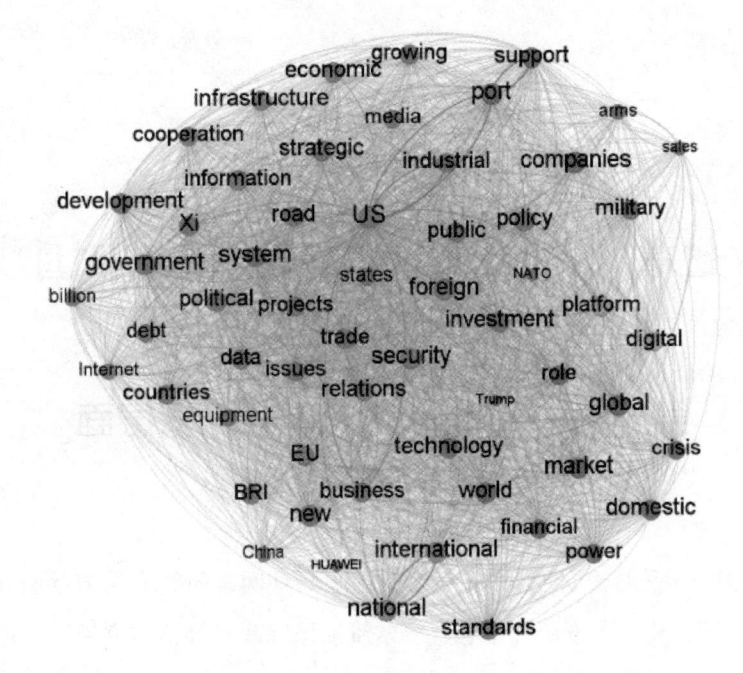

图 6-3-6　西欧北欧智库"中国观"语义网络分析（2020 年）

对于处理对华关系时的"焦虑"情绪。一方面，西欧北欧各国希望扩大与中国的经贸合作，把握中国崛起的新机会；另一方面，中国强大的政治、经济影响力以及积极的国际战略又让他们心生忌惮，从而徘徊不前。同欧盟层面智库中的中国以一个"阴谋家"的形象而存在不同，在西欧北欧国家层面智库的研究报告中，对中国的整体态度评价是复杂而交错的，充满好奇但又疑虑重重。在其智库的报告中，欧洲社会对于中国真实形象和动机的疑虑使得原本的合作关系和潜在合作空间都蒙上了一层迷雾。而这些智库报告的整体诉求并非提醒欧洲各国政府警惕乃至防范中国，而是希望敦促欧洲各国政府通过与中国警惕但频繁的交流，逐渐了解中国的真实诉求和行事方式，从而为双方未来深入合作奠定良好的基础。

第七章　中东欧层面智库的中国观

第一节　2013—2016年中东欧层面智库中国观分析

2013年9月1日至2016年12月31日期间，研究者从波兰国际事务研究所、波兰东方研究中心、塞尔维亚国际政治经济研究所、拉脱维亚国际事务研究所四所较具有代表性的中东欧层面智库中共搜集了41篇有关中国的报告。其具体机构分布及时间分布见图7-1-1。通过对相关智库报告进行考察，不难发现，波兰两所智库中与中国相关研究的篇目相对较多，此外，自2013年"一带一路"倡议提出以来，至2016年期间，中东欧层面智库研究报告对中国话题的关注度呈现出逐年增长

(篇)

	2013年	2014年	2015年	2016年
波兰东方研究中心	1	1	3	8
拉脱维亚国际事务研究所	2	0	0	1
波兰国际事务研究所	2	3	4	4
塞尔维亚国际政治经济研究所	1	2	1	8

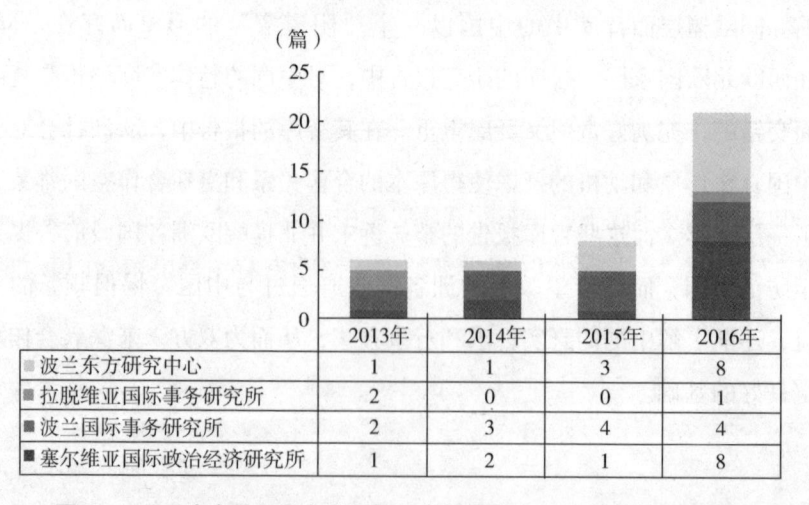

图7-1-1　中东欧智库有关中国报告数量变化（2013.9—2016.12）

的趋势,特别是到了2016年显著提升。不少报告重点讨论"一带一路"倡议,也强调将"一带一路"倡议首次写入联合国大会决议,得到国际社会的广泛支持。

研究者对于所选报告的主要研究主题进行了分类,共分为政治军事、外交、宏观经济、对外贸易、社会教育文化、环境能源、科学技术以及其他等八个主要类别。经过统计,研究主题的分布以及时间变化趋势如图7-1-2和图7-1-3所示。

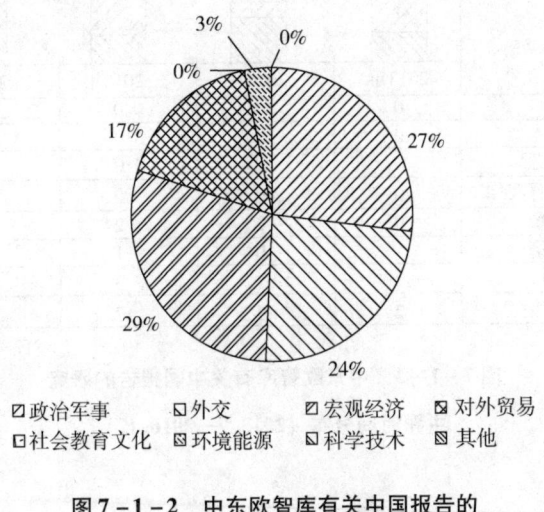

图7-1-2 中东欧智库有关中国报告的研究主题分布(2013.9—2016.12)

中东欧国家对于与中国相关的宏观经济、政治军事、外交及对外贸易关注度相对较高,分别占比为29%、27%、24%、17%。在宏观经济和对外贸易主题下,中东欧智库对于中国国内经济改革、国际金融秩序变化以及"一带一路"所带来的中国与欧洲特别是中东欧国家之间的经贸关系的改变做出了较多分析。比如有报告指出,在过去的几年里,中国政府意识到中国的经济模式需要改变一些东西,这样它才能继续稳步发展。习近平主席表示,需要"新常态"经济,这将有助于中国适应一个新的经济发展模式,将产生5%—7%的GDP增长率。为了做到这一点,中国必须在其国际经济政策范围内,在国内层面实施许多

(篇)

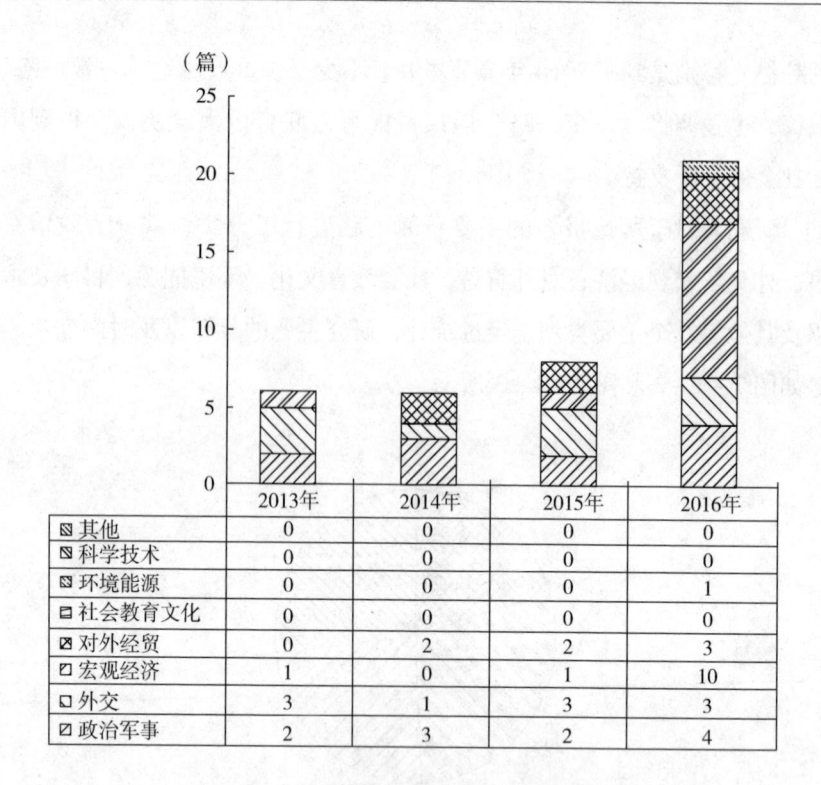

	2013年	2014年	2015年	2016年
其他	0	0	0	0
科学技术	0	0	0	0
环境能源	0	0	0	1
社会教育文化	0	0	0	0
对外经贸	0	2	2	3
宏观经济	1	0	1	10
外交	3	1	3	3
政治军事	2	3	2	4

图 7-1-3 中东欧智库有关中国报告的研究
主题时间分布（2013.9—2016.12）

变革，同时也在国际层面实施许多变革。报告具体讨论了改革如何影响中国的经济、商业和金融。同时，也将展示中国在国际层面的"一带一路"和"16+1峰会"等新举措是国际商业市场新常态政策的一部分（Stakic & Zakic, 2016）。

在政治军事主题下，中日关系、中俄关系甚至亚洲政治军事关系成为中东欧国家智库研究的重点。比如波兰国际事务研究所的报告指出，中国在习近平主席的领导下修改军事战略，突出了安全威胁的新层面（如网络空间等），更加关注国家的海军和空军，在集中决策的同时发展打赢信息战的能力。在这种情况下，中国的安全活动将延伸到亚洲以外的地区，中国在欧洲、非洲和中东地区日益增长的利益意味着欧盟可能在难民危机和反恐等安全问题上与中国合作（Szczudlik-Tatar, 2015）。波兰东方研究中心的一篇报告指出，2014年是中亚历史上的转折点，西方国家在中亚的军事和政治存在长达13年之久，美国、欧盟和一些西欧国家在中亚的军事和政治活动中扮演了重要角色，而西方的介入也间接地加强了中国在中亚的地位，这是通过打破俄罗斯在该地区的影响力垄断、启动中亚国家与除俄罗斯以外的伙伴之间的合作而实现的，莫斯科会将北京视为打击西方在中亚存在的战略盟友（Falkowski & Lang，2014）。

在外交主题下，中东欧国家智库关注中国与"一带一路"沿线国家的外交关系，特别是把"新丝绸之路"作为一个外交新概念来阐释。比如塞尔维亚国际政治经济研究所特别详细地阐明了"一带一路"倡议，指出新丝绸之路是围绕丝绸之路经济带和21世纪海上丝绸之路建设提出的战略倡议，它通常被简写为"一带一路"，"一带一路"倡议的主要目标是确保中国经济更稳定、更平衡地增长，以及加强与中亚邻国、欧洲、南亚、东南亚和非洲的经济和交通联系，中国是"一带一路"互联合作的发起者和引领者，"一带一路"建设不仅是中国的发展机遇，也是沿线60多个国家的发展机遇，而塞尔维亚就是其中之一，并继而讨论中塞关系和双方在"一带一路"下可能的合作（Jankovic，2016）。

在中东欧智库研究中国的相关报告中，除了中国这一研究主题核心，研究报告还涉及中国与其他国家和地区关系和影响的讨论。对于这一阶段的涉华报告，研究者专门对其在讨论中国主题时主要涉及的国家和地区进行了编码统计。

由图7-1-4可以看出，中东欧国家对于中国与全球格局的研究总体占比较高，这表明中东欧国家除了对中国自身发展，对中国的发展所带来的国际影响力具有较多关注和探讨。比如在谈及全球格局时拉脱维亚国际事务研究所有报告强调，现在国际政策分析的一个普遍现象是亚洲的崛起"改变了一切"，即美国不再占主导地位，欧洲不再重要，21世纪属于中国（Babones，2013）。

对于中国与中东欧国家关系的研究占12.2%，这类研究较多地集中在对于中国与中东欧国家的经贸关系研究上。比如有报告强调中东欧

(%)

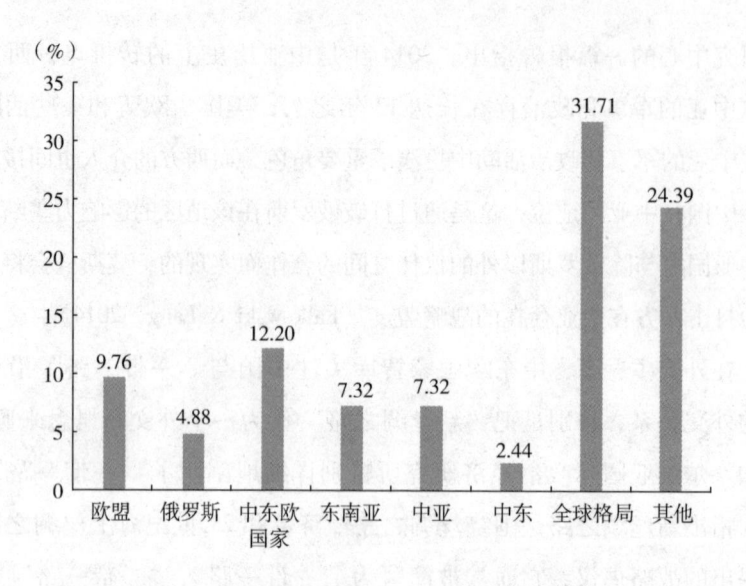

地区	百分比
欧盟	9.76
俄罗斯	4.88
中东欧国家	12.20
东南亚	7.32
中亚	7.32
中东	2.44
全球格局	31.71
其他	24.39

图 7-1-4　中东欧智库有关中国报告中涉及的其他国家和地区（2013.9—2016.12）

国家与中国的"16+1"合作模式于2012年启动，它的优先事项之一是增加中国对该地区的外国直接投资（FDI）。中国与中东欧伙伴国的稳定双边关系已成为实现这些目标的关键决定因素。在这种背景下，2011—2014年中国与中东欧政治关系的稳定可以被视为中国方面的成功。然而，建立多边机构向中国企业提供实质性和财政支持的过程遇到了困难。这些问题包括中东欧合作伙伴缺乏执行协调任务的意愿，中国公司在推行这种合作模式方面缺乏经验，以及未能根据该区域的经济现实调整在这一合作倡议下创建的工具，等等。中国提供的价值100亿美元的信贷额度仅用于在西巴尔干半岛的非欧盟成员国进行的基础设施项目。一家名为"中国—中东欧投资合作基金"的专业投资基金更为成功。然而，目前该基金在波兰、匈牙利和保加利亚进行的投资仅值5亿美元。可以预计，中国将寻求其他模式为其在该地区的投资提供融资，并将使用丝绸之路基金（Silk Road Fund）或亚洲基础设施投资银行（Asian Infrastructure Investment Bank，简称亚投行）等（Jakóbowski, 2015）。

此外是对于欧盟、东南亚、中亚以及中东的研究，特别突出的是随着"一带一路"倡议的建设与发展，欧盟对中国的重视程度不断加深，中国在东南亚、中亚乃至中东这些地区的影响力不断提升，而中东欧智库对此有着较高的认知水平和认可程度。

研究者对中东欧智库中国观的基本态度倾向进行了判断，从图7-1-5可以看出，占比63.4%的文章对中国持中性或混合态度，其中较多是通过对于经济、贸易等数据的分析来判断中国的实力及其在地区乃至全球的影响力；另外，占比24.4%的智库文章持正面的中国观，对于中国经济、"一带一路"政策等所带来的发展具有较高程度的认可；而占比12.2%的智库文章持较为负面的中国观，其中包括对于南海争端所带来的不稳定因素等国际形势的认知与分析。可见，整体来说，中东欧智库在这一阶段的中国观偏向正面，这与同一阶段欧盟层面智库和西欧北欧智库的中性略偏负面的中国观形成明显反差。

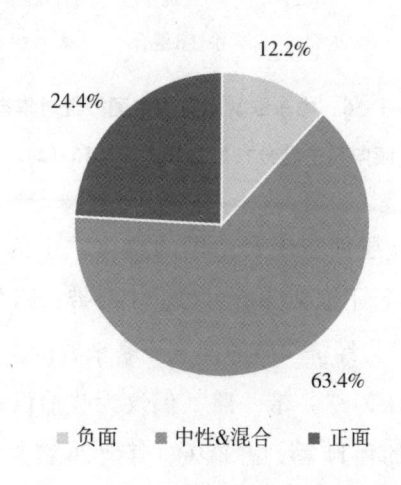

图7-1-5 中东欧智库报告"中国观"
态度倾向（2013.9—2016.12）

从研究的不同主题来看，多数主题下中东欧智库的中国报告呈现出中性或混合的态度（见图7-1-6），其中在宏观经济和对外贸易议题下，除中性态度以外，较多的报告表现出了正面的"中国观"，对于中国经济力量的发展，以及中国在对外贸易中所发挥的积极影响表明了肯定态度；而在外交与政治军事主题下，除占比居绝大多数的中性态度以外，持正面和负面"中国观"的文章占比持平，由此可以看出在相关议题下，对于国际形势不稳定因素的评估存在争议。

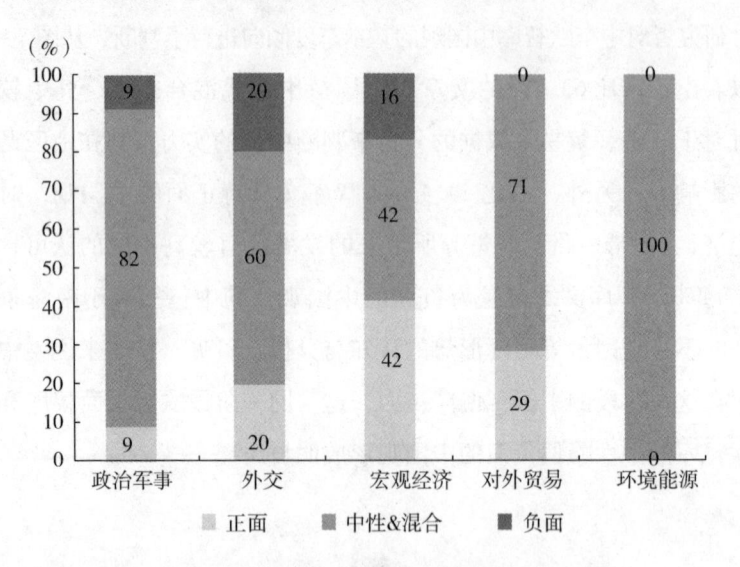

图 7-1-6 中东欧智库有关中国报告对华态度
倾向与主题分布（2013.9—2016.12）

除了研究中东欧层面智库对中国的整体"中国观"，研究者还对"一带一路"倡议进行了框架分析。对于"一带一路"倡议，中国的传播工作中一般将其作为经济领域的国家战略来看待，在中东欧层面智库的研究报告当中，认为"一带一路"倡议为政治议题的共有 4 篇，占 9.8%，为经济议题的有 11 篇，占 27%，其余 26 篇文章未提及"一带一路"倡议或未表现明显性质上的判断。由此可见，中东欧国家在与中国开展"16+1"及"一带一路"合作过程中，感受到的经济影响较为明显，也相对更为重视对中国政策的经济影响进行评估和解读。

在对于"一带一路"的框架分析中，本研究选取了自利框架、合作互利框架、他利框架、参与框架、竞争框架、变革框架和实力框架。这些框架主要衡量所选取研究报告对于中国"一带一路"倡议的基本观点和认识，框架阐释及统计结果见表7-1-1。

表7-1-1　中东欧智库对"一带一路"倡议认知（2013.9—2016.12）

框架	阐释	判定为"是"样本数占比
自利框架	中国政府为了自己的利益而发起"一带一路"倡议，对中国有利	31.71%
合作互利框架	"一带一路"倡议有利于中国与沿线国家开展合作，是一种互利的机遇，包括报告主体国	14.63%
他利框架	"一带一路"倡议有助于沿线国家的发展	7.32%
参与框架	报告主体国表达要积极参与中国的"一带一路"	14.63%
竞争框架	"一带一路"倡议是中国和美国竞争和争霸的手段，是中式全球化、新殖民主义	7.32%
变革框架	"一带一路"倡议反映中国正在寻求自身变革，改变自身产能过剩状况等	12.2%
实力框架	"一带一路"倡议体现了中国强大的实力与财力，中国是 big power	19.51%

在2013年秋季之后中国提出"一带一路"倡议并与各国逐步展开合作的前四年里，中东欧国家智库对"一带一路"的认知程度是逐步加深的。在这四年中，对于"一带一路"做出深入研究的篇幅有限，其中对于"一带一路"是"中国政府为了自己的利益而发起、对中国有利"的倡议的认知占比最高，达到31.71%，这与国际社会对中国惯有的偏见与国际关系领域各国提出政策的首要考虑是自身国家利益的认知一致；排在第二的为"'一带一路'倡议体现了中国强大的实力与财力、中国是'big power'"的认知，占比达到19.51%，这与中国在2013年以来取得的显著发展，特别是经济实力与综合国力的显著提升有关，国际社会对于中国的发展认知程度较高；占比排名第三的为合作互利框架与参与框架，占比均为14.63%，即认为"'一带一路'倡议有利于中国与沿线国家开展合作，是一种互利的机遇"，认为"报告主体国表达要积极参与中国的'一带一路'"，这与中东欧国家在与中国的合作中所获得的实际利益收获不无关系，中国自2013年以来，显著跃居较多中东欧国家重要对外贸易伙伴地位，由此再次印证了中东欧国家所持

的较为正面的"中国观";此外,认为"一带一路"政策为变革框架的认知占比为12.2%,即认为"'一带一路'倡议反映中国正在寻求自身变革,改变自身产能过剩状况等",这与中东欧国家对于中国国内情况分析研究较多的情况相互印证,表现出其对于中国的关注程度;最后,对于"一带一路"的政策分析情况占比为7.32%的认知包括他利框架与竞争框架,前者强调"'一带一路'倡议有利于沿线国家的发展",这与中东欧各国参与"一带一路"后实际受益情况吻合,后者则认为"'一带一路'倡议是中国和美国竞争和争霸的手段,是中式全球化、新殖民主义",对于中国提出"一带一路"倡议的初衷进行了揣测,但这类情况占比最低。

在这一阶段,中东欧层面智库对"一带一路"倡议基本持肯定态度,认为"一带一路"倡议虽然是出于中国本国利益,但是也是有助于沿线国家发展的,并愿意积极参与其中,实际上也在"一带一路"倡议下收获颇丰。

2013年9月至2016年12月这一阶段中东欧智库有关中国的研究报告形成了一份214375词的语料库,本研究对语料库进行进一步分析。

表7-1-2是这一阶段中东欧智库有关中国报告语料库中去停用词后排名前二十的高频词,其中排在前十的分别为"中国""经济的""国""中""新""路""亚洲""合作""区域""丝绸"。图7-1-7显示排名前60的高频词词云,字母越大表示频次越高。可以看出,与欧盟层面智库和西欧北欧智库的涉华报告不同,在2013—2016年这一阶段,除"中国"外,"欧盟"和"美国"均没有进入高频词前十,而与"一带一路"相关的"新丝绸之路"的"New""Silk""Road"三个词都首次进入高频词前十。

表7-1-2 中东欧智库"中国观"高频词(2013.9—2016.12)

排名	高频词	频次
1	China 中国	3400
2	Economic 经济的	995
3	Countries 国	818

续表

排名	高频词	频次
4	Central 中	813
5	New 新	803
6	Road 路	758
7	Asia 亚洲	741
8	Cooperation 合作	647
9	Region 区域	607
10	Silk 丝绸	572
11	States 国家	562
12	Market 市场	487
13	Development 发展	478
14	EU 欧盟	476
15	Relations 关系	449
16	Trade 贸易	438
17	Policy 政策	413
18	International 国际的	406
19	Political 政治的	404
20	Financial 金融的	388

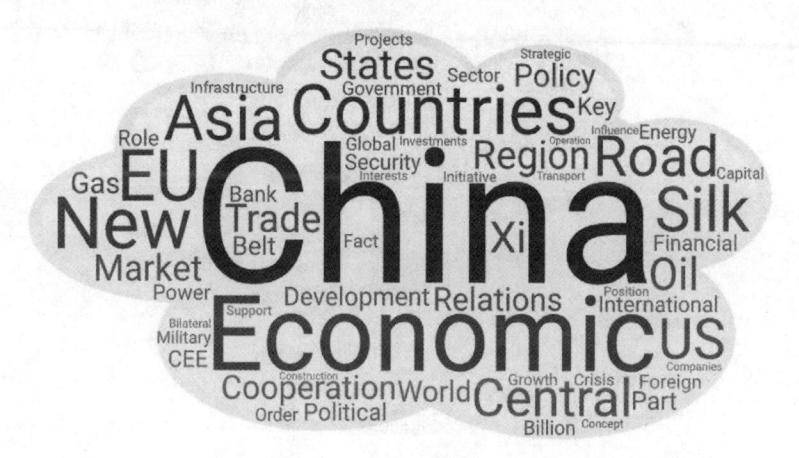

图 7-1-7 中东欧智库"中国观"高频词词云（2013.9—2016.12）

研究进一步对这 60 个高频词的共现情况开展聚类语义网络分析后

发现，这一阶段中东欧智库的中国观主要分为三个共现模块集群（见图7-1-8）。左下角共现集群集中讨论"中国"、"中东欧"（CEE-Central and East Europe）、"欧盟"、"美国"、"亚洲"各"国"和"地区"的"安全"和"利益""关系"，涉及"政治""军事""经济""贸易""能源"等方面以及这些区域和"全球""力量"对"世界""秩序"的"影响"等。除了这些关键词形成较高共现节点，与"一带一路"相关的词语，如"'新''丝绸'之'路''带'""运输""基础设施""建设""项目"等也同在这个共现集群中，这反映出中东欧智库在这一阶段把中国推出"一带一路"放在大国关系和区域影响的背景下讨论。与"金融""投资""市场""银行"相关的"公司""资本"活动形成了另一个较大的共现集群，这主要是由于很多报告讨论中国企业在中东欧的投资活动和商务往来。第三个共现集群有三个关键词节点，分别是"双边""合作""运行"，与欧盟层面智库和西欧北欧智库不同，中东欧智库在中国和中东欧国家双边关系中，其关注的重点在双边合作而不是冲突。

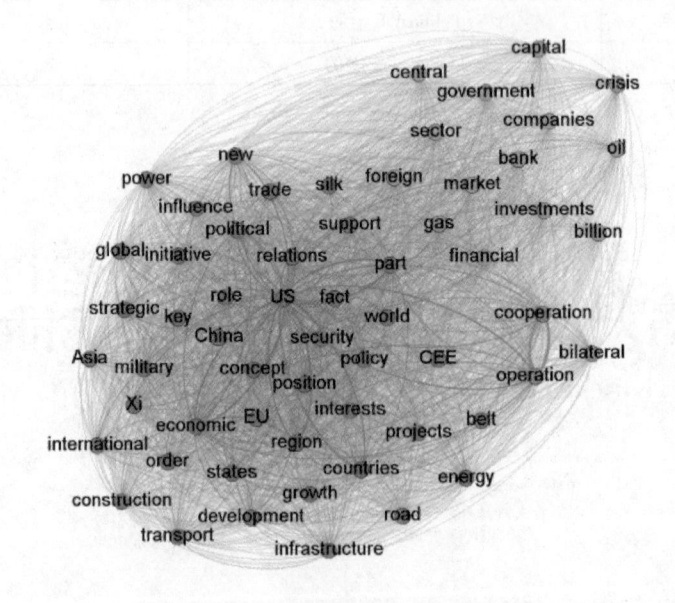

图7-1-8 中东欧智库"中国观"语义网络分析（2013.9—2016.12）

第二节 2017—2019年中东欧层面智库中国观分析

这一阶段，中东欧层面的智库中共有59篇涉华报告。本研究所选样本具体机构及时间分布如图7-2-1。

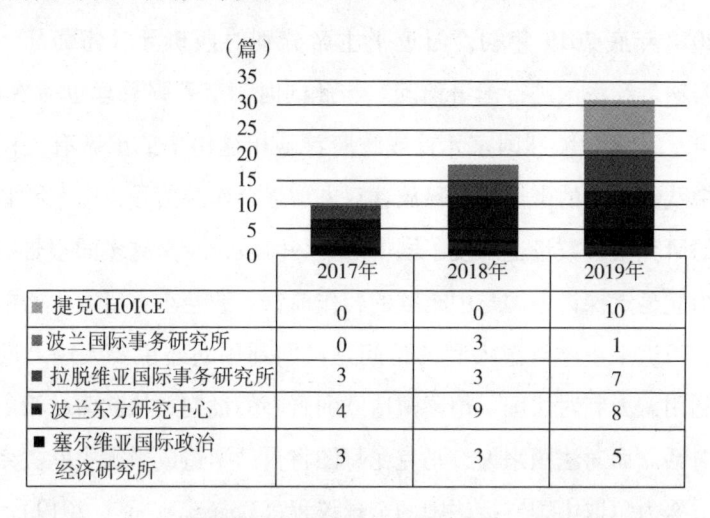

(篇)	2017年	2018年	2019年
捷克CHOICE	0	0	10
波兰国际事务研究所	0	3	1
拉脱维亚国际事务研究所	3	3	7
波兰东方研究中心	4	9	8
塞尔维亚国际政治经济研究所	3	3	5

图7-2-1 中东欧智库有关中国报告数量变化（2017—2019年）

这段时间，中东欧层面智库研究报告对中国话题的关注度基本呈现逐年上升的趋势。数量上，在2017年最少，仅有10篇；2019年，报告数量则最为丰富，达到31篇，超过总样本数量的三分之一。

自2012年，中国与中东欧国家领导人在华沙首次会晤以来，中国与中东欧国家以"16+1"机制为平台不断加深合作。一方面，中东欧国家认识到"16+1"是与中国拓宽合作渠道的重要机遇，许多智库通过分析波兰、捷克、匈牙利等国家的成功案例，认为要继续加强与中国的金融和贸易合作；另一方面，中东欧国家对此也有着担忧，正如其分析所阐述，他们更希望"16+1"能够让中国打开贸易市场，但是中国的融资模式是否适合本土、"16+1"是否会分裂中东欧与欧盟及其他国家的关系都仍是阻碍进一步合作的不确定问题。

2017年11月26日至29日，中国与爱沙尼亚、立陶宛、斯洛文尼亚三国签署合作文件，实现了共建"一带一路"倡议与中东欧16国的全面对接。"16+1"合作搭乘"一带一路"倡议，中国与中东欧合作的新时代正式开启，中东欧智库在这一阶段开始增加了对中国的关注。许多报告认为，中国是一个强大的合作伙伴，"一带一路"倡议是中东欧国家与中国长期发展友好关系的重要战略机遇。

2018年底2019年初，习近平主席分别对西班牙、葡萄牙、意大利、摩纳哥和法国进行国事访问。与此同时，李克强总理也多次赴欧。2019年，十多位欧洲国家元首或政府首脑相继访华或出席有关国际会议。中欧领导人的密切往来释放着双方加强合作的信号，中东欧智库对中国的研究报告数量也出现了剧增。这一阶段，越来越多的报告以全球格局为立足点探讨中国与中东欧的合作前景。波兰东方研究中心的分析认为，习近平主席对意大利的访问是试图利用欧盟主要大国之间的差异，利用意大利对法国、德国塑造欧洲野心的批判，从欧盟政策的角度进行对话。而对法国来说，马克龙意图将自己塑造成平衡中欧关系的领导者，努力争取中国支持法国的全球议程（Bogusz et al., 2019）。中美欧的关系与矛盾也更多地被报告提及，指出中东欧国家要谨慎处理自己在国际关系中的角色，同时要考虑到合作将面对的风险和挑战。

研究者对于所选报告的主要研究主题进行了分类，共分为政治军事、外交、宏观经济、对外贸易、社会教育文化、环境能源、科学技术以及其他等八个主要类别。其中，需要说明的是，外交虽属于政治主题的一部分，然而本文更聚焦在对外关系上。宏观经济与对外贸易的区分亦然，前者更关注国内经济发展及全球影响力，后者聚焦在中国对某一国家和地区的经贸关系上。经过统计，研究主题的分布以及时间变化趋势如图7-2-2和图7-2-3。

在这一阶段研究报告所涵盖的主题当中，中东欧国家智库对中国对外贸易关注度最高，占比达42%。这些研究主要依托"一带一路"倡议和"16+1"合作，探讨中美关系和中欧关系之间的国际关系格局，

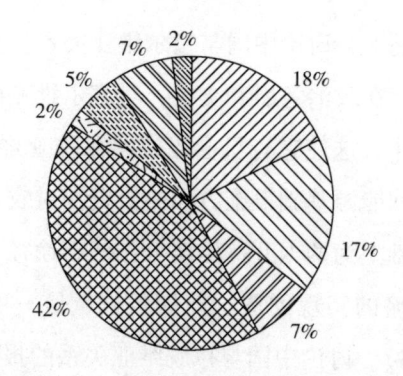

第七章 中东欧层面智库的中国观　151

图 7-2-2　中东欧智库有关中国报告的研究主题分布（2017—2019 年）

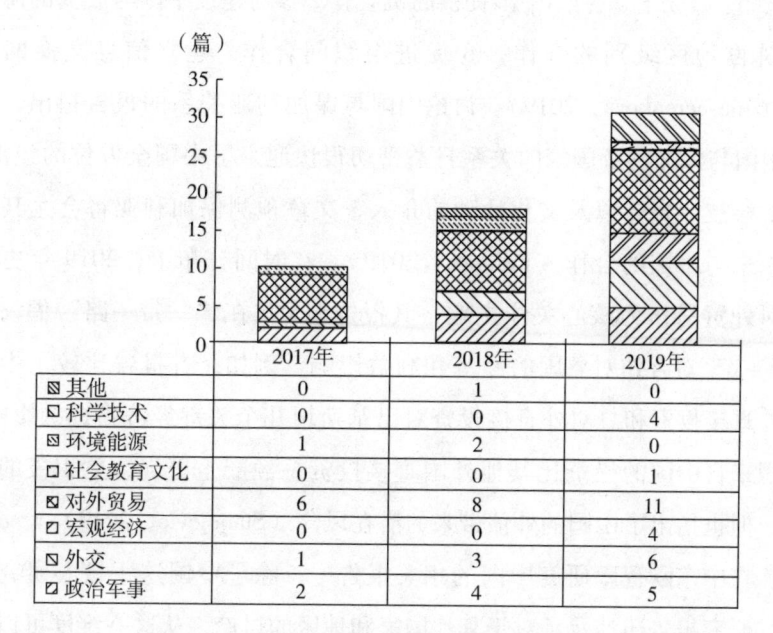

	2017年	2018年	2019年
其他	0	1	0
科学技术	0	0	4
环境能源	1	2	0
社会教育文化	0	0	1
对外贸易	6	8	11
宏观经济	0	0	4
外交	1	3	6
政治军事	2	4	5

图 7-2-3　中东欧智库有关中国报告的研究主题时间分布（2017—2019 年）

以及在此影响下的投资与贸易活动。另外，中国的政治军事，以及外交也是关注点，占比分别为 18% 和 17%。2017—2019 年，中东欧智库对中国经济的关注不如 2013—2016 年多，中国宏观经济与科学技术均占 7%，而诸如环境、文化等层面，这些智库关注较少。

在对外贸易主题上，讨论中国与塞尔维亚关系的报告指出，两国在改善经济关系方面存在政治意愿和支持，对塞尔维亚而言，中国是一个强大得多的合作伙伴，这使它有机会投资塞尔维亚经济，发挥其潜力，除了已有的在运输和能源基础设施方面的投资，对农业和食品加工业的投资将在双赢的基础上为两国开辟经济合作的新途径，这一方向为新丝绸之路长期发展战略的实现创造了前提条件，是一项面向未来的事业（Trošić et al. , 2018）。讨论中国与拉脱维亚关系的报告指出，拉脱维亚认为"16 + 1"合作给拉脱维亚提供了更多机会，但另一方面拉脱维亚和波罗的海地区其他国家发现，由于与中国的密切合作，这些国家对彼此的吸引力正在变弱，为了应对这种情况，拉脱维亚政府提出了三种解决策略：①分析并利用中国提供的机会；②参与建设中国与波罗的海地区/东欧地区级别的合作；③促进组织间合作，建立信息交换网络（Bērziņa-čerenkova, 2019）。讨论中国与保加利亚关系的报告指出，近期中国与保加利亚国家的关系日益密切很快迎来了中国全方位的经济、数字科技、媒体以及文化活动的介入，文章预测保加利亚将会尤其重视未来与中国的合作（Filipova, 2019）。在时间分布上，2019 年更是把对外贸易作为核心关注主题，其报告也聚焦在"一带一路"倡议和"16 + 1"对合作对象国的经济和利益影响。例如，有报告比较了中国对外直接投资和总对外直接投资对巴基斯坦几个关键经济指标的影响，发现来自中国的投资比其他外国直接投资总额产生更强、更积极的影响，但也指出了中国的外债带来的潜在风险（Stanojevic, 2019）。

在中东欧智库研究中国的相关报告中，除了中国这一核心研究主题，研究报告还涉及了对于其他国家和地区的讨论，从这一维度可以分析得到研究报告对中国的外交和身份的定位，即将其置于哪个区域的国际问题进行讨论。本文对研究报告对于其他国家涉及的情况进行了两种情况的区分：其一是研究报告主要涉及的除中国之外的国家，表现在报告集中研究中国与该地区或国家的往来关系；其二是研究报告所提及的国家或地区，这些主体虽并未作为主要研究对象，但在中国对外关系和全球发展中扮演着相对重要的角色。

由图 7-2-4 和图 7-2-5 可以看出，作为中东欧层面的智库，大部分报告重点讨论中国与中东欧的双边关系，占 34.9%。除此之外，大部分中东欧国家也是欧盟成员国，因此中欧关系得到较为集中的关注。中东欧向西毗邻的最发达国家是德国，而向东毗邻的强国是俄罗斯，因此，中东欧智库在讨论中国议题时对德国和俄罗斯的关注也非常多。

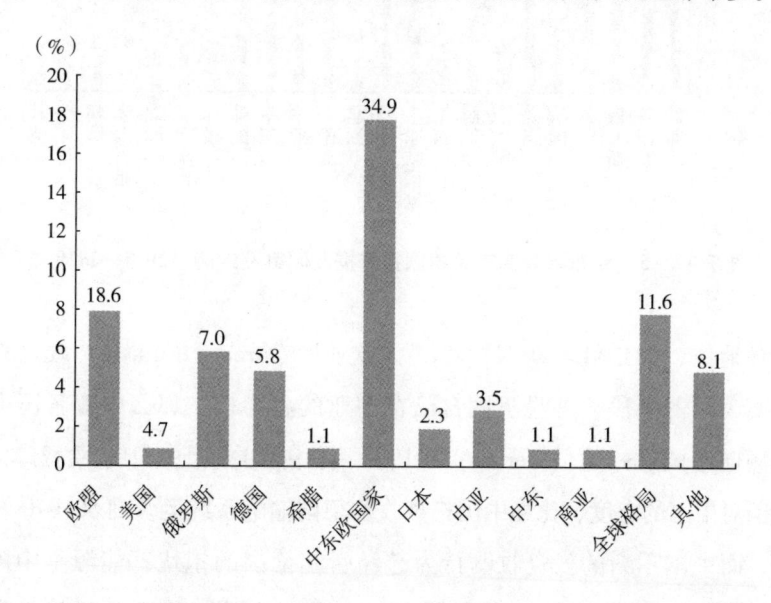

国家/地区	百分比(%)
欧盟	18.6
美国	4.7
俄罗斯	7.0
德国	5.8
希腊	1.1
中东欧国家	34.9
日本	2.3
中亚	3.5
中东	1.1
南亚	1.1
全球格局	11.6
其他	8.1

图 7-2-4　中东欧智库有关中国报告主要涉及国家和地区（2017—2019 年）

中东欧智库报告认为在过去的 20—30 年中，中国以惊人的速度成为世界第二大经济体，中国正在发展它巨大的经济潜力，试图与美国和欧盟平起平坐。欧盟将中国视为经济上的竞争对手，同时对于"一带一路"倡议中不平衡的经济关系感到不满，希望中国能够提供一个更加开放多元的合作关系。

报告认为，中东欧在中国与欧盟关系上面临着两难的困境，而在中俄关系上，中东欧智库十分关注俄罗斯与中国的合作动态，如中国华信能源投资俄罗斯最大的石油公司等。报告指出，尽管中俄两国都有诸如平衡美国在全球影响力的共同目标，但中国仍然在战略中占据

(篇)

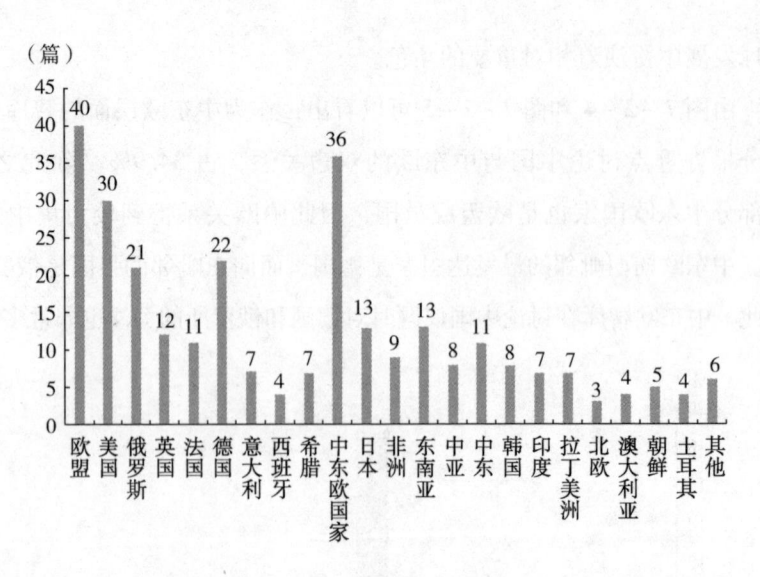

图表数据：
- 欧盟：40
- 美国：30
- 俄罗斯：21
- 英国：12
- 法国：11
- 德国：22
- 意大利：7
- 西班牙：4
- 希腊：7
- 中东欧国家：36
- 日本：13
- 非洲：9
- 东南亚：13
- 中亚：8
- 中东：11
- 韩国：8
- 印度：7
- 拉丁美洲：7
- 北欧：3
- 澳大利亚：4
- 朝鲜：5
- 土耳其：4
- 其他：6

图 7-2-5　中东欧智库有关中国报告提及国家及地区（2017—2019 年）

主导地位，如果俄罗斯继续将"大欧亚"（Greater Eurasia）政策作为制衡美国的手段，并且巩固自己在中亚的主导权，那么中亚各国会立刻倾向中国这一边（Herzog，2019）。在中德关系上，中东欧智库关注德国对中国的态度，比如中国打算收购德国输电系统运营商 50Hertz 的股份，而中国不断的投资收购行为已经引起德国的担忧，能源是中国想在 2025 年之前发展的重要领域之一，中国在德国能源公司的投资很可能是想借助德国先进的技术，使其在能源方面成为全球行业领先者（Poplawski，2018）。

在提及的国家中，英国、法国、德国、意大利等欧洲重要大国的态度和举动受到了关注，另外日本、韩国、东南亚等中国周边国家和地区也受到了一定的关注。从这些角度来看，欧盟层面的研究报告非常关注中国的全球格局策略以及"一带一路"倡议、"16+1"合作对于现有中东欧国家经济和政治利益的影响。

除此之外，美国也是中东欧层面智库中国相关报告中提及比较频繁的大国之一。"美国"一词在报告中常常与"贸易战""国际领导者""全球格局"等词语一同出现。波兰智库研究员 Jakub Jakóbowski（2018）

认为，美国发起贸易战，是为了解决中美多年来不断升级的贸易经济问题，美国眼下侧重的是长期的结构性问题，而非美国企业的具体利益。美国使用的工具可能会扰乱全球高科技行业的供应链，进而影响美国在欧盟和东亚的盟友的经济状况。但是，美国对中国的贸易打压也成为中欧恢复对话的"催化剂"。如果欧盟支持中国，将有利于加强以世贸组织为基础的多边贸易体系，也有助于维护伊朗协议和气候变化巴黎协定（Jakóbowski & Popławski，2018）。

本研究对于中东欧层面智库"中国观"的基本态度倾向进行了判断（见图7-2-6），整体看来，绝大多数（占71%）的涉华研究报告选取了中性的态度立场或并未表现出鲜明的态度取向，然而在具有明显态度倾向的17篇文章中，有12篇是负面态度（占20%），5篇表达了鲜明的正面态度倾向（占9%）。总体来看，这段时间，中东欧层面智库的"中国观"整体上呈现中性偏负面评价的倾向，对中国的对外政治、经济政策整体上持有负面评价甚至表现出抗拒的态度。

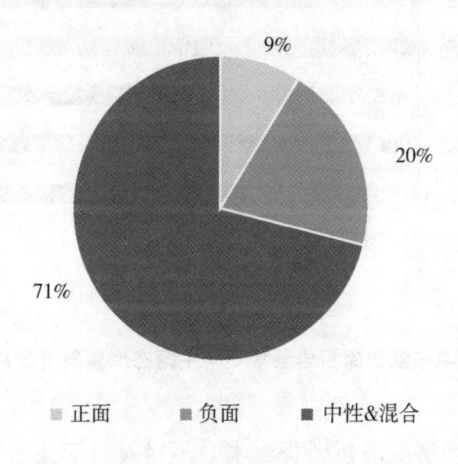

图7-2-6 中东欧智库报告"中国观"
态度倾向（2017—2019年）

研究进一步分别计算了不同话题下的态度倾向期望值并进行了交叉分析，所得结果如表7-2-1。

表7-2-1　中东欧智库报告涉华不同主题态度倾向（2017—2019年）

政治军事	外交	宏观经济	对外贸易	社会教育文化	环境能源	科学技术	其他	总体
-0.27	-0.1	0	-0.1	-1	-0.33	0.25	0	-0.12

从具体主题的态度倾向来看（见图7-2-7和表7-2-1），中东欧层面智库整体对中国的社会教育文化和政治军事呈现比较负面的倾向，这些负面倾向的报告尤其高度集中在2019年。一些负面分析认为，除了中国的军事活动，中国企业的崛起、中国在欧相当活跃的投资收购等经济贸易行为也常常被中东欧智库解读为"间谍行为""具有潜在隐患""对欧洲的政治经济安全造成极大威胁"等。

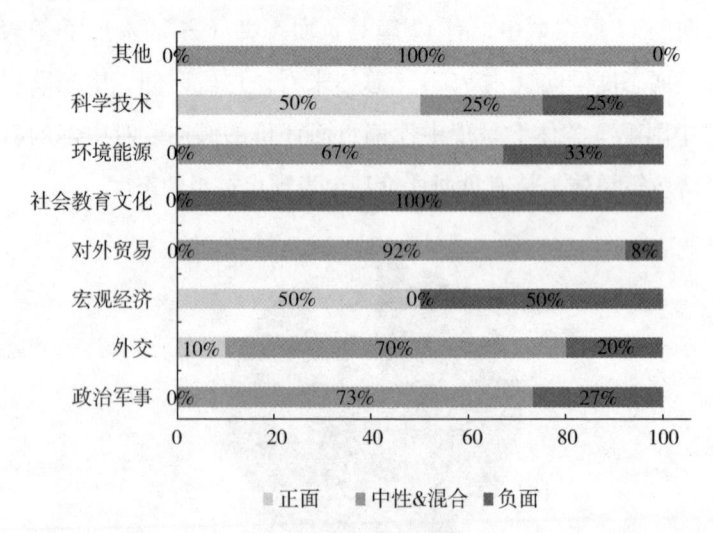

图7-2-7　中东欧智库报告涉华不同主题态度倾向（2017—2019年）

对中国宏观经济的分析毁誉参半，不过对科学技术主题中东欧智库则呈现着正面的态度倾向。报告认为，数字革命是现代中国的首要机遇，为其经济增长注入新动力，并为中美竞争添加砝码。中国在全球范围内引入自己的技术标准，以提高其在全球价值中的地位，并影响世界经济。中东欧智库报告十分看好中国政策利好下的人工智能等数字新兴领域，中东欧国家更加期待未来与中国全方位的经济、数字科技、媒体和文化活动的合作。

除了研究中东欧智库对中国的整体"中国观",我们还对"一带一路"倡议进行了框架分析。在这一阶段中东欧智库报告当中,认为"一带一路"为政治议题的共有 5 篇,占 8.5%,为经济议题的有 30 篇,占 50.8%,其余文章未提及"一带一路"倡议或未表现明显性质上的判断。因此,不同于欧盟层面智库的研究,"一带一路"倡议的经济意义更为中东欧层面智库所关注。

在对"一带一路"倡议的框架分析中,本研究选取了自利框架、合作互利框架、他利框架、参与框架、竞争框架、变革框架和实力框架。这些框架主要衡量所选取研究报告对于中国"一带一路"倡议的基本观点和认识,框架阐释及统计结果如表 7-2-2。

表 7-2-2 中东欧智库对"一带一路"倡议认知(2017—2019 年)

框架	阐释	判定为"是"样本数占比
自利框架	中国政府为了自己的利益而发起"一带一路"倡议,对中国有利	37.3%
合作互利框架	"一带一路"倡议有利于中国与沿线国家开展合作,是一种互利的机遇,包括报告主体国	27.1%
他利框架	"一带一路"倡议有助于沿线国家的发展	27.1%
参与框架	报告主体国表达要积极参与中国的"一带一路"	27.1%
竞争框架	"一带一路"倡议是中国和美国竞争和争霸的手段,是中式全球化、新殖民主义	15.3%
变革框架	"一带一路"倡议是中国基于自身变革而采取的战略调整	23.7%
实力框架	"一带一路"倡议体现了中国强大的实力与财力,中国是 big power	33.9%

在中东欧层面的智库报告中,认为"'一带一路'倡议是中国和美国竞争和争霸的手段,是中式全球化、新殖民主义"的特征仅占 15.3%;认为"一带一路"倡议是中国基于自身变革而采取的战略调整只占 23.7%;报告主体国表达要积极参与中国"一带一路"倡议

的占27.1%；认为"一带一路"能够实现"互利共赢"成效，和有助于沿线国家发展的各占27.1%。而大多数的报告认为，中国的"一带一路"倡议更多的是为了自己的利益出发而大力推进的（37.3%）；是中国强大实力与财力的体现（33.9%）。整体来看，中东欧层面智库对"一带一路"倡议的看法与其整体"中国观"基本一致，认为是中国基于自身利益出发的国家战略，但同时也认可中国超强的大国实力。

本研究从整体"中国观"认知和"一带一路"认知两个层次入手，以修辞学戏剧主义五因分析的方法进行话语分析。

在"中国观"层面，从主题选取上看，对外贸易主题是中东欧智库关注的重点，政治军事与外交主题也比较具有较高的关注度。因此，"中国观"层面的戏剧主义修辞行为也将从这三个方面进行话语分析。在这三个主题下，本研究将所涉及报告分为两类，一类以中国的对外政治、宏观经济及军事活动为主体，着重分析中国与中东欧各国的对外贸易发展与现存问题，分析中国在中东欧及周边地区的政治战略与军事布局；另一类则以中国的双边及多边关系为主体，分析中东欧国家在中美冲突升级、中俄紧密互动的背景下如何保持与中国的关系，以及如何维持中国—中东欧国家—欧盟的多边关系。

从态度倾向上看，中东欧智库在对外贸易与外交主题上，态度基本保持中立/混合；而在政治军事层面上，更多持中性和负面态度。但除去中立及混合态度的报告则会发现，中东欧智库在三个主题上，持负面态度的报告均多于持正面态度的报告，说明中东欧智库对于中国总体持中性偏负面的态度。

中东欧智库有关"中国观"的报告认为中国在中东欧地区主要采取了扩张性的投资计划以及外交战略，鼓励中国企业在中东欧国家进行投资，支持中国与中东欧国家进行政治、文化的交流活动，希望以此提升中国在中东欧地区的经济与政治影响力，填补中国在此地区的"空白"。但是在中美关系日益紧张以及中俄合作日益紧密的背景下，这一扩张性战略使得中东欧国家质疑中国投资的安全性与独立性，给这些国家带来了政治与经济层面的巨大压力，由此引发了中东欧国家对于中国的不信任感。

在"一带一路"层面，则主要从智库报告中对于"一带一路"倡议性质的判断以及框架分析进行判断。在整体认知上，中东欧国家层面的智库认为"一带一路"倡议大体上是一种经济行为，这一点与西欧北欧国家层面的智库一致，而与欧盟层面的智库有所不同。中东欧智库认为，中国提出"一带一路"倡议，主要是希望能在欧洲地区谋求合作，提升自己的政治影响力，以经济合作影响中东欧国家的对华政策，以此来改变目前以欧美为核心的话语体系和全球秩序。然而，由于欧盟对与中国合作仍然没有较为明确的态度，中东欧国家仍然担心，与中国保持过于紧密的联系，会使中东欧国家处于分裂欧盟的危险之中。因此，大部分中东欧国家在整体对华政策上仍然保持与欧盟一致的态度，与中国进一步的贸易合作也仍然持观望态度。

综合以上分析，在这两个层次上，中东欧国家智库的"中国观"整体修辞行为及相对应的戏剧主义要素可以概括为表7-2-3。

表7-2-3 中东欧智库"中国观"戏剧主义修辞要素分析（2017—2019年）

事件	动作者	动作	场景	目的	手段
整体"中国观"认知	经济实力提升、希望提升地区政治影响力的中国	中东欧国家开始质疑中国投资的安全性与独立性	中美关系日渐紧张，中俄合作给中东欧国家带来压力	推广中国的经济模式，增强在中东欧的政治影响力	扩张性的投资计划与外交战略
"一带一路"认知	谋求合作与政治影响力的中国	中东欧各国担忧合作带来的负面效果，存在分裂欧盟的风险	中国已经成为经济大国，改变了中东欧国家的投资结构	加强与中东欧国家的贸易合作挑战以欧美为核心的话语体系和全球秩序；影响中东欧国家对华政策	大规模的经济合作与基础设施建设项目

基于以上戏剧主义要素的提取，在本部分话语分析中形成了20个因果关系对子，研究者根据其内在逻辑关系进行判断（见表7-2-4）。

表7-2-4 中东欧智库研究20个关系对子的因果关系判定（2017—2019年）

	整体"中国观"认知	"一带一路"认知
动作者—场景	是	是
动作者—动作	否	否
动作者—手段	是	是
动作者—目的	是	是
场景—动作	是	是
场景—手段	否	否
场景—动作者	否	否
场景—目的	否	是
动作—手段	否	否
动作—目的	否	否
动作—场景	否	否
动作—动作者	否	否
手段—目的	是	是
手段—动作者	是	是
手段—动作	是	是
手段—场景	否	是
目的—场景	是	是
目的—动作者	是	是
目的—动作	是	是
目的—手段	是	是

经过上述戏剧主义五因分析后发现，在整体"中国观"认知上，目的要素"推广中国经济模式，增强在中东欧的政治影响力"是核心要素；在"一带一路"认知上，手段要素"大规模的经济合作与基础设施建设项目"与目的要素"加强与中东欧国家的贸易合作、挑战以欧美为核心的话语体系、影响中东欧国家对华政策"是核心要素。

在大部分中东欧层面智库的报告中，中国被描述为一个经济实力日益增强的国家，并且开始在之前未能涉足的领域争取国家利益。中国的

"一带一路"倡议和与中东欧国家的"17+1"合作机制,虽然大体上仍然是经济层面的合作,但是中东欧国家智库报告仍然倾向将其解读为中国试图通过经济合作影响中东欧国家对于中国的政治立场及对华政策,并且更进一步地改变当前世界的话语体系和全球秩序。

但与西欧北欧智库以及欧盟层面智库不同的是,中东欧智库更为担忧本国在欧盟中的立场。由于"17+1"合作机制的建立,中东欧国家与中国的贸易合作更为紧密,这与欧盟整体对于中国的谨慎立场不太相同。因此,中东欧国家层面智库更加关心中东欧国家与中国的贸易合作是否会影响他们在欧盟内的立场,以及中国是否确实有意通过贸易合作来分裂欧盟、削弱欧盟的整体性,进而削弱其政治影响力。

在中东欧层面智库报告中,各国对于中国仍然存在不信任或观望态度,中国的对外贸易和投资关系在短时间内仍然无法改变中东欧各国的对华看法。但随着中美之间冲突更加明显,欧盟也处于摇摆不定的状态当中。

2017—2019 年中东欧智库有关中国的研究报告形成了一份 168359 词的语料库,本研究对语料库进行进一步分析。

表 7-2-5 是中东欧智库这一阶段中国报告语料库中去停用词后排名前二十的高频词,其中排在前十的分别为"中国""合作""国""经济的""欧盟""外国的""发展""投资""公司""国际的"。值得注意的是,与欧盟层面智库和西欧北欧智库涉华报告语料库不同,"美国"在这一阶段在高频词中只排第十九位,而"合作"却跃居高频词第二。图 7-2-8 显示排名前 60 的高频词词云,字母越大表示频次越高。可以看出,这一阶段,"FDI"(海外直接投资)、"BRI"("一带一路")被反复提到,是中东欧智库关注的重点。

表 7-2-5　中东欧智库"中国观"高频词(2017—2019 年)

排名	高频词	频次
1	China 中国	2039

续表

排名	高频词	频次
2	Cooperation 合作	590
3	Countries 国	551
4	Economic 经济的	522
5	EU 欧盟	329
6	Foreign 外国的	298
7	Development 发展	292
8	Investment 投资	291
9	Companies 公司	279
10	International 国际的	259
11	Global 全球的	244
12	Political 政治的	240
13	Relations 关系	237
14	Policy 政策	219
15	Trade 贸易	213
16	Government 政府	208
17	State 国家	204
18	Environment 环境	198
19	US 美国	196
20	Infrastructure 基础设施	192

图 7-2-8　中东欧智库"中国观"高频词词云（2017—2019 年）

研究进一步对这 60 个高频词进行共现语义网络分析。研究发现，这一阶段中东欧智库的中国观主要分为三个共现集群（见图 7-2-9）。左边最大的共现集群主要围绕经贸关系，关注中国以"金融""投资"为主的"经济"和"贸易"活动，包括中"美"贸易战和各类"合作""项目"，尤其在"16+1"机制下的中国-中东欧区域合作和"基础设施"建设项目等。左下角的共现集群围绕政治军事议题，包括有关中国南海钓鱼岛的争论、海洋法、大国政治和世界秩序等。第三个共现集群围绕"一带一路"欧亚连接，包括"中国""欧盟""亚洲""一带一路"四个关键词节点。

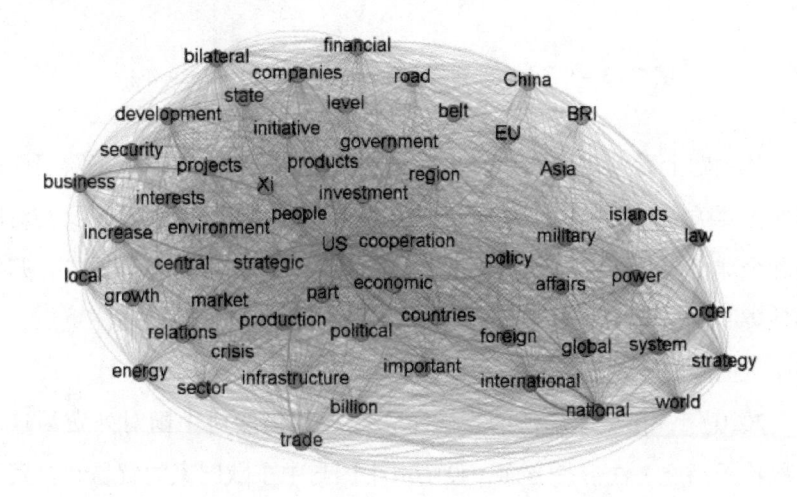

图 7-2-9　西欧北欧智库"中国观"语义网络分析（2017—2019 年）

第三节　2020 年中东欧层面智库中国观分析

这一阶段，中东欧智库共发布 40 篇有关中国的报告，是 2013 年以来年均数量最多的。各智库报告数量及时间分布如图 7-3-1 所示，其中，中东欧中国观察者（捷克 CHOICE 智库）发布的最多，有 16 篇，其次是波兰东方研究中心，发布了 15 篇。

(篇)

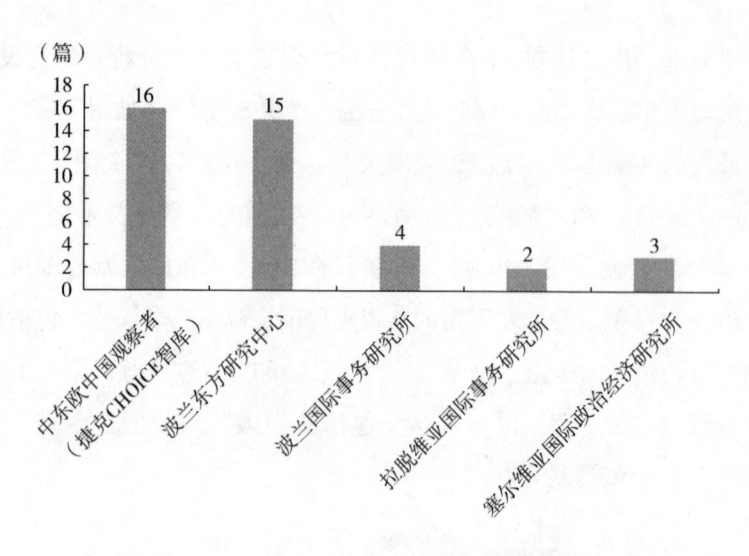

智库	数量
中东欧中国观察者（捷克CHOICE智库）	16
波兰东方研究中心	15
波兰国际事务研究所	4
拉脱维亚国际事务研究所	2
塞尔维亚国际政治经济研究所	3

图7-3-1 中东欧智库有关中国报告数量（2020年）

从主题上看（见图7-3-2），在2020年的报告中，中东欧层面的智库主要关注新冠肺炎疫情期间中国政府对内、对外的表现，及其对欧盟和全球格局的影响。其中，占比最高的是有关疫情的涉华报告，归为其他类①，占33%。对外贸易仍然是中东欧智库对中国的关注重点，占25%，而政治军事和外交主题均各占15%。

2020年，在全球疫情的影响下，中东欧仍然对中国对外贸易这一主题给予高度关注。一方面，疫情下中国与中东欧国家的贸易和投资合作不断扩大，这让中东欧国家再一次认识到中国的巨大发展潜力；另一方面，报告指出了与中国进行贸易投资合作中遇到的障碍，如中国企业对对象国投资机制和政策还不够熟悉、海外投资制度法规还有待完善、中方在项目合作中的透明度问题等。报告认为，这些障碍不仅影响了中国在中东欧国家经济合作和贸易投资方面的快速增长，也影响了中欧关系的长远发展。需要特别指出的是，中东欧智库对中国在欧的投资与并购行为较为忌惮，担心中国逐渐占领欧洲市场，然而欧洲却无法在中国

---

① 因为新冠肺炎疫情是2020年新出现的主题，为了在主题分类上与前两个阶段一致，本阶段没有在主题上单设疫情类，而是把疫情主题归在其他类。

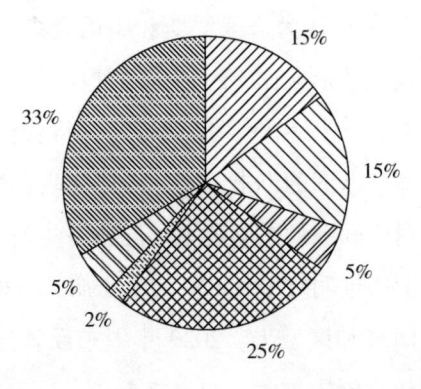

第七章 中东欧层面智库的中国观　165

图 7-3-2　西欧北欧智库有关中国报告的
研究主题分布（2020 年）

获得相同的利益，在 2020 年新冠肺炎疫情暴发之际，欧洲非常担心中国会像 2008 年金融危机时一样，借机大量并购欧洲企业（Eichmanis, 2020）。

政治军事主题上，首先，南海问题仍然是中东欧智库关注的重点之一（Bogusz, 2020a）；其次，在中国台湾问题方面，中东欧智库认为，中国在中国台湾方面获得了一定的军事优势，但最重要的是，它也指出了与之相关的中美关系在逐步瓦解，其报告指出，无论中国台湾军队改革的结果如何，美国都不会从根本上改善对中国台湾现代化武器的供应，来抵销中国的相对军事优势（Bogusz, 2020b）。

外交主题上，中东欧智库倾向于关注中美之间的互动和博弈，尤其是拜登在美国总统大选中获胜后，中东欧智库着重讨论华盛顿对北京的国家政策，认为美国将明显改变其策略并尝试动员美国的联盟网络遏制中国。但是，美国想联合欧洲创建一个通用的针对中国的战线需要解决跨大西洋关系中的许多结构性问题，包括贸易和服务、数字技术和安全领域等（Jakóbowski, 2020）。也有报告关注欧洲—中国—俄罗斯的全球战略，分析了俄罗斯与欧盟、中国与欧盟的相互利益和认知，以及美国在其中扮演的角色,文章认为,俄罗斯和中国是多方面的战略同盟关系,这种合作关系包括政治合作、经济协同以及军事合作,但是其合作也具有一定的局限性。中国和俄罗斯的合作,将会给欧洲带来一定威胁,但是由于中俄对于欧洲的诉求不同,因此在联合对抗欧盟时这种合作倾向不同,中国对于欧洲的态度会更加温和一些。但是未来是否会发生转变,还需要时间的证明(Szczudlik & Kulesa,2020)。

在主要涉及的国家和区域上,2020年中东欧智库有关中国的报告涉及的国家和区域相对比较集中(见图7-3-3),以自身、周边和强国为主。中东欧自身占比最高,为35%,其次是欧盟,占24%,接下来是美国(13%)、全球格局(11%)、其他(8%)、德国(3%)、俄罗斯(3%)和中东(3%)。与欧盟层面和西欧北欧层面智库不同,在2020年,中东欧智库有关中国的讨论没有太多涉及其他亚洲国家。

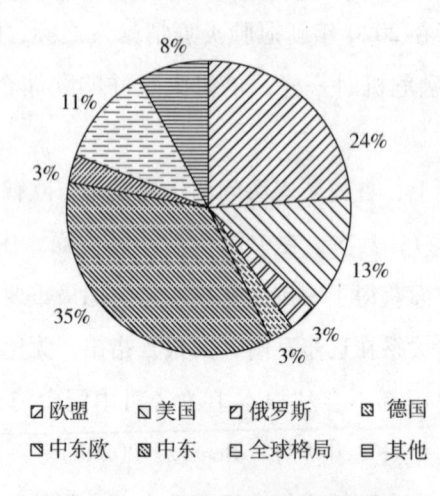

图7-3-3 中东欧智库有关中国报告
主要涉及国家和地区(2020年)

图7-3-4和表7-3-1分别显示了2020年中东欧智库有关中国报告在不同主题上的态度差异以及每个主题的态度得分值。总体来说,除了外交和宏观经济主题,其他主题都是中性偏负面。而能源主题只有一篇,虽然文章讨论了随着美国推出巴黎气候协定,中国正在成为全球

保护环境的领导者，但是该智库报告却以恶意来解读中国在全球环境治理上做出的努力，认为中国的举动并非为了肩负起大国的责任，而是完全处于自身发展考虑，是为扩大影响力而自我宣传（Krstinovska，2020）。除此之外，在具有负面倾向的样本中，相当数量的报告是以新冠肺炎疫情为背景或主题，并在报告中从以下几个方面对中国呈现负面态度。首先，报告认为中国在疫情得到控制后，自身医疗资源生产能力过剩，从而启动了塑造形象的外交活动，出口口罩等医疗设备（更先进的医疗设备为商业供应），并出于研究目的（而非直接支持）向意大利派遣医疗人员。而在此之前，中国接受了全球大量物资援助，并从国外购买大量医疗设备，导致全球医疗设备库存不足。其次，疫情暴发以来，中国的国际媒体利用其早期取得的成就，进行夸大的虚假宣传，试图掩盖国内问题，削弱美国超级大国的地位和民主概念，试图塑造抗击疫情的全球领导者形象。最后，即使中国面临着疫情的挑战，仍没有放弃挑衅性的军事行动和企业并购与投资行为，这极大地威胁了欧洲主权。

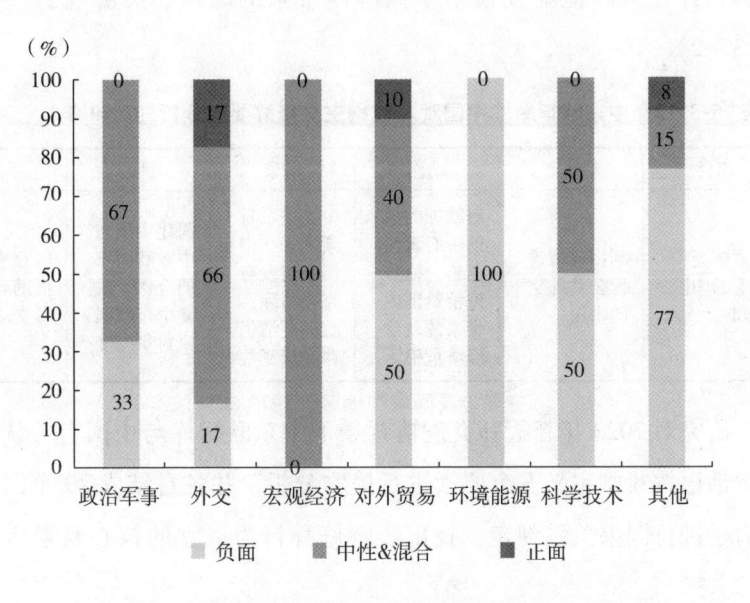

主题	负面	中性&混合	正面
政治军事	33	67	0
外交	17	66	17
宏观经济	0	100	0
对外贸易	50	40	10
环境能源	0	100	0
科学技术	50	50	0
其他	77	15	8

图 7-3-4　中东欧智库涉华不同主题态度分布（2020 年）

表7-3-1　中东欧智库报告涉华不同主题态度倾向（2020年）

政治军事	外交	宏观经济	对外贸易	环境能源	科学技术	其他	总体
-0.33	0	0	-0.40	-1	-0.5	-0.69	-0.43

研究进一步对新冠肺炎疫情背景下与中国有关认知的修辞话语进行分析，在"新冠肺炎疫情下的中国认知"层面；2020年这一阶段，中东欧国家层面的智库共有13篇文章涉及该议题，部分反映了中东欧国家在此次新冠肺炎疫情中对中国的态度。通过修辞话语分析，中东欧智库"中国观"整体修辞行为可以从整体上概括为中东欧国家普遍认为中国借用此次新冠肺炎疫情进行了公共外交活动，尝试以此改变中东欧国家的对华态度，深化中国与中东欧国家的合作关系。但是由于中、美在此次疫情中的冲突、中国国内疫情仍未结束，以及欧洲各国疫情多有反复，中东欧国家对于中国在疫情中的行动褒贬不一。尽管中国对于欧洲的医疗物资援助非常积极，并且派出了医疗指导小组奔赴欧洲各国，但中东欧国家层面智库仍然认为，中国对于欧洲的援助带有政治色彩，并且试图掩盖疫情给中国国内带来的政治、经济危急（见表7-3-2）。

表7-3-2　中东欧智库"中国观"戏剧主义修辞要素分析（2020年）

事件	动作者	动作	场景	目的	手段
新冠肺炎疫情下的中国认知	利用疫情进行公共外交的中国	对欧洲的援助带有政治色彩，掩盖疫情给国内带来的政治、经济危机	中美关系日渐紧张，中国疫情没有完全消除，欧洲疫情仍存在反复	深化中国与中东欧国家的合作，改变中东欧国家对华态度	医疗物资援助和人员交流

研究对2020年新冠肺炎疫情背景下中东欧智库与中国有关认知的修辞话语按戏剧主义五个要素进行提取分析，并各自结成20个因果关系对子进行因果关系判定，找出影响修辞行为成立的核心要素（见表7-3-3）。

表7-3-3 中东欧智库戏剧五元修辞话语20个关系对子的因果关系判定（2020年）

	新冠肺炎疫情下的中国
动作者—场景	否
动作者—动作	是
动作者—手段	是
动作者—目的	是
场景—动作	是
场景—手段	是
场景—动作者	是
场景—目的	是
动作—手段	是
动作—目的	否
动作—场景	否
动作—动作者	否
手段—目的	是
手段—动作者	是
手段—动作	是
手段—场景	否
目的—场景	否
目的—动作者	是
目的—动作	否
目的—手段	是

经过上述戏剧主义五因分析后发现，在对新冠防疫下的中国的认知上，场景要素"中美关系日渐紧张，中国疫情没有完全消除，欧洲疫情仍存在反复"是核心要素。在这一核心要素的影响下，无论是中国的"一带一路"倡议，还是与中东欧国家的"17+1"合作机制，又或是在新冠肺炎疫情暴发的场景下中国的对欧援助，中东欧智库都对之进行政治化解读的倾向尤为明显，对于中国"口罩外交""公共卫生外交"的分析在这些智库报告中占据了比较多的篇幅。同时，在新冠肺炎疫情的相关报告中，欧盟对华政策的摇摆态度也非常明显，一方面智库报告中

肯定了中国提供的医疗物资；另一方面报告也会认为中国掩盖了国内疫情的实际情况，这也从一个侧面反映了欧盟在新冠肺炎疫情期间的"两难"境地。

2020年这一阶段中东欧智库有关中国的研究报告形成了一份225677词的语料库，本研究对语料库进行进一步分析。

表7-3-4是这一阶段中东欧智库中国报告语料库中去停用词后排名前二十的高频词，其中排在前十的分别为"中国""国""欧盟""合作""经济的""区域""关系""投资""贸易""政治的"。"中东欧"（CEE-Central and Eastern Europe）首次进入高频词前二十，排名第十三。另外，中东欧智库注意到，新冠肺炎疫情期间，外国传统媒体和社交媒体对疫情的讨论很多，对中国十分关注，同时，中国也重视自身在中东欧媒体中的形象，并对当地媒体进行投资（Karásková, 2020；Bogusz, 2020c），因此"媒体"一词出现的频度也很高，排名第十七。图7-3-5显示排名前60的高频词词云，字母越大表示频次越高。

表7-3-4 中东欧智库"中国观"高频词（2020年）

排名	高频词	频次
1	China 中国	3294
2	Countries 国	850
3	EU 欧盟	794
4	Cooperation 合作	686
5	Economic 经济的	579
6	Region 区域	499
7	Relations 关系	476
8	Investment 投资	430
9	Trade 贸易	402
10	Political 政治的	383
11	Government 政府	382
12	US 美国	323
13	CEE 中东欧	322
14	States 国家	299

续表

排名	高频词	频次
15	Foreign 外国的	297
16	International 国际的	270
17	Media 媒体	247
18	Policy 政策	244
19	Security 安全	243
20	Central 中	232

图 7-3-5 中东欧智库"中国观"高频词词云（2020 年）

研究进一步对这 60 个高频词进行共现语义网络分析发现，这一阶段中东欧智库的中国观主要分为三个共现集群（见图 7-3-6）。从共现节点的度中心性（Degree Centrality）来看，三个共现集群中均没有特别突出的核心节点，说明每个共现集群的关键词节点的度中心性差异不大。左边共现关键词节点最多的集群的关键词节点包括"贸易""银行""企业""合作""合同""出口""项目""建设""市场""一带一路"，涉及"中东欧""美国""欧盟"等"国家"和"区域"。虽然 2020 年中东欧智库有关中国的报告是在全球新冠肺炎疫情暴发的背景下分析撰写的，但是与疫情本身相关的内容却并不是其关注的重点，事实上，受疫情影响的中国与中东欧、欧盟、美国等国家和区域的对外贸易、"一带一路"项目进展以及政治、军事关系等才是分析重点。右边共现集群包括"中国""国内的""国际的""全球""世界""影响""强国""增长"等关键词节点，中国如何在疫情下面对生产发展受阻和经济增长减缓的挑战，以及在全球疫情下，中国在国际上的角色和对世界的影响是中东欧智库在这一阶段关注的重点。右下方第三个共现集群只包括"对外的""政策""部长"（minister）三个关键词节点，主要围绕中国与中东欧国家的外交关系，中国和中东欧国家的总理（Prime Minister）和外交部长（Minister of Foreign Affairs）被多次提到。如中国总理李克强、外交部长王毅，捷克前外长卢博米尔·扎奥莱克（Lubomír Zaorálek），匈牙利总理欧尔班·维克托（Orbán Viktor）和外长西雅尔多·彼得（Szijjártó Péter），波兰总理马泰乌什·莫拉维茨基（Mateusz Morawiecki），等等。

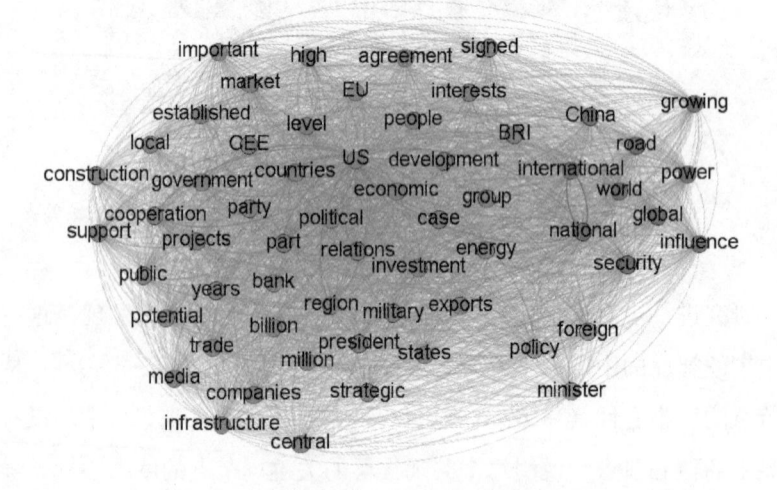

图 7-3-6 中东欧智库"中国观"语义网络分析（2020 年）

综上所述，本章通过对中东欧国家主流智库有关中国报告的内容分析、话语分析和语义网络分析探究其蕴含的中国观。整体而言，中东欧国家层面智库对中国的认知体现出了中东欧国家对于中国的矛盾态度。一方面，随着"17+1"倡议在中东欧各国对外贸易与国家经济建设中的作用日益突出，中国改变了中东欧国家的对外贸易结构，中国与中东欧国家的经济联结也日益紧密。但是中东欧国家也因此担心，中国的经济影响力会成为政治影响力的跳板，进而影响中东欧各国的政治基础及国内权力结构。除此之外，中东欧国家还希望能够改变与中国的经济合作方式，从而能够更加积极地进入中国市场，而不是与中国企业在本土市场进行贸易。

另一方面，中东欧国家的政治立场也体现在各智库的报告中，属于欧盟成员国的中东欧国家不仅需要与欧盟保持一致的政治立场，还需要在中美冲突升级的情况下选择自身立场，因此中东欧层面智库的报告中，对于新冠肺炎疫情下的全球格局较为关注。智库报告中存在对于中国政府的不理解与批评，但也提出了要与中国政府进行对话的建议，希望能够通过对话改变中国目前在中东欧各国的贸易布局，改进他们当前的对外贸易环境。

第八章　欧洲智库的中国观比较分析

第五章至七章分别对欧盟层面、西欧北欧国家层面以及中东欧国家层面智库的中国观按照2013—2016年、2017—2019年和2020年三个阶段进行了分析，那么，这三个层面欧洲智库的中国观又呈现出哪些相似性与差异性？本章将对这一研究问题进行分析讨论。

第一节　欧洲智库中国观关注议题比较

"一带一路"背景下，欧洲主流智库2013年9月至2020年12月有关中国的412篇报告中，欧盟层面4家智库共发布了74篇，西欧北欧国家层面9家智库共发布了198篇，而中东欧国家层面5家智库共发布了140篇。从图8-1-1可以看出，总体来说，西欧北欧和中东欧国家智库对中国研究的关注呈现明显递增趋势，欧盟层面智库除2019年，对中国的关注也基本逐步增长，而2020年，三个层面的欧洲智库涉华报告的年发布量都是最多的，可见，欧洲智库在新冠肺炎疫情暴发后对中国更加关注。

从关注的主题来看（见图8-1-2），欧洲智库近三分之一的涉华报告关注中国的对外贸易，占27%，其次为对政治军事议题的研究，占比为25%，再次为对中国外交和宏观经济的研究，这两项占比分别为14%和11%。而且，欧洲智库对于中国的对外贸易、政治军事、宏观经济的高关注度在欧盟层面、西欧北欧层面和中东欧层面智库都表现出了较高的相似性。

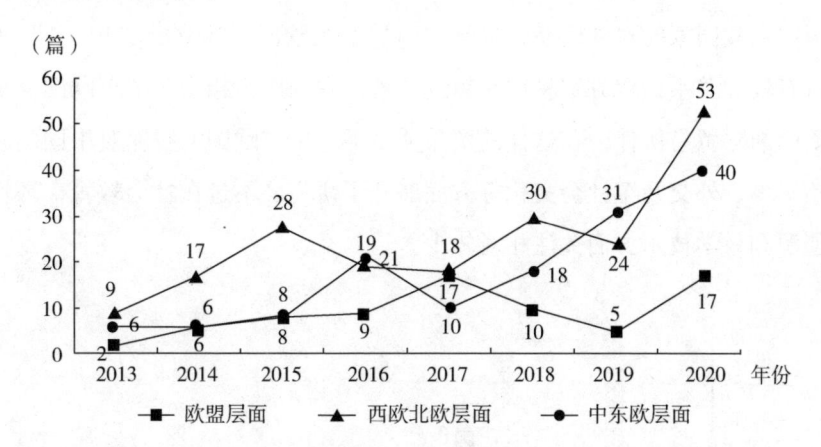

图 8-1-1 欧洲智库涉华报告数量变化（2013—2020 年）

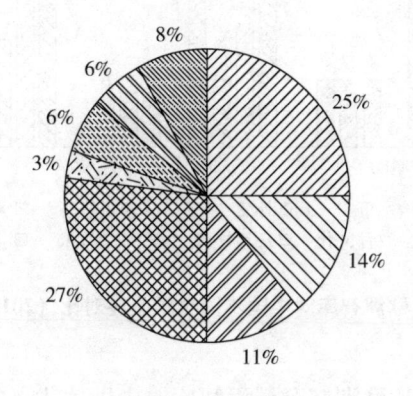

图 8-1-2 欧洲智库对中国的关注议题（2013—2020 年）

不过，经过对比分析发现（见图 8-1-3），欧盟层面的智库几乎没有对中国的社会教育文化议题的具体研究，而最关注中国的对外贸易，其次是政治军事议题；西欧北欧智库关注点则相对更加均衡，虽然对中国的政治军事和外交议题的关注高于宏观经济和贸易，但是对社会文化、环境能源、科学技术等多方面都进行了相对较多的研究，特别是其中德国墨卡托研究中心，对中国的社会治理、发展变化等都进行了相当多的关注；而中东欧国家智库也最关注中国的对外贸易，尤其是中国与中东欧国家的对外贸易，这与中国与中东欧国家建立的"17+1"平台有较大关系，双方贸易往来越发频繁，中国成为相当多中东欧国家重要的国际贸易伙伴，在这样的贸易关系下，中东欧国家智库对中国的政治军事、外交乃至社会文化等方面展开了研究，不过在社会教育、环境能源和科学技术方面关注相对较少。

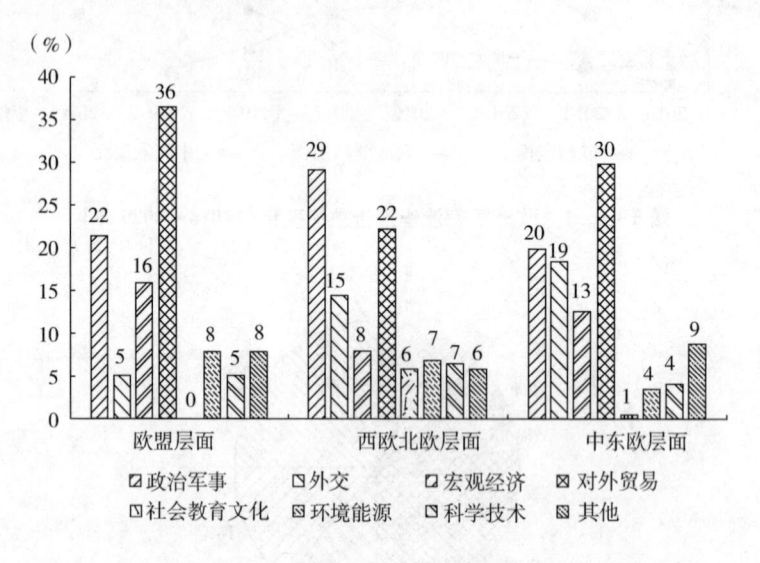

图 8-1-3 欧洲智库对中国不同议题关注对比 (2013—2020 年)

为了更好地对比欧洲三个层面智库对中国关注点的异同，研究用大数据方法进一步分析三个层面智库涉华报告形成的语料库。欧盟层面、西欧北欧层面和中东欧层面智库涉华报告分别形成了 663686 词、1856647 词和 608411 词的语料库。虽然中东欧智库的涉华报告篇数几乎是欧盟层面智库报告的两倍，但是中东欧涉华报告平均每篇的篇幅少于欧盟层面智库涉华报告，因而其语料库较小。研究对三个语料库进行高词频对比分析发现（见表 8-1-1），在欧盟和西欧北欧层面智库的涉华报告中，"中国""欧盟""美国"均排名前三，而在中东欧智库涉华报告中除了"中国"仍为第一外，"欧盟"排名第五，"美国"只排在第十八。欧洲三个层面智库"中国观"排名前 20 的高频词中有 14 个相同的词语（表中**加粗**词语），它们是"中国""欧盟""美国""贸易""国""政策""经济的""国际的""新""发展""国家""外国的""投资""合作"，这说明不同层面欧洲智库"中国观"有很多相似之处，均特别关注有关中国的经贸主题及其影响下的中美欧关系。表中加下划线的词语为在欧盟和西欧北欧两个层面智库"中国观"中均出现的排名前20的高频词，而表中斜体词语为在西欧北欧和中东欧层面智库"中国观"中均出现的排名前20的高频词。可以看出，欧盟和西欧北欧层面智库共同关心中国崛起在"全球"的影响，中国"政府"决策和区域"安全"问题，而西欧北欧和中东欧智库则共同关心中国的"政治"决策和中国在"亚洲"的影响力。另外，值得注意的是，"贸易"在欧盟层面智库"中国观"中排名靠前，"安全"在西欧北欧层面智库"中国观"中排名靠前，而"合作"在中东欧层面智库"中国观"中排名靠前。此外，"一带一路"（"新丝绸之路"）只在中东欧层面智库中国观中进入排名前20的高频词。

表8-1-1　欧洲智库"中国观"高频词（2013—2020年）

排名	欧盟层面 高频词	频次	西欧北欧层面 高频词	频次	中东欧层面 高频词	频次
1	China 中国	10503	China 中国	26628	China 中国	8733
2	EU 欧盟	3722	EU 欧盟	5490	Countries 国	2219
3	US 美国	2421	US 美国	4717	Economic 经济的	2096
4	Trade 贸易	2106	Economic 经济的	4418	Cooperation 合作	1923
5	Countries 国	1747	Security 安全	4159	EU 欧盟	1599
6	Policy 政策	1601	International 国际的	3636	New 新	1343
7	Economic 经济的	1585	Countries 国	3494	Region 区域	1244
8	International 国际的	1454	States 国家	3470	Central 中	1225
9	New 新	1338	Policy 政策	3433	Relations 关系	1162
10	Market 市场	1296	New 新	3380	Trade 贸易	1053
11	Global 全球的	1118	Foreign 外国的	3172	States 国家	1050
12	Development 发展	1106	Trade 贸易	2929	Road 路	1037
13	States 国家	1103	*Political* 政治的	2919	*Political* 政治的	1027

续表

排名	欧盟层面 高频词	频次	西欧北欧层面 高频词	频次	中东欧层面 高频词	频次
14	Foreign 外国的	1093	Investment 投资	2863	Asia 亚洲	1014
15	Investment 投资	1044	Government 政府	2849	Development 发展	988
16	World 世界	964	Global 全球的	2819	International 国际的	935
17	Security 安全	942	Development 发展	2723	Investment 投资	930
18	Cooperation 合作	929	Cooperation 合作	2419	US 美国	900
19	Government 政府	860	Asia 亚洲	2290	Foreign 外国的	886
20	Companies 公司	818	South 南	2267	Policy 政策	876

图 8-1-4、图 8-1-5 和图 8-1-6 分别显示欧洲三个层面智库中国观的排名前 60 的高频词词云。可以看出，在欧盟层面，"世界贸易组织"（WTO）、"习近平"主席（Xi）、"数字"（Digital）和"数据"（Data）的词频也比较高；在西欧北欧层面，"南"（South）、"海"（Sea）、"海洋"（Maritime）和"武器"（Arms）的词频也比较高；而在中东欧层面，除了"习近平"主席（Xi）、"中东欧"（CEE），与"一带一路"倡议相关的词语如"新"（New）、"丝绸"（Silk）之"路"（Road）、"带"（Belt）、"倡议"（Initiative）均在排名前 60 的高频词里。

图 8-1-4　欧盟层面智库"中国观"高频词词云（2013—2020 年）

对三个层面智库中国观高频词的共现语义网络分析发现，"一带一

图 8-1-5　西欧北欧层面智库"中国观"高频词词云（2013—2020 年）

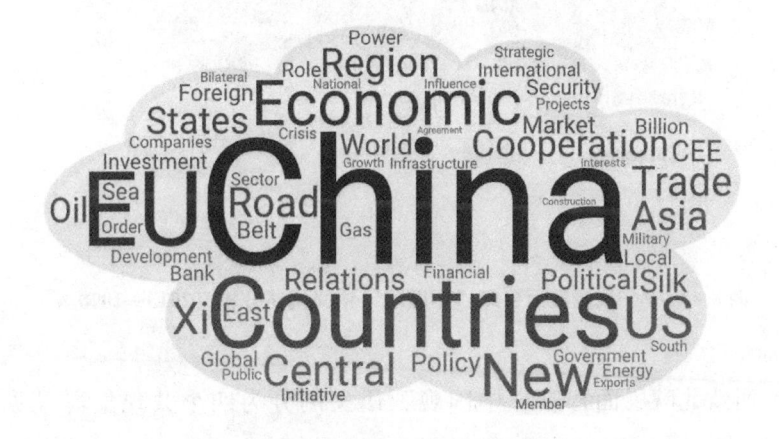

图 8-1-6　中东欧层面智库"中国观"高频词词云（2013—2020 年）

路"倡议提出以来，2013—2020 年，欧盟层面智库中国观语义网分为五个共现集群（见图 8-1-7）。最大共现集群中，"美国""贸易""公众""投资""市场"为核心关键词节点，同时包括"数字""数据""技术""竞争"等关键词节点，反映出欧盟层面智库对中国对外贸易投资以及中美贸易冲突和数字竞争对大国关系影响的关注。第二大共现集群以"国内""国际""区域""安全"为核心节点，涉及"海洋""军事""利益"等。第三大共现集群以"政府"为核心节点，包括"银行""债券"等，欧盟智库提醒欧洲各国避免进入债务陷阱。右上角集群以"欧盟"为核心节点,包含"中国""WTO""亚洲",主要讨论中欧贸易,第五个共现集群包含"气候"和"变化"两个关键词节点,反映出欧盟层面智库对能源环境议题的关注。

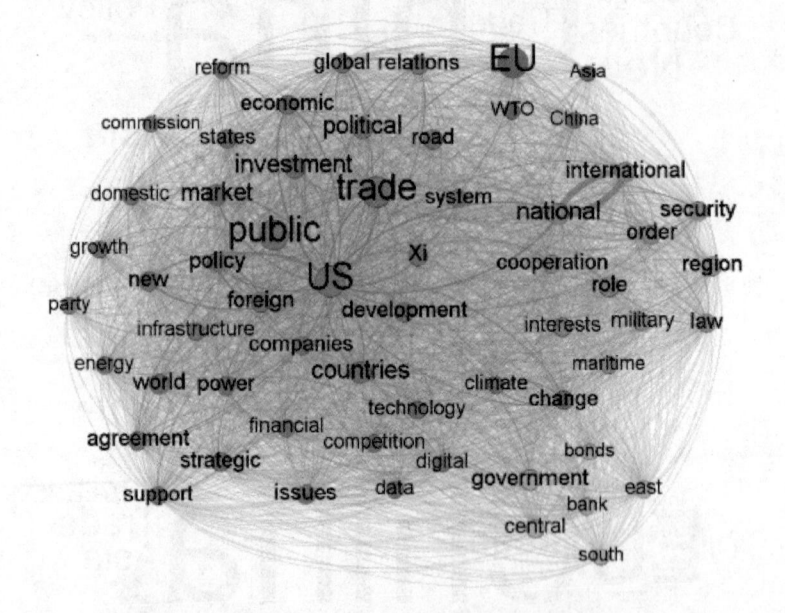

图 8-1-7 欧盟层面智库"中国观"语义网络分析(2013—2020 年)

西欧北欧层面智库"中国观"语义网分为四个共现集群(见图 8-1-8)。左边较大共现集群以"联合国""美国""欧盟""国家""合作""发展"为核心节点,包括"中国""亚洲""军事""武器""南海""技术"等关键词节点。右边较大共现集群以"全球""世界""政策""安全""市场""强国""路"为核心节点,包括"贸易""能源""危机""角色""油""汽""利益"等节点。这两个共现集群内容涵盖了西欧北欧智库对中国关注的主要议题,包含政治军事、经济贸易、外交、能源、科技等。右下角集群以"国内"和"国际"为核心关键词,左下方集群只有两个关键词节点,"member"和"states"的紧密联系说明西欧北欧智库对欧盟成员国与中国的联系非常重视。

中东欧智库"中国观"语义网分为五个共现集群(见图 8-1-9),

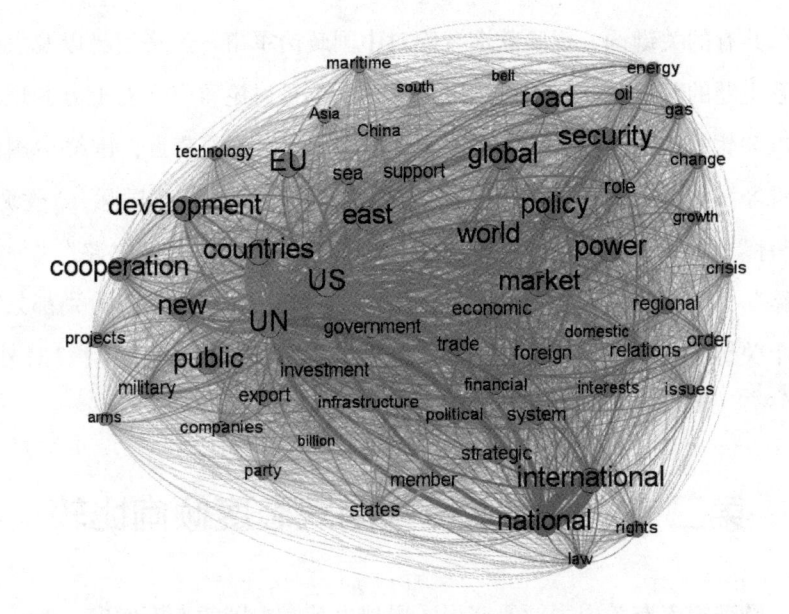

图 8-1-8　西欧北欧层面智库"中国观"语义网络分析（2013—2020 年）

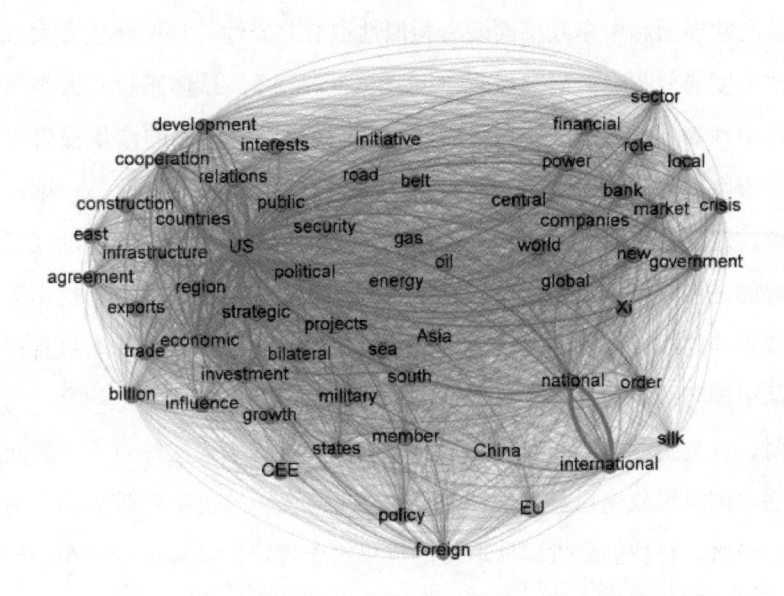

图 8-1-9　中东欧层面智库"中国观"语义网络分析（2013—2020 年）

不过五个集群中均没有特别突出的核心关键词节点，说明各节点间的度中心性差异较小。左边最大共现集群涵盖大部分与欧盟层面和西欧北欧智库共有的关键词，反映欧洲智库对中国政治军事、经济贸易以及大国关系主题的普遍关注，中国与中东欧关系也是讨论重点。右上方共现集群以"银行""金融""市场""政府"等为关键词节点，围绕中国的宏观经济和金融改革等议题。右下方集群包括"国内""国际""丝绸""秩序"四个关键词节点，体现出中东欧智库对"新丝绸之路""一带一路"倡议在国内国际战略意义的关注。另外两个共现集群分别都只有两个关键词节点，一个围绕"中国"与"欧盟"，一个围绕"对外""政策"，均体现中东欧智库对外交议题的关注。

第二节　欧洲智库中国观态度倾向比较

欧洲智库有关中国的研究报告展现出其对中国的态度倾向，形成了以智库为代表的欧洲国家的"中国观"，这种态度和倾向在欧盟层面、西欧北欧层面和中东欧层面既有相似性也有差异性。相似性主要表现在总体态度的分布上。研究发现（见图8-2-1），总体来说，大多数报告持中性&混合中国观态度，其中西欧北欧层面智库的涉华报告采用这种态度的占比最高，占65%。这类报告可以具体分为两类：第一类为通过对数据、事实的梳理来论述中国在某一方面所采取的行动或者所取得的进展；第二类为通过对数据的研究来表达隐含的观点，提出对欧盟或者其他欧洲国家的政策建议。持有负面倾向中国观的智库报告多数是从中国与欧洲的竞争关系出发进行讨论研究的，各类主题均有。与此同时，各类主题也分布在持有正面中国观的报告中，这些对于中国对外传播与国家形象建设具有十分重要的参考意义。这类报告较多的是对中国的经济、科技创新发展所取得的成果给予肯定，也有不少中东欧国家提出与中国的合作为自身发展注入了巨大的动力。

欧洲三个层面智库的"中国观"在关于中国的不同议题上也表现出了一定差异性。比如，欧盟层面智库在能源环境议题上表现出了较强的正面倾向，西欧北欧智库在对外贸易和其他议题上表现出较强正面倾

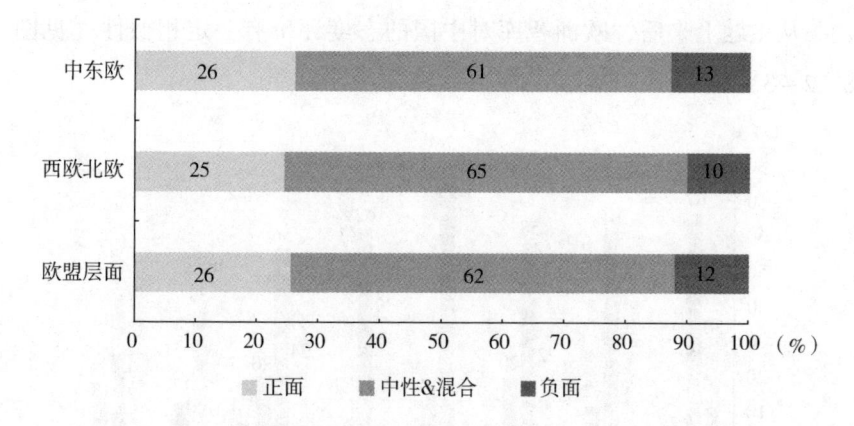

图 8-2-1 欧洲智库"中国观"态度倾向（2013—2020年）

向，中东欧智库则在宏观经济主题上表现出了较强的正面倾向（见图 8-2-2）。

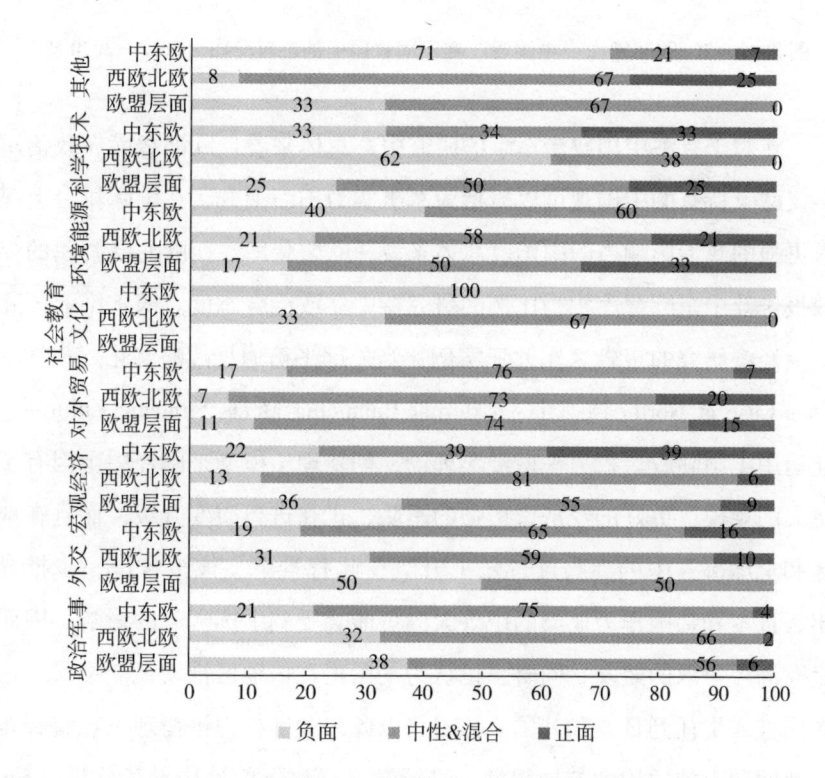

图 8-2-2 欧洲三个层面智库"中国观"不同主题的态度倾向（2013—2020年）

从主题上来看，欧洲智库对中国的态度评价有一定相似性（见图 8-2-3）。

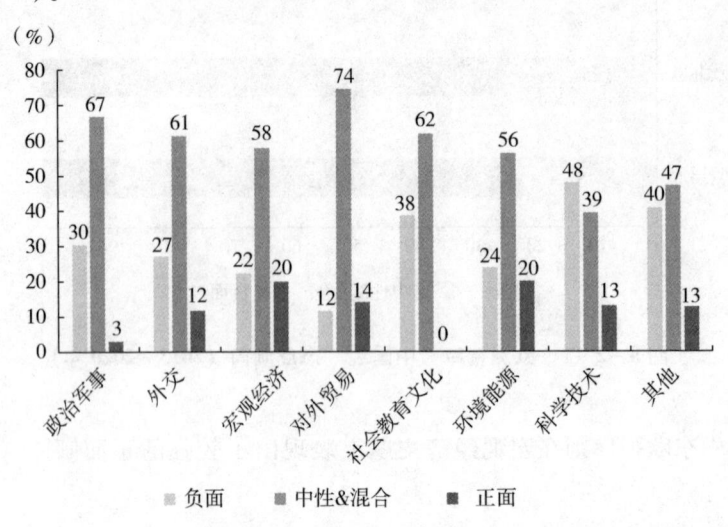

图 8-2-3 欧洲智库"中国观"在不同议题上的态度分布（2013—2020 年）

在对于有关中国政治军事的研究中，总体来看，欧洲智库在政治军事议题上持有的中国观可以概括为军事实力不断上升、在国际舞台上谋求更强的政治影响力的中国。总体来说，欧盟智库、西欧北欧智库的多数报告及中东欧智库相当比例的研究持中立或混合态度。塞尔维亚国际政治经济研究的报告《东北亚案例：当外部平衡遇见战略文化》（"Curious Case of Northeast Asia: External Balancing Meets Strategic Culture"）还运用了国际政治权力平衡经典理论，创新理论模型来阐释中国因有了更大的规模、更好的经济、更强的军队，正在进行质变升级，而且在地区和全球事务中的参与度逐步上升。在此背景下，该报告进一步推导出，日本和韩国作为亚洲的中等大国可能会受到中国崛起的影响，因而是欧洲可争取的盟友，同时，也认为美国正在该地区推动孤立主义，还企图推卸责任到日本和韩国。该报告以此来验证权力平衡理论在解释东北亚问题上的适用性与局限性，进行学术探讨下的地区局势分析（Kopanja, 2019）。但是因为政治军事在世界范围内的敏感性，中国的强大难免会给欧洲国家——特别是欧盟和西欧北欧国家带来恐慌和紧张,因此也在一定程度上出现了偏负面倾向的报告,成为欧洲国家智库有关中国研究中负面倾向占比较高的主题。

在宏观经济议题上,总体来看,欧洲智库的中国观可以概括为经济实力不断发展、不断与欧洲展开合作与竞争,改变甚至颠覆了原有国际经济格局的中国。这一主题研究大多是通过数据和材料支撑来探究中国经济的发展,比如欧洲政策研究中心曾发文《改善中国、印度和印尼本币债券市场的投资者基础》("Improving the Investor Base for Local Currency Bond Markets in China, India and Indonesia"),分析了中国市场,表示中国金融业规模庞大,可与发达国家媲美,虽然中国一直在努力降低壁垒,但是外国投资还是很难进入中国投资市场(Amariei et al., 2017);中东欧层面捷克智库曾发表《中东欧国家希望从中国得到什么?评估"16+1"及其未来》("What Do Central and Eastern European Countries Want from China? Assessing '16+1' and Its Future"),在这篇报告中评估了中国在经济、政治以及其他方面与中东欧国家的交流与合作对中国自身的影响程度,并分析中东欧国家在与中国经济合作当中所能取得的益处以及需要规避的问题(Karásková & Hickman, 2019)。在与经济相关的研究中,大多数是通过经济数据来探究中国经济发展的特点以及中国经济地位在国际上的提升。这类研究最终落脚点大致分为两类:一是较多由欧盟层面及西欧北欧国家智库提出的要防范中国经济力量崛起带来的对世界经济格局的冲击,注意来自中国的竞争;另一类则较多由中东欧国家提出,即要把握与中国的经济合作,以此来寻求中东欧自身发展的机遇。总的来看,经济类的研究对于经济强大的"中国观"的认知和传播起到了一定推动作用。

与宏观经济议题相关性较高的为对外贸易议题。总体来看,欧洲智库在对外贸易议题上的中国观可以概括为实力强劲的投资者和作为贸易伙伴的中国。随着"一带一路"与"17+1"等合作机制的建立与合作倡议的推广,对于"对外贸易"议题的研究占据相当多数,无论是欧盟层面、西欧北欧层面还是中东欧层面，都对中国的对外贸易展开了较多研究。

通过对欧盟层面、西欧北欧和中东欧智库报告的分析，本研究发现，欧洲智库报告在这一议题上展现出了相当高的一致性，超过70%的报告对中国的对外贸易展开了数据分析与探索，并认为中国是欧洲乃至全世界非常重要的经贸伙伴，发挥着重要影响力。例如欧洲对外关系委员会发布报告《中国在中东的战略》（"China's Great Game In The Middle East"）指出中国在中东的投资和战略地位日益重要，欧盟应关注中国对地区稳定和政治日益增长的影响力，加强与中国在中东地区的经济合作（Lons et al.，2019）；又如法国国际关系研究所发布报告《中国在欧洲的投资：国家层面的视角》（"Chinese Investment in Europe：A Country-Level Approach"），表示中国投资对于欧洲各国经济的贡献也变得不可忽视，欧洲成为中国投资者偏好的投资地点，甚至比欧洲对中国投资的需求可能更明显，中国的投资已经成为欧洲各国寻求经济增长的新机遇，中国在欧洲的投资受到了"一带一路"倡议的积极推动，而欧洲各国一方面需要保证欧洲在中国的投资中可以保护本国平等竞争的地位，另一方面也需要达成国家甚至欧盟层面的统一来对待中国的投资者（Seaman et al.，2017）；塞尔维亚国际政治经济研究所发布报告《中国基础设施项目对东道国经济发展的影响：来自巴基斯坦经济的经验证据》（"The Impact of Chinese Infrastructure Projects on Development of Host Economies：Empirical Evidence from Pakistan Economy"），利用多元分析方法，分别衡量和比较了中国对外直接投资和总对外直接投资对巴基斯坦几个关键经济指标的影响，得出结论中国投资比外国直接投资产生更强、更积极的影响，但也指出了变化的方向，比如进口增加，以及潜在的挑战，如中国的外债等（Stanojevic，2019）。中东欧国家智库在"对外贸易"议题上讨论了很多"一带一路"倡议及"17+1"合作平台在中东欧地区的落地，事实上，中国已成为多数中东欧国家最大的贸易伙伴之一。

态度上，在对外贸易议题上，欧洲智库的"中国观"最为客观且中立,中性和混合态度在各类主题中占比最高,达74%。虽然在研究中表明了中国日益增长的经济实力对于欧洲的竞争压力,但也通过多元分析,展现了中国与欧洲的经贸往来乃至中国与中东欧等地区的经贸关系为欧洲、为世界带来的多元影响。

在能源环境议题上,欧洲智库的中国观可以概括为能源消耗大国和能源环境治理中的未来领导者——中国。欧盟层面和西欧北欧层面智库的中国观在这一议题上展现出了较多正面态度,而中东欧国家因为自身在能源环境领域具有较高的敏感性,因此负面报告较多。这为能源环境领域的中国形象塑造留下了很大空间。

在科学技术议题上,欧洲国家智库所持的中国观可以概括为人工智能、5G等科技不断发展、在世界格局中发挥越发重要影响力的中国。欧洲智库展现出了相对其他议题更高的差异性,这些差异与智库所处的不同国家自身的科技实力有很大相关性。中东欧智库比较了中国和欧洲有关发展人工智能的政策,认为中国政府对于人工智能产业发展的支持要远超过欧洲国家,十分看好在政策利好下中国人工智能产业的发展;在5G技术和市场议题上,他们认为中国技术发展的优势将使中国成为"主要网络力量",通过在全球范围内引入自己的技术标准,提高在全球价值中的地位,并影响世界经济,但是,这一变革过程受到了严峻挑战,尤其是中美关系和欧盟对中国投资的担忧都极大阻碍了变革。而西欧北欧国家由于自身科技实力较强,中国科技的发展让他们感受到自身优势不再,同时认为中国科技实力的提升是对世界现有秩序的威胁,因而对中国科技议题评价最为负面。

本研究进一步对欧洲三个层面智库有关中国报告不同关注主题和态度之间进行了皮尔逊卡方检验,研究发现(见表8-2-1),整体来说,欧洲智库不同主题的中国观与态度二者之间具有显著相关性($p=0.001$)。虽然欧盟层面智库的中国观主题和态度之间没有显著相关性,但是西欧北欧智库($p=0.001$)和中东欧智库($p=0.000$)的中国观主题和态度均显著相关。

表8-2-1 欧洲智库有关中国报告研究主题与态度皮尔逊卡方检验结果

智库所属区域	值v	自由度df	渐进显著性p（双侧）
欧盟层面	10.673[b]	12	0.557
西欧北欧层面	36.148[c]	14	0.001
中东欧层面	40.297[d]	14	0.000
欧洲智库总计	37.756[a]	14	0.001

a. 5个单元格（20.8%）的期望计数小于5，最小期望计数为1.48。
b. 17个单元格（81.0%）的期望计数小于5，最小期望计数为0.49。
c. 12个单元格（50.0%）的期望计数小于5，最小期望计数为1.21。
d. 15个单元格（62.5%）的期望计数小于5，最小期望计数为0.13。

如前文所述，研究者将正面态度评价编码为1，将负面态度评价编码为-1，没有明显态度倾向或混合的态度倾向评价编码为0，对欧洲智库涉华报告进行编码后计算不同阶段和不同智库的得分值。由表8-2-2可以看出，欧洲三个层面智库在三个阶段的中国观态度不一。总体来说，2013—2020年，欧洲智库中国观负面程度递增，2013年至2016年欧盟层面和中东欧层面智库的中国观均为正面，而2020年在新冠肺炎疫情暴发的背景下，欧洲智库的中国观都比较负面。三个层面比较，西欧北欧智库的中国观相对最为负面。不过，从2013—2020年全部412篇欧洲智库涉华报告整体来看，其中国观为略有负面，整体均值是-0.14。

表8-2-2 欧洲智库"中国观"态度分阶段比较（2013—2020年）

	2013—2016年	2017—2019年	2020年	平均	整体
欧盟层面	0.12	-0.16	-0.47	-0.135	
西欧北欧层面	-0.1	-0.16	-0.19	-0.146	-0.14
中东欧层面	0.12	-0.12	-0.43	-0.136	

具体从18家智库来看（见图8-2-4），从2013年至2020年，比利时皇家国际关系研究所、德国国际政治与安全事务研究所、英国国际战略研究所和塞尔维亚国际政治经济研究所这4家欧洲智库涉华报告的整体中国观均为正面，拉脱维亚国际事务研究所的涉华报告整体中国观为中性，欧盟安全研究所和德国对外关系委员会涉华报告的整体中国观最偏负面。

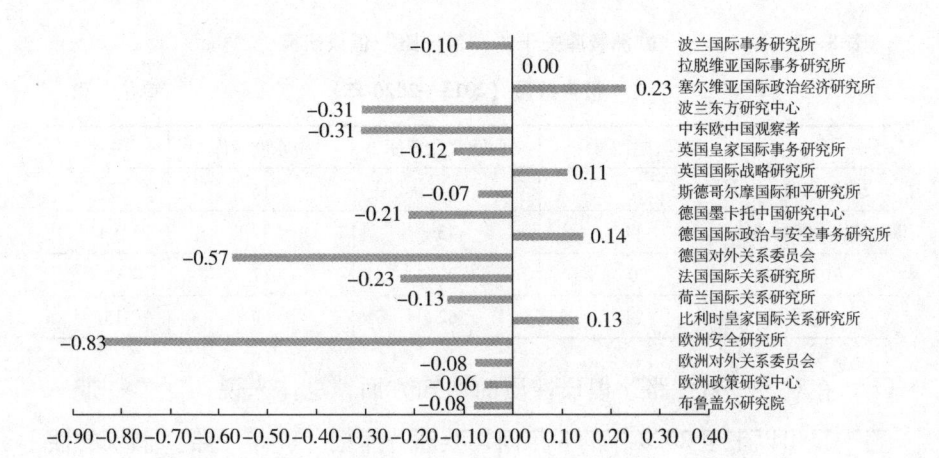

图 8-2-4　欧洲 18 家智库"中国观"态度（2013—2020 年）

智库	数值
波兰国际事务研究所	-0.10
拉脱维亚国际事务研究所	0.00
塞尔维亚国际政治经济研究所	0.23
波兰东方研究中心	-0.31
中东欧中国观察者	-0.31
英国皇家国际事务研究所	-0.12
英国国际战略研究所	0.11
斯德哥尔摩国际和平研究所	-0.07
德国墨卡托中国研究中心	-0.21
德国国际政治与安全事务研究所	0.14
德国对外关系委员会	-0.57
法国国际关系研究所	-0.23
荷兰国际关系研究所	-0.13
比利时皇家国际关系研究所	0.13
欧洲安全研究所	-0.83
欧洲对外关系委员会	-0.08
欧洲政策研究中心	-0.06
布鲁盖尔研究院	-0.08

第三节　欧洲智库中国观整体比较

本研究数据样本的时间跨度为 2013 年秋"一带一路"倡议提出后至新冠肺炎疫情全球暴发后的 2020 年底，在这个时间跨度内，研究对"一带一路"倡议、中国整体和新冠肺炎疫情下的中国三个中国观角度进行了戏剧主义修辞学分析。在对这三个中国观对比前，下文将先对"一带一路"倡议做更多具体分析。

在"一带一路"倡议的认知和评价方面，欧洲智库的 412 篇中国报告中共有 152 篇与"一带一路"倡议相关，占 37%，其中第二阶段 2017—2019 年最多，而在 2020 年新冠肺炎疫情全球暴发的背景下，中东欧智库对"一带一路"倡议的分析热情不仅未减，如果按年均计算的话，反而为最高（见表 8-3-1）。这与随着"一带一路"倡议不断推进，中国与欧洲多国国家领导人多次就"一带一路"倡议及相关合作问题展开磋商，以及中欧不断加强"一带一路"沿线国家的合作有很大关系，"一带一路"倡议本身的实施与落地情况也受到了欧洲智库的高度关注。

表8-3-1　欧洲智库关于"一带一路"倡议研究报告数量（2013—2020年）　　　　单位：篇

	欧盟层面智库	西欧北欧智库	中东欧智库	总计
2013—2016年	7	11	15	33
2017—2019年	14	43	37	94
2020年	0	8	17	25
总计	21	62	69	152

在对"一带一路"倡议性质的认知方面，总体来说，自"一带一路"提出以来至2020年的8年间，欧洲智库把"一带一路"倡议的性质界定为一项经济政策（见图8-3-1），不过值得注意的是，欧盟层面的智库在2017—2020年阶段有明显认知上的转向，欧盟层面智库不仅把"一带一路"倡议界定为经济政策的占比相较西欧北欧智库和中东欧智库少很多，而且在2017年后开始认为"一带一路"倡议更是一项政治策略，从而在解读和态度上倾向负面。

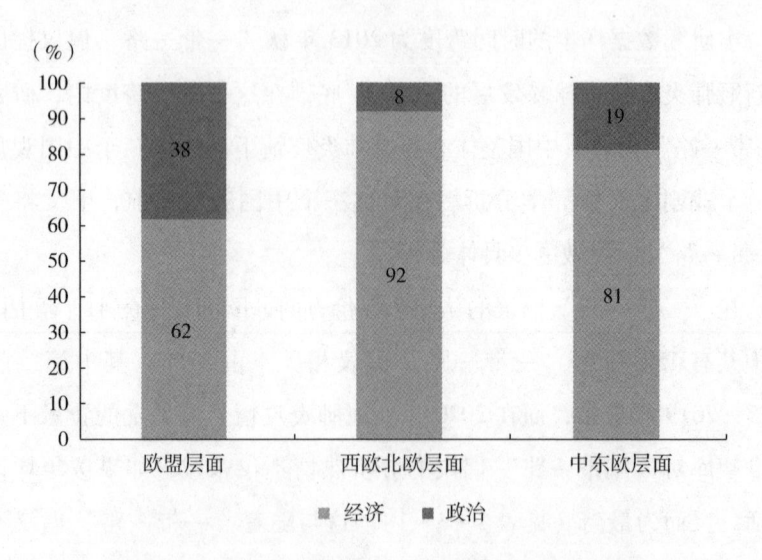

图8-3-1　欧洲智库对"一带一路"性质的认知

在态度上，西欧北欧智库中对于"一带一路"倡议的研究较多持中立或混合态度，对"一带一路"倡议有较多深入分析，而且认为

"一带一路"不仅是与沿线国家合作,也是中国为自己的海外企业保驾护航。比如德国墨卡托中国研究中心在《"一带一路"的守护者:中国民营安保公司的国际化》("Guardians of the Belt and Road: The Internationalization of China's Private Security Companies")一文中指出,中国国内市场民营公司渐趋饱和,中国民营公司在海外的经营处于法律的灰色地带,而中国的"一带一路"政策可以为中国民营公司在海外营利保驾护航,也是民营公司国际化的催化剂(Legarda & Nouwens, 2018)。此外,西欧北欧智库也对"一带一路"倡议对中欧关系的影响做了很多评价与分析,既认为具有威胁又强调合作。比如,斯德哥尔摩国际和平研究所在《欧盟在互联互通时代的安全视角:对中欧关系的影响》("EU Security Perspectives in An Era of Connectivity: Implications for Relations with China")一文中指出"一带一路"政策已经为中欧关系带来了变革性的发展,战略合作议程预示欧洲对于安全的关注逐渐增强,中国在面对"一带一路"相关问题上的态度,表明中欧战略合作之间的问题是可以协商解决的(Anthony et al., 2020)。其另一篇报告《丝绸之路经济带:考虑安全问题与中欧合作前景》("The Silk Road Economic Belt: Considering Security Implications and EU-China Cooperation Prospects")也表示"一带一路"是中国在中欧关系方面的长期规划之一,但是"一带一路"政策对于欧盟在中亚和南亚的安全利益产生了威胁,如果想要应对这一威胁,欧盟需要在安全策略上加强与中国的合作(Ghiasy & Zhou, 2017)。

而中东欧国家智库对于"一带一路"政策的研究中倾向于分析中东欧国家与中国在"一带一路"框架下的经济合作及其前景。

对"一带一路"性质解读的不同直接影响各国对"一带一路"的态度。当"一带一路"倡议被解读为经济政策时,更容易受到沿线国家以及其他国家的接受和认可;而当"一带一路"倡议被解读为政治策略时,就更容易引起他国的警惕和反感。因此,我们在进行"一带一路"的对外传播时不仅需要继续强调其经济性质,而且最好结合具体经济或投资建设项目进行传播，传播时直接着眼于对当地的经济成效，可能会更有积极效果。

在对"一带一路"提出动机的认知与回应方面，自"一带一路"倡议提出后，其动机便饱受争议，在欧洲智库报告中，也体现出欧洲对"一带一路"倡议提出动机的揣测。本研究将其归纳为"自利框架"、"合作互利框架"、"他利框架"、"参与框架"、"竞争框架"、"变革框架"与"实力框架"，其中"参与框架"与"竞争框架"下也体现着不同层面的欧洲智库对"一带一路"倡议的回应（见图8-3-2）。

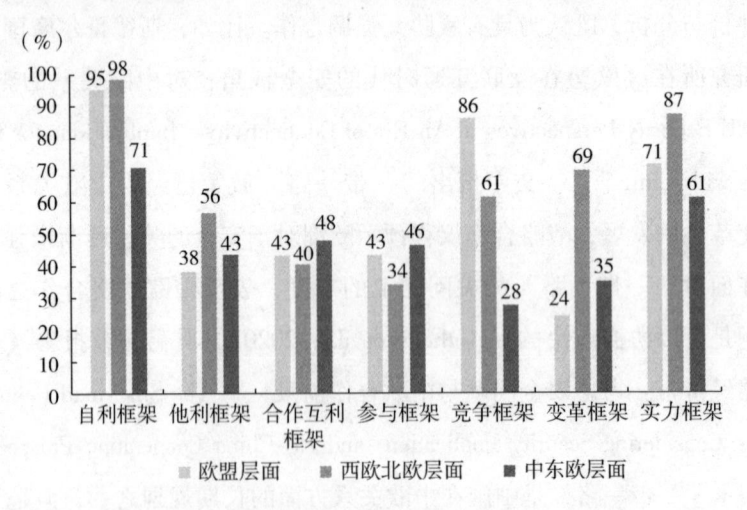

图8-3-2 欧洲智库对"一带一路"倡议认知框架

欧洲智库对"一带一路"共有的普遍认知在于占有相当比重的研究采用了自利框架来解释动机，即认为"一带一路"是中国政府为了自己的利益而提出的，对中国有利。这与国际关系领域各国自然会推测国际行为主体发起某倡议是基于自身国家利益的固有思维模式有很大关系。不过，欧盟层面智库在"自利框架"的基础上，进一步采用竞争框架来表述"一带一路"倡议，即"一带一路"倡议是中国想要与美国竞争和争霸的手段，是中式全球化、新殖民主义。与此同时，欧盟本身也把自身定位为世界舞台上重要的一"极"，这种认知使欧盟层面对于国际格局变化和自身所处地位可能会因为中国的"一带一路"影响力的增强而紧张并觉得受到威胁,因此,欧盟层面智库对于中国"一带一路"作为一项国际竞争的框架要超出成员国智库。

从西欧北欧层面上看,除了对于"一带一路"的自利框架和实力框架,值得注意的是,相当高的比例采用了变革框架来解读"一带一路",即"一带一路"倡议反映中国正在寻求自身变革,包括改变自身产能过剩状况、进行自身产业调整、深化社会经济改革等。

从中东欧层面上看,智库发表的报告除了对于"自利框架""实力框架"的认知外,对于中国"一带一路"政策是"合作互利框架"和"参与框架"的认知都超过欧盟智库及西欧北欧智库,即中东欧国家智库在更大程度上认同"一带一路"倡议有助于沿线国家的发展、有利于中国与沿线国家开展合作,是一种互惠互利的机遇,同时表达了积极参与的意图。中国与中东欧国家围绕"一带一路"开展了多项国际合作,例如2017年首个共建"一带一路"双边合作中心——"一带一路"中国—捷克合作中心宣布成立,诸如此类的国际合作让中东欧国家看到了中国强大的实力和与中国合作能够带来的发展机遇及良好的前景,由此便可以理解中东欧国家智库报告对"一带一路"做更多"合作互利框架"和"参与框架"的解读。

基于第五章至第七章的戏剧主义修辞学分析,不难看出,三个层面智库的中国观在"一带一路"、中国整体和新冠肺炎疫情下的中国三个方面有所不同。表8-3-2、表8-3-3和表8-3-4分别比较了欧盟层面、西欧北欧层面和中东欧层面智库在这三方面"中国观"的差异。

表8-3-2　欧洲智库在"一带一路"倡议"中国观"的差异

事件		动作者	动作	场景	目的	手段
"一带一路"倡议	欧盟层面	国家利益导向的"一带一路"倡议	将沿线国家卷入"中式全球化"	中美争霸	渗透中国政治、经济影响力	具有政治、经济风险的基建、投资等方式

续表

事件	动作者	动作	场景	目的	手段
"一带一路"倡议	西欧北欧层面	谋求全球话语权的中国	使得欧洲各国对合作保持谨慎态度	中国已经打破现有全球实力结构	展开经济合作同时,提高政治影响力	存在风险、具有一定负债压力的经济合作
	中东欧层面	谋求合作与政治影响力的中国	中东欧各国担忧合作带来的负面效果,存在分裂欧盟的风险	中国已经成为经济大国,改变了中东欧国家的投资结构	加强与中东欧国家的贸易合作;挑战欧美为核心的话语体系和全球秩序;影响中东欧国家对华政策	大规模的经济合作与基础设施建设项目

表8-3-3　　　　　欧洲智库在整体"中国观"的差异

事件	动作者	动作	场景	目的	手段
中国整体	欧盟层面	市场化不完全的中国	使欧盟陷入不利经济地位	国际格局力量对比发生变动	政治、经济影响力最大化	"一带一路"及其他不平等贸易政策
	西欧北欧层面	政治、经济实力不断提升的中国	破坏了中欧合作机会	中欧原本具有巨大合作潜能	提升全球影响力,增强话语权	扩张性的政治、外交、经济战略
	中东欧层面	经济实力提升、希望提升地区政治影响力的中国	中东欧国家开始质疑中国的投资的安全性与独立性	中美关系日渐紧张,中俄合作给中东欧国家带来压力	推广中国的经济模式,提高在中东欧的政治影响力	扩张性的投资计划与外交战略

表8-3-4　欧洲智库在新冠肺炎疫情下的"中国观"差异

事件		动作者	动作	场景	目的	手段
新冠肺炎疫情下的中国	欧盟层面	兼具经验与资源优势的中国	损害欧盟的政治利益	欧洲各国深陷新冠肺炎疫情危机	政治渗透	医疗援助与政治利益攫取相捆绑
	西欧北欧层面	力推公共外交的中国	欧洲对于与中国合作充满迟疑态度	社会中的反华声浪和中美关系紧张	援助的同时提升政治影响力	疫情期间雪中送炭般的医疗援助
	中东欧层面	利用疫情进行公共外交的中国	对欧洲的援助带有政治色彩，掩盖疫情给国内带来的政治、经济危机	中美关系日渐紧张、中国疫情没有完全消除、欧洲疫情仍存在反复	深化中国与中东欧国家的合作，改变中东欧国家对华态度	医疗物资援助和人员交流

第九章 结论与建议

第一节 结论

多年来,中欧关系无论在政治领域还是经济领域,关系都日益密切。尤其是"一带一路"倡议提出以来,中欧贸易往来与经济合作逐年增加,进一步强化了双边经贸关系。然而,随着中欧合作的深度和广度进一步加强,中国的实力和国际影响力进一步提高,中欧双方摩擦也有所增多。"中国威胁论"的论断在欧洲再次"复苏",欧盟对华战略进行了调整,不再把中国视为单纯的合作伙伴而是"系统性竞争对手"。意大利、希腊等欧盟成员国与中国的"一带一路"合作,中东欧国家与中国共建的"17+1"合作平台,都被欧盟视为中国的"地缘政治行为"与"分裂欧洲行为"。但在后疫情时代,在美国推行单边主义与"美国至上"的大背景下,中欧双方仍然拥有巨大的合作发展潜力。不断深化中欧合作不仅对中欧双方具有重要意义,也有利于维护世界的和平与发展。

在推动中欧关系发展的过程中,智库发挥着不可忽视的巨大作用。作为学术界和决策团体、国家和社会公众之间的桥梁,智库对当代国家尤其是欧美国家的经济社会发展和内外交政策决策具有重要影响,甚至被部分国家视为立法、行政、司法、媒体之后的"第五种权力"。尤其是在国际关系事务中,智库不仅通过影响舆论、影响政府等途径间接参与决策,还以中介化、过渡性的角色直接参与到国际关系事务当中。同时，尽管欧洲近年来一直致力于推进其一体化进程，以"一个欧洲"的原则开展行动，但欧盟整体、欧洲各国的利益诉求仍然存在一定差异，进而影响代表不同层面利益的智库的研究内容与话语表现。而目前学术界对于智库报告中的"中国观"研究比较少，而关于欧洲智库的研究更是鲜见，既有研究也主要是采用了单一的内容分析或话语分析的方法，尽管能够揭示研究报告呈现的数据特征或话语分析背后的研究意图，对于由表及里的逻辑呈现说服力相对不充分且缺乏系统性。

因此，本研究以代表欧盟层面的智库——布鲁盖尔研究院、欧洲政策研究中心、欧盟安全研究所、欧洲对外关系委员会，代表西欧北欧国家层面的智库——英国皇家国际事务研究所、英国国际战略研究所、法国国际关系研究所、德国国际政治与安全事务研究所、德国对外关系委员会、德国墨卡托中国研究中心、荷兰国际关系研究所、斯德哥尔摩国际和平研究所、比利时皇家国际关系研究所，以及代表中东欧国家层面的智库——波兰东方研究中心、波兰国际事务研究所、拉脱维亚国际事务研究所、塞尔维亚国际政治经济研究所、捷克 CHOICE（中东欧中国观察者）等三个层面共 18 家欧洲主流智库为研究对象，分析其在 2013 年 9 月 1 日至 2020 年 12 月 31 日这一时间段内的 412 篇与中国相关的超过三分之一的报告。在对报告数量、报告主题与报告基本倾向进行量化的内容分析基础上，本研究使用戏剧主义修辞学的"五位一体分析法"对报告内容进行了批判性话语分析，同时也使用大数据研究方法，对所获得的智库报告语料库进行语义网络分析，全面展现了"一带一路"背景下欧洲智库研究报告当中的"中国观"在时间上的纵向变化与不同层面的横向差异，并试图揭示其内在逻辑。

研究发现，以 2017 年和 2020 年为分界线，欧洲智库的中国报告在数量以及对中国的态度与倾向上呈现出较为明显的阶段性特征。在第一阶段，即 2013—2016 年，欧洲智库有关中国的研究报告数量较少，其中提及"一带一路"倡议的内容也较少，但对中国以及"一带一路"倡议的态度整体较为积极与友善。在第二阶段，即 2017—2019 年，伴随着"中欧班列"合作的签署,首届"一带一路"国际合作高峰论坛的举办等诸多重大项目的开展,"一带一路"倡议开始在国际社会尤其是欧洲地区得到广泛传播以及高调推进,中欧经贸合作走向新阶段却又开始面临更多问题与挑战。与此同时,特朗普就任美国总统,推行贸易保护主义和单边主义,中美关系日益紧张,国际局势也越发波谲云诡。在此背景下,欧洲智库对中国的关注度持续增加,欧洲智库有关中国和"一带一路"的报告数量也明显增多,但对中国的态度却更加复杂,整体由正面转向负面。在第三阶段,即2020年,由于新冠肺炎疫情的暴发,全球健康安全受到挑战,同时因防疫需要,各国保持社交距离和居家隔离等政策的实施,更使全球经济受到很大打击,衰退明显,在这样的背景下,欧洲智库对中国的关注不降反升,体现出大变局时代中国重要性的提升。2020年,受疫情影响,欧美国家的经济倒退,不过中国GDP仍然实现正增长,国家统计局数据显示,按不变价格计算,比2019年增长2.2%。然而,欧洲智库对中国的态度整体上却更加负面。鉴于第二阶段和第三阶段的报告数量较多,具有更加突出的统计学意义,其产生的背景也更加契合目前以及未来的国际环境,总体来说更具代表性,因此本研究的修辞学话语分析部分着重探讨了2017—2019年和2020年的欧洲智库报告及其体现的"中国观"。

  总的来说,欧洲智库对中国的对外贸易、政治军事、外交事务以及宏观经济等四类议题给予了最多的关注度,表明无论是欧盟智库还是欧洲各国智库都认识到中国在政治、经济方面的强大实力,也体会到中欧关系尤其是经贸关系的互相依存性。但受到意识形态、社会制度、国家实力、地缘政治等诸多因素的影响,欧洲习惯于将中国的一切行为泛政治化,不仅对中国缺乏全面的认识,而且倾向于以对立者的思维审视中国的发展以及开展的对外贸易和外交活动,因此无论是对中国本身的形象还是中国的对外行动,都存在较为严重的歪曲认知。在内容分析的基础上,本研究使用"五位一体分析法"对18家欧洲智库的中国报告进行了戏剧主义修辞学的话语分析,发现欧洲智库在整体上将中国视为一个强大的并且正在积极对外进行扩张的崛起国家,在其话语修辞中将"目的"要素置于核心地位,强调中国对外政策与行动尤其是经贸活动的目的性,把以"一带一路"倡议为代表的中国对外经济活动视为中国攫取政治经济影响力的手段。因此,尽管在世界和平与发展受到美国孤立主义、新冠肺炎疫情等诸多不利因素影响的背景下,无论是欧盟智库还是西欧北欧智库、中东欧智库都在不同程度上意识到与中国进行互惠合作的重要性,但其对中国以及中欧合作的态度都趋于谨慎。

与此同时,三个层面欧洲智库的"中国观"也存在一些差异。

欧盟层面的智库以欧盟整体利益为出发点,聚焦中国经贸活动与政治军事等问题,基于中欧双边关系探讨中国对欧盟的影响以及欧盟的应对措施,与欧盟核心利益关切度不高的社会教育文化议题在报告中几乎没有体现。而受到意识形态与社会制度差异的影响以及近年来中欧实力对比的变化,欧盟层面智库在整体上对中国持负面态度,这一点在政治军事类议题以及"一带一路"倡议上表现得尤为明显。在对"一带一路"倡议的研究报告中,欧盟层面智库多使用"自利框架"、"竞争框架"以及"实力框架",强调"一带一路"倡议的政治意义,将之视为日益强大的中国基于国家利益而实行的,在全球进行价值渗透与扩张的"新殖民主义"战略,并在此基础上表达了对中国"崛起""扩张"可能产生的对欧洲一体化进程以及全球秩序稳定性的影响的担忧。但值得注意的是,尽管其在整体上对中国怀有不信任感甚至敌视心态,但在全球经济发展放缓与美国奉行孤立主义的大环境下,欧盟层面智库仍然希望能够通过"一带一路"倡议与中国展开互惠合作促进自身发展。同时,虽然相关报告数量较少,但是欧盟层面智库也肯定了中国在环境保护与科技发展尤其是数字技术上的显著成就,展现了其与中国加强环保、科技等方面交流合作的积极态度。

西欧北欧智库则相对更加全面、均衡地对中国的政治、军事、宏观经济、对外贸易、社会文化、环境能源、科学技术等多方面进行了研究,同时其视角相较于欧盟层面智库也更为微观,往往聚焦于某一领域的某一热点进行深度挖掘,以细致展现中国发展对于世界的作用和所造成的影响。同时由于所属国家与自身定位不同,西欧北欧的9家智库对不同中国议题的关注程度也存在差异。但总的来说,各国智库都倾向于从本国利益出发,关注中国发展以及近年来的中美争端对全球以及本国的影响。与欧盟层面智库类似,西欧北欧层面智库整体上对中国态度偏向负面,且集中体现在政治军事、外交以及科学技术领域,批评中国的武器管控与国防预算问题,认为中国正在以其军事与经济力量,通过外交手段与对外经济合作直接或间接地施展影响力,干涉欧洲内政,破坏全球秩序。同时,西欧北欧层面智库也十分关注中国国内情况尤其是经济发展状况,批评中国目前内部经济环境存在的投资门槛、企业债务等问题。在"一带一路"的认知方面,西欧北欧国家层面智库并未像欧盟层面智库一样过分强调"一带一路"的政治目的,更多地使用"自利框架",而是将"一带一路"倡议视为中国出于自身经济发展需要而采取的对外经济战略。但这些智库也认为,由于中国自身的经济优势和"进攻性"以及其他国家参与"一带一路"倡议的潜在经济与政治风险,西欧北欧各国应当以更加谨慎的态度看待"一带一路"倡议。此外,新冠肺炎疫情背景下,虽然美国自身防疫失利的事实以及抢夺物资等毫无大国担当的行为,使得西欧北欧智库意识到,在当前的中美关系中,以牺牲与中国的合作关系为代价一味偏向美国可能严重影响欧洲自身发展,再次强调了与中国合作的重要性,但也提出了疫情期间中国的公共外交政策使得欧洲各国在中美之间更加进退两难的问题。值得注意的是,在西欧北欧层面9家智库的中国报告中,德国智库对中国的态度最为负面,尤其是德国对外关系委员会和德国墨卡托中国研究中心对中国的外交政策、政治军事战略、科技创新进行全方位的批判,认为中国的发展正严重威胁全球的安全与稳定,同时也在严重削弱欧洲的全球竞争力。一方面,德国作为欧盟领导者,其推动欧盟一体化进程的愿景在一定程度上加剧了其对中国发展与对欧合作的敌对态度,尤其是中国与中东欧国家展开的深度合作更使其怀疑中国"分裂欧洲"的"地缘政治"意图；另一方面，由于中国的技术进步与产业链升级，作为传统的制造业强国，德国在对外贸易的过程中越来越感受到来自中国经济与科技的挑战。因此态度较为负面。

在中东欧国家智库的中国报告中，由于近年来"17+1"平台中中国与中东欧国家的贸易活动日益频繁，对外贸易议题成为中东欧国家智库关注的焦点，其他议题也经常涉及贸易问题。从中可以看出，中东欧国家智库认可中国强大的经济与科技实力以及能够给中东欧地区带来的发展机遇，但也强调了与中国合作可能存在的巨大风险，如"商业间谍"以及大规模投资并购对欧洲主权的破坏等。与西欧北欧国家层面智库相同，中东欧国家层面智库也更加关注"一带一路"倡议所带来的经济意义，更多采用"自利"与"实力"框架，将"一带一路"倡议视为强大的中国基于自身利益出发的国家战略。作为"一带一路"倡议的深度参与者，中东欧国家对于"一带一路"倡议的报告中，"合作互利框架"以及"参与框架"也有一定体现，在更大程度上认可"一带一路"倡议对沿线国家的积极意义，表达了通过"一带一路"倡议积极地与中国进行互利合作的态度。同时，由于地理位置以及历史因素的影响，除了中欧、中美两大重要双边关系，中东欧国家也十分关注中俄关系的发展。尤其是在中美冲突日益加剧、中俄合作不断深化的背景下，以"一带一路"倡议为代表的中国对外经贸合作使得中东欧国家更加质疑中国投资的安全性与独立性，并使其感受到巨大的政治与经济压力，由此引发了中东欧国家对于中国的不信任感。值得关注的是，新冠肺炎疫情给中东欧国家智库对中国的认知带来了较大的负面影响。这主要是中东欧智库认为疫情早期中国对全球医疗资源消耗巨大以及对中国在疫情期间的公共外交行为反感导致的。

在内容分析的基础上，本研究通过批判性话语分析中的"五位一体分析法"进一步探究了欧盟智库层面、西欧北欧智库层面以及中东欧智库层面的"中国观"及其差异。

欧盟层面智库极为强调五要素中的"目的"，也即中国的对外活动尤其是经济活动的目的性。他们认为在当前国际格局和实力对比发生剧烈变化的环境下，中国正在凭借其非完全市场化特征带来的优势，通过"一带一路"以及其他非平等的不透明的贸易政策，使欧盟陷入不利的经济地位，以获取自身政治、经济影响力的最大化。对欧盟层面智库来说，无论是"一带一路"倡议还是中国在新冠肺炎疫情下的对欧援助，都是中国增强自身政治、经济影响力的体现，前者是从中国利益出发的"新殖民主义"与"中式全球化"，后者则是将医疗援助和政治利益攫取捆绑的政治渗透行为。总之，在欧盟层面智库看来，中国是一个"野心勃勃的话语权索取者"，正在通过雄厚的财力和坚定的决心不断进行政治影响力的扩张和全球话语权的争夺。

与欧盟层面智库相类似，西欧北欧层面智库也将"目的"要素作为其话语构建的核心，强调中国正为了提升全球影响力、增强话语权而不断采取行动，进而威胁到了欧洲各国的政治、经济地位和切身利益，破坏了中国与欧洲各国原本存在的诸多经贸合作机会。尽管他们将"一带一路"倡议更多视为中国的经济战略，但仍然对"谋求全球话语权"的中国充满忌惮与焦虑，这也体现在其对中国与新冠肺炎疫情相关的报告中。一方面，他们承认中国在"疫情期间雪中送炭般的医疗援助"；另一方面，对中国援助行动目的的政治化解读以及中国为了消解外部敌意采取的一系列公共外交活动，也使得他们在由新冠肺炎疫情引起的公众反华情绪与日益紧张的中美关系中对中欧关系的未来发展更加摇摆与谨慎。而与欧盟层面智库不同的是，西欧北欧层面智库的整体诉求并非提醒欧洲一味警惕、防范甚至敌视中国，而是希望了解中国的真实诉求与行为逻辑，使欧洲各国能够与中国开展更加友好的、有益于欧洲发展的合作。

同样的，中东欧智库的中国报告也体现了对"目的"要素的强调，认为中国为了推广自身的经济模式、提高在中东欧影响力，不断在中东欧开展扩张性的投资计划与外交战略。受此影响，他们虽然认可"一带一路"倡议本质上属于经济行为，但却赋予其"挑战欧美为主导的话语体系,影响中东欧国家对华政策"的政治色彩,担心与中国的密切交往会"分裂欧洲"。同时,在新冠防疫认知上,中东欧智库将中国的援助活动进行政治化解读的倾向尤为明显,多次出现中国"口罩外交""公共卫生外交"的话语。整体而言,中国与中东欧国家日益紧密的经贸合作在很大程度上使中东欧国家对中国态度变得更加摇摆不定。一方面他们担忧这会影响中东欧地区原有的政治格局,破坏欧洲一体化;另一方面,中国在双方经贸合作过程中的绝对优势地位也使得其越发希望改善自身的贸易处境,展开更有利于本国发展的经贸合作。

第二节　建议

通过对 18 家欧洲主流智库 8 年间发布的中国报告进行探究和分析,本研究发现欧洲智库在整体上将中国视为一个强大并且对外影响力不断提高的崛起国家。尽管近年来中国一直通过对外经贸活动以及"一带一路"倡议,加强与各国的交流与合作,但受意识形态、社会制度、国家实力、地缘政治等诸多因素的影响,无论是中国本身的形象还是中国的对外行动,欧洲智库都对之存在较为严重的歪曲理解。因此,为了进一步改善欧洲社会的"中国观",加强中国在欧形象建设,促进中欧关系发展,推动中欧战略合作,研究提出以下建议:第一在对欧传播的过程中,需要变被动为主动,加快构建中国特色的对外政治话语体系,打破西方话语垄断,以此改善此背景下其对中国议题泛政治化的倾向;第二要注重欧洲不同国家和地区的制度文化和发展程度的差异,在此基础上协调欧盟整体,西欧北欧与中东欧等地区以及欧洲各国之间的关系;第三要充分利用中国在数字技术、社交媒体等方面的优势,在互联网时代尤其是新冠肺炎疫情背景下,搭建安全有效的有助于中欧平等沟通的平台;第四要淡化对外传播过程中的官方色彩,发挥学者、企业等多元主体的公共外交效果;第五要转变对外传播尤其是"一带一路"倡议的传播过程中的"宏大叙事"传统,进行针对性传播、嵌入式传播和精准传播，避免被误读和歪曲；第六要积极开展对德工作，改善中德关系，以此进一步推动中欧关系的发展。

首先，变被动为主动，加快构建中国特色对外政治话语体系，改善中国议题泛政治化倾向。

本研究发现，欧洲智库普遍倾向于对中国经济、科技以及对外贸易等多个领域的现象或活动进行泛政治化解读。一方面，以欧美为代表的西方发达国家掌握着"信息霸权"，习惯于以"西方中心论"的话语体系去分析、评价事物，尤其是日益强大的社会主义国家——中国；另一方面，西方社会对中国的认识具有其历史局限性，对有着五千年悠久历史的中华文明处于不完全认知状态，对中国社会的运行逻辑缺乏了解，由此产生极大认知偏差（郭信峰、宋玉远，2019）。因此，我们应该更加积极、主动、自信地进行对欧传播，在深刻理解和把握西方话语体系内涵与特点的基础上，尊重历史与现实，从中国的社会主义建设尤其是民主政治建设的实践中提炼新表达，用体现中国的国家与民族立场的"中国话"来构建以我国为主的对外政治话语体系。尤其是在新冠肺炎疫情的大背景下，中国有机会在应对疫情的卓越成就下重新认识、展示中华文明与中国模式的优势，倡导欧洲社会尊重世界多元化的制度选择，倡导"包容共存"而不是"零和博弈"，从而打破"西方中心论"。在展示成就的同时，我们更要坦诚地、主动地、全方位地展示中国社会的政治、经济、文化、科技等方面的现状。这不仅能够弥补欧洲社会过分聚焦中国政治、经济议题的不足，帮助欧洲全面了解中国社会及其运行的内在逻辑，理解中国政府的政策措施与中国人民的道路选择，更能够使欧洲以更客观的视角看待中国的发展，弱化欧洲对"中国谋求扩大其全球影响力"与"中国在'秀肌肉'"的误解。在此过程中，我们尤其要敢于和善于直面热点和敏感问题，主动发声，打破西方话语垄断，最大限度地避免泛政治化问题。

其次，注重欧洲地区差异，协调各方关系。根据18家智库的中国报告可知，欧盟整体和西欧北欧各国以及中东欧各国的中国观对"一带一路"倡议的看法整体存在共性但也有一定差异，这在很大程度上受到各个国家和地区的经济社会发展水平、政治制度、宗教信仰、社会文化等因素的影响。尤其是中东欧国家，不仅与西欧、北欧国家存在较大差异，而且加入欧盟的时间普遍较晚，因此无论是进行经贸活动还是对外传播活动，中国需要协调好欧盟整体、"17＋1"平台以及不同欧洲国家之间的关系，既要考虑到中欧高级对话机制的统一框架，又要因地制宜避免"一刀切"的做法，根据不同国家的特征和需要实行有差异化的、有针对性的贸易策略与传播策略。与此同时，中东欧地区的利益格局十分复杂，作为其中的"后来者"，中国也需要妥善处理欧盟、美国以及俄罗斯等传统旧有势力在中东欧地区的竞争与合作关系，避免同该地区已经形成的利益格局发生正面碰撞，减少各种猜疑与限制，从而让中国与中东欧国家合作成果更多惠及当地民众。

再次，充分利用优势，搭建平等交往与沟通平台。互联网时代，中国与欧洲的贸易合作对现代化技术的依赖性越来越高，而欧洲的信息与数字技术相对于中国较为落后，因此极易使欧盟与欧洲各国在中、欧交往过程中产生"中国占据主导地位"的想法，进而加深对中国的误解与歪曲。因此，中国应利用自身优势，建立起以物联网和云计算为基础的大数据平台、网络贸易平台，保证中欧双方利益诉求的有效表达，保障双方资金、技术和信息的有效流通和高效运作（刘鹏飞，2018）。而在经贸合作平台之外，中国也应在新冠肺炎疫情的大背景下，充分利用自身在移动通信、新媒体等方面的优势，促进中欧高层领导之间的线上会晤常态化，开展平等对话。与此同时，国家或政府主体也必须寻求利用 TikTok 等新媒体平台，在后疫情时代，在整合不同民族和文化价值观的基础上，探索更易让欧洲公众接受的内容生产与分发模式。

复次，淡化官方色彩，发挥多元主体的公共外交效果。由前文分析可知，无论是欧盟整体还是欧洲各国，在新冠肺炎疫情暴发后，都对中国抱有一定抵触甚至敌视心理，尽管中国基于国际人道主义精神积极对外进行人员、物资等援助活动，但由于部分西方媒体的抹黑报道、欧洲社会长期对中国的刻板印象以及中国作为疫情最早暴发地的事实，欧洲社会对中国的救援活动以及围绕其展开的公共外交活动都有一定负面看法。在此情况下，以国家和政府为主体所进行的外交活动受到的阻碍越来越多，而华为、阿里巴巴等民营企业，钟南山等专家学者这些公共外交的多元主体无论在反应速度、资源调配还是在传播效果方面都能够发挥独特的优势，在缓解中国政府面临的国际舆论压力的同时，进一步提升中国的国际话语权。因此在未来，我们应该适度淡化官方色彩，积极引入企业、专家学者、非政府组织等多元主体参与到公共外交过程之中，不断改善公共外交效果。

又次，避免宏大叙事，进行针对性传播、嵌入式传播和精准传播。欧洲智库的中国报告集中体现了欧盟以及欧洲各国对于中国对外经贸活动的矛盾心理。他们既希望与中国展开合作，又对以"一带一路"倡议为代表的互惠合作充满担忧。这也反映了在刻板印象、现实忧虑等因素影响下欧盟与欧洲国家对"一带一路"倡议的战略意图出现严重的偏差与误读。因此，中国的对外传播主体应该转变过去的宏大叙事传统，转而进一步开展针对性传播、嵌入式传播和精准传播。一方面，针对不同的合作项目与不同的合作主体，以对方易于接受和理解的方式精准传播合作的目的与成效，将传播活动嵌入具体项目与合作，减少不必要的揣测甚至误解；另一方面当面临质疑时，要及时回应各利益相关方对"一带一路"的不同关切与质疑，尽快使对方在全面知情的情况下消除误解、摒弃成见，以此不断吸引更多欧洲国家以更加积极的态度加入"一带一路"倡议以及其他中欧经贸合作，推动中欧的共同发展。

最后，积极开展对德工作，改善中德关系。在英国脱欧的背景下，德国已成为欧盟最具领导力的国家，但由于中德实力变化、中国对欧影响力扩大等因素的影响，"中国威胁论"在德国肆虐，使得德国智库对中国的看法极为负面，而这也将极大影响欧盟对中国的态度与政策。为了改善中德双边关系，中国首先应在不断深化、巩固原有中德合作基础的同时，开拓新的合作领域，如开展疫苗研发与5G建设等。其次，中国可以通过支持欧洲新冠肺炎疫情防控工作、协助维持欧元稳定等方式进一步表明自身在欧洲一体化政策上与德国的一致性。最后，中国应利用当前美德双方在"北溪2号项目"、裁撤德国驻军、新冠肺炎疫情防控等方面的矛盾，减少美国因素对德国对华政策的干扰，在此基础上开展积极有效的对德工作，争取改善德国在中国问题上的负面态度，推动中德关系健康发展，从而助力中欧关系发展。

参考文献

陈扬:《法德两国智库对"一带一路"倡议的评析》,《法国研究》2018年第4期。

褚鸣:《美欧智库比较研究》,中国社会科学出版社2013年版。

崔保国、李希光:《媒介上的日本形象——1990—2000年中国报纸的日本报道分析》,第二届中日传播国际研讨会论文集,2000年。

邓志勇:《修辞批评的戏剧主义范式略论》,《修辞学习》2007年第2期。

范红、胡钰:《论国家形象建设的概念、要素与维度》,《人民论坛·学术前沿》2016年第4期。

房乐宪、关孔文:《欧盟对华新战略要素:政策内涵及态势》,《和平与发展》2017年第4期。

高小升:《欧盟高端智库对"一带一路"倡议的认知评析》,《国外理论动态》2017年第12期。

管文虎:《国家形象论》,电子科技大学出版社2000年版。

管新福:《西方传统中国形象的"他者"建构与文学反转——以笛福的中国书写为中心》,《文学评论》2016年第4期。

郭信峰、宋玉远:《浅谈十九大以来外媒涉华政治话题报道特点及对策》,《对外传播》2019年第6期。

国家发展和改革委员会:《中欧互联互通平台第一次主席会议成功举办》,2016年,https://www.ndrc.gov.cn/fzggw/jgsj/zcs/sjdt/201606/t20160630_1145499.html? code = &state = 123。

国家发展和改革委员会：《中欧互联互通平台投融资合作专家组第一次会议在北京召开》，2016 年，https：//www.ndrc.gov.cn/fzggw/jgsj/zcs/sjdt/201611/t20161130_1145530.html?code=&state=123.

国家发展和改革委员会：《胡祖才副主任出席中欧互联互通平台第二次主席会议》，2017 年，https：//www.ndrc.gov.cn/fzggw/wld/hzc/lddt/201706/t20170608_1167983.html?code=&state=123.

国家发展和改革委员会：《中欧互联互通平台第三次主席会议在京召开》，2018 年，https：//www.ndrc.gov.cn/fzggw/wld/hlf/lddt/201807/t20180718_1166914_ext.html.

韩梅等：《"一带一路"助力波兰日益成为欧洲交通枢纽——访波兰国铁货运公司董事会主席切斯瓦夫·瓦尔赛维奇》，2018 年，新华网，https：//baijiahao.baidu.com/s?id=1610191600791244774&wfr=spider&for=p.

韩源：《全球化背景下的中国国家形象战略框架》，《当代世界与社会主义》2006 年第 1 期。

胡艳芬：《波兰："一带一路"要地》，《环球杂志》2017 年第 2 期。

姜智芹：《欲望化他者：西方文学中的中国形象》，《国外文学》2014 年第 93 卷第 1 期。

黎煜：《撒旦与家臣——美国电影中的华人形象》，《电影艺术》2009 年第 1 期。

李洪峰：《法国国际关系智库的中国研究：视角与立场》，《国际论坛》2018 年第 20 卷第 4 期。

刘鹏飞：《"一带一路"倡议下中国与中东欧国家经贸关系发展趋势探微》，《商场现代化》2018 年第 11 期。

刘小燕：《关于传媒塑造国家形象的思考》，《国际新闻界》2002 年第 2 期。

罗珊珊：《中国与中东欧国家合作成果丰硕（权威发布）》，《人民日报》2021 年 5 月 13 日第 2 版。

欧亚、夏玥：《欧盟国家对"一带一路"的认知与评价：基于 ETNC 智库报告的分析》,《公共外交季刊》2017 年第 2 期。

帅蓉、闫磊:《寻求"容克投资计划"与"一带一路"的互动对接——专访欧盟委员会主席容克》,2015 年 6 月 28 日,人民网,http://politics.people.com.cn/n/2015/0628/c1001-27218836.html。

孙津:《赢得国家形象》,河南美术出版社 2001 年版。

孙有中:《国家形象的内涵及其功能》,《国际论坛》2002 年第 3 期。

谭玉、朱思慧:《外交智库影响外交政策的作用机制研究——以法国国际关系研究所为例》,《情报杂志》2019 年第 38 卷第 1 期。

谭玉、张涛、朱思慧:《英国外交智库建设及其对中国的启示》,《社会科学文摘》2018 年第 3 期。

王莉丽:《智库公共外交：概念、功能、机制与模式》,《社会科学文摘》2019 年第 5 期。

王一波、吴璟薇:《欧洲地图里的中国——文化地理学视角下的国家形象》,张莉、张静怡主编:《中欧关系：文化·认知·传播》,光明日报出版社 2021 年版。

魏崴:《中欧关系前景乐观——我国驻欧盟使团团长访谈录》,《人民日报》1998 年 10 月 29 日。

吴梦薇:《荷兰国际关系研究所：研究、教育与媒体传播相融合的全方位国际智库》,《智库理论与实践》2019 年第 4 卷第 2 期。

吴献举:《国家形象跨文化生成机制探究——基于主体认知的分析视角》,《学术论坛》2017 年第 2 期。

吴宇涵、张莉:《多维呈现：欧洲对华刻板印象文化溯源》,张莉、张静怡主编:《中欧关系：文化·认知·传播》,光明日报出版社 2021 年版。

杨波:《作为文化他者的中国——论 20 世纪初西方文学中的中国形象》,《首都师范大学学报》(社会科学版)2016 年第 2 期。

杨丹旭:《疫情影响一带一路项目　学者：可从求规模转向求质量》,2020 年 6 月 20 日,一带一路网,https://www.zaobao.com/beltandroad/

news/story20200620-1062648.

于芳：《德国智库涉华研究的现状、问题及启示（2005—2018）》，《社会科学文摘》2019年第9期。

余也鲁：《一个重要的政策研究机构和国际论坛——欧洲政策研究中心》，《世界经济文汇》1985年第2期。

张国刚：《欧洲的中国观：一个历史的巡礼与反思》，《文史哲》2006年第1期。

张莉、史安斌：《"一带一路"倡议背景下欧洲媒体涉华策略性叙事的比较研究》，《中国出版》2021年第5期。

张晓旭、孙诗、张莉：《欧盟媒体报道中的中国国家形象——基于欧洲新闻台、〈金融时报〉〈经济学人〉的比较研究》，张莉、张静怡主编：《中欧关系：文化·认知·传播》，光明日报出版社2021年版。

张毓强：《国家形象刍议》，《现代传播》2002年第2期。

张志强、苏娜：《国际智库发展趋势特点与我国新型智库建设》，《智库理论与实践》2016年第1卷第1期。

郑东超：《中东欧智库的"一带一路"观》，《社会科学文摘》2017年第5期。

郑若麟：《法国人"中国观"的形成与演变》，《对外传播》2015年第8期。

［美］托马斯·R. 戴伊：《理解公共政策》，谢明译，中国人民大学出版社2011年版。

［美］约瑟夫·奈：《软力量：世界政坛成功之道》，吴晓辉、钱程译，东方出版社2005年版。

《"一带一路"倡议与容克投资计划对接取得积极进展》，2015年10月8日，中国经济网，http://world.people.com.cn/n/2015/1008/c157278-27673905.html.

Amariei, C., De Groen, W. P. & Valiante, D., "Improving the Investor Base for Local Currency Bond Markets in China, India and Indonesia", *Centre for European Policy Studies*, 2017.

Anthony, I., Zhou, J. & Su, F., "EU Security Perspectives in An Era of Connectivity: Implications for Relations with China", *Stockholm International Peace Research Institute*, 2020.

Arcesati, R., "US Borrows from Beijing's Playbook to Decouple the Internet from China", *Mercator Institute of China Studies*, 2020.

Averchenkova, A., et al., "Climate Policy in China, the European Union and the United States: Main Drivers and Prospects for the Future", *Bruegel, Policy Brief*, 2016.

Babones, S., "The World Order Is Changing, but not How You Think", *The Latvian Institute of International*, 2013.

Baltensperger, M. & Dadush, U., "The Belt and Road turns five", *Bruegel, Policy Contribution Issue*, 2019, No. 1.

Barslund, M. & Alcidi, C., "China's Slowdown: When the Dragon Catches the Flu, Europe Sneezes", *Brussels: Centre for European Policy Studies*, 2015.

Bayes, T., "As Europe's Tone on China Gets Tougher, so does China's New EU Policy", *Mercator Institute of China Studies*, 2019.

Berelson, B., *Content Analysis in Communication Research*, Michigan: Free Press, 1952.

Bērziņa-čerenkova, U. A., "Latvia's 'China Policy' and the Role of '16 + 1'", *The Latvian Institute of International Affairs*, 2019.

Bogusz, M., "Beijing's Territorial Claims in the South China Sea", *OSW Centre for Eastern Studies, Poland*, 2020a.

Bogusz, M., "Increased Tension around Taiwan", *OSW Centre for Eastern Studies, Poland*, 2020b.

Bogusz, M., "China's Propoganda Offensive in the Face of the COVID-19 Epidemic", *OSW Centre for Eastern Studies, Poland*, 2020c.

Bogusz, M., Formuszewicz, R. & Jakobowski, J., "Xi Jinping's Visit to

Europe: Prelude to an EU-China Summit", *OSW Centre for Eastern Studies*, *Poland*, 2019.

Boulding, K., "National Images and International Systems", *Journal of Conflict Resolution*, 1959 (3): 39 – 82.

Brinza, A., "The '17 + / – 1' Mechanism Caught Between China and the United States", *China Quarterly of International Strategic Studies*, 2019, 5 (2): 213 – 231.

Brown, L., "Who Will Feed China? Wake-Up Call for a Small Planet, 1995", http://www.worldwatch.org/bookstore/publication/who-will-feed-china-wake-call small-planet/.

Burke, K., *A Rhetoric of Motives*, New York: Prentice-Hall, 1950.

Burke, K., *A Grammar of Motives*, Berkeley: University of California Press, 1962.

Christopoulos, D. & Ingold, K., "Exceptional or just Well Connected? Political Entrepreneurs and Brokers in Policy Making", *European Political Science Review*, 2015, 7 (3): 475 – 498.

Collura, R. & Vercauteren, P., "Theoretical Perspectives on Think Tanks in the European Governance, Studia Universitatis Babes-Bolyai", *Studia Europaea*, 2017, 62 (1): 27 – 53.

Daliot, M., "Eroticism, Grotesqueness and Nonsense: Twenty-first Century Cultural Imagery of Japan in the Israeli Media and Popular Culture", *Journal of Intercultural Studies*, 2007, 28 (2): 173 – 191.

Danowski, J. A., "Computer Mediated Communication: A Network-based Content Analysis Using a CBBS Conference", In M. Burgoon (Ed.), *Communication Yearbook* (Vol. 6, pp. 905 – 924), Beverly Hills, CA: Sage, 1982.

Dimitrijevic, D., "Chinese Investments in Serbia-A Joint Pledge for the Future of the New Silk Road", *Baltic Journal of European Studies*, 2017,

7 (1): 64-83.

Doerfel, M. L., "What Constitutes Semantic Network Analysis? A Comparison of Research and Methodologies", *Connections*, 1998, 21 (2): 16-26.

Duchâtel, M. & Duplaix, A. S., "Blue China: Navigating the Maritime silk road to Europe", *European Council on Foreign Relations*, 2018.

Duchâtel, M., Gowan, R. & Rapnouil, M. L., "Into Africa: China's Global Security Shift", *European Council on Foreign Relations*, ECFR/179, 2016.

Eder, T. S. & Mardell, J., "Belt and Road reality check_ How to assess China's investment in Eastern Europe", *Mercator Institute of China Studies*, 2018.

Eichmanis, J., "European Union-China Relations: But Whose Rules?", *The Latvian Institute of International Affairs*, 2020.

Ekman, A., "China in Asia: What is behind the new silk roads?", *French Institute of International Relations*, 2015.

Ekman, A., "China in the Mediterranean: An Emerging Presence", *French Institute of International Relations*, 2018.

European Commission, *Proposal for a Regulation Establishing a Framework for the Screening of Foreign Direct Investments into the Union*, COM (2017) 487, 13.9.2017.

European Commission, Commission Staff Working Document on Significant Distortions in the Economy of the People's Republic of China for the Purposes of Trade Defence Investigations, 2017b, SWD (2017) 483 final/2, Brussels, 20.12.2017, https://trade.ec.europa.eu/doclib/docs/2017/december/tradoc_156474.pdf.

European Commission, *Connecting Europe and Asia-Building Blocks for an EU Strategy*, JOIN (2018) 31 final, Brussels, 19.9.2018.

Ewert, I., "China as a dividing force in Europe", *Mercator Institute of China Studies*, 2019.

Falkowski, M. & Lang, J. Z., "Hostages to Moscow, clients of Beijing Security in central Asia as the role of the West diminishes", *OSW Centre for Eastern Studies, Poland*, 2014.

Filipova, R., "Chinese Influence in Bulgaria: Knocking on a Wide Open Door?", *Choice*, 2019.

Fischer, S. & Klein, M., "Conceivable Surprises: Eleven Possible Turns in Russia's Foreign Policy", *German Institute for International and Security Affairs*, 2016.

Foss, S. K., Foss, K. A. & Trapp, R., *Contemporary Perspectives on Rhetoric, Prospect Heights*, Illinois: Waveland Press, 1985.

Fraussen, B. & Halpin, D., "Think Tanks and Strategic Policy-making: The Contribution of Think Tanks to Policy Advisory Systems", *Policy Sciences*, 2017, 50 (1): 105 – 124.

Gabuev, A., "A 'Soft Alliance'? Russia-China Relations after the Ukraine Crisis", *European Council on Foreign Relations*, ECFR/126, 2015.

García-Herrero, A., "Internationalising the Currency while Leveraging Massively: The Case of China", *Bruegel*, 2015.

García-Herrero, A., "From Globalization to Deglobalization: Zooming into Trade", *Bruegel*, 2020.

García-Herrero, A. & Turegano, D. M., "Europe is Losing Competitiveness in Global Value Chains while China Surges", *Bruegel*, 2020.

García-Herrero, A. & Wolff, G. B., "China Has an Unfair Advantage in the EU Market. What Can Be Done to Level the Playing Field", *Bruegel*, 2020.

García-Herrero, A. & Xu, J., "The China-Russia Trade Relationship and its Impact on Europe", *Bruegel*, Working Paper, Issue 4, 2016a.

García-Herrero, A. & Xu, J., "China's Belt and Road Initiative: Can Europe expect Trade Gains?", *Bruegel*, Working Paper, Issue 5, 2016b.

García-Herrero, A. & Xu, J., "How to Handle State-owned Enterprises in EU-China Investment Talks", *Bruegel*, Policy Contribution, Issue 18, 2017.

Gehrke, T., "Redefining the EU-China Economic Partnership: beyond Reciprocity Lies Strategy", *Belgium Royal Institute for International Relations*, 2019.

Ghiasy, R. & Zhou, J., "The Silk Road Economic Belt: Considering Security Implications and EU-China Cooperation Prospects", *Stockholm International Peace Research Institute*, 2017.

Godehardt, N., "No End of History: A Chinese Alternative Concept of International Order?" *German Institute for International and Security Affairs*, 2016.

Godement, F. O., Rudolf, M., Julienne, M., Schwoob, M.-H. l. N. & Isenring-Szabó, K., "The United Nations of China: A Vision of the World Order", *European Council on Foreign Relations*, 2018.

Godement, François, "China's Economic Downturn: the Facts behind the Myth", *European Council on Foreign Relations*, 2015a.

Godement, François, " 'One Belt, One Road': China's Great Leap Outward", *European Council on Foreign Relations*, 2015b.

Godement, François, et al., "China and the Mediterranean: Open for Business", *European Council on Foreign Relations*, 2017.

Grare, F., "Along the Road Gwadar and China's Power Projection", *European Union Institute for Security Studies*, 2018.

Grzywacz, A., "Closer to a Threat than an Opportunity: Polish Perception of China's Rise and International Engagement", *Asia Europe Journal*, 2020, 18 (1): 177 – 194.

Hermann, R. K. & Fischerkeller, M. P. , "Beyond the Enemy Image and Spiral Model: Cognitive Strategic Research after Cold War", *International Organizations*, 1995, 49: 415 – 450.

Herzog, F. , "Russia's Interests in Central Asia and China's Belt and Road Initiative: A Strategic Partnership Or One-Man Show?", *The Latvian Institute of International Affairs*, 2019.

Hill, M. , "The Historical Roots of Reverse Orientalism and Their Recapitulation in Wo Chang's 'England through Chinese Spectacles'", *Asian Journal of Social Science*, 2010, 38 (5): 677 – 696.

Hobbs, C. (Ed.), "Europe Digital Sovereignty Rulemaker Superpower Age US-China Rivalry", *European Council on Foreign Relations*, 2020.

Hu, W. & Pelkmans, J. , "China-EU Leadership in Globalisation: Ambition and Capacity", *Centre for European Policy Studies*, 2017.

Jakóbowski, J. , "China's Foreign Direct Investments within the '16 + 1' Cooperation Formula: Strategy, Institutions, Results", *OSW Centre for Eastern Studies, Poland*, 2015.

Jakóbowski, J. , "Biden's Policy Towards China: The Prospects for Transatlantic Dialogue", *OSW Centre for Eastern Studies, Poland*, No. 363, 2020.

Jakóbowski, J. , "The US-China Trade Dispute: Phase Two", *OSW Centre for Eastern Studies, Poland*, 2018.

Jakóbowski, J. & Popławski, K. , "China's Offer to the EU: Tough Negotiations or a Coalition Against Trump?", *OSW Centre for Eastern Studies, Poland*, 2018.

Jakubowski, A. , Komornicki, T. , Kowalczyk, K. & Miszczuk, A. , "Poland as a Hub of the Silk Road Economic Belt: is the Narrative of Opportunity Supported by Developments on the Ground?", *Asia Europe Journal*, 2020, 18 (3): 367 – 396.

Jang, H. & Barnett, G. A. , "Cultural Differences in Organizational Communication: A Semantic Network Analysis", *Bulletin de Methodologie Sociologique*, 1994, 44: 31 –59.

Jankovic, A. , "New Silk Road-New Growth Engine, The Institute of International Politics and Economics", *Serbia*, 2016.

Jones, X. H. & Chuang, Y. , "Working with Nature to Build Back Better from COVID-19_ inspirations from Farmers in China_ International Institute for Environment and Development", *The International Institute for Strategic Studies*, 2020.

Kaplowitz, N. , "National Self-Images, Perception of Enemies and Conflict Strategies: Psychopolitical Dimensions of International Relations", *Political Psychology*, 1990, 11 (1): 39 –82.

Karásková, I. , "One China under Media Heaven: How Beijing Hones its Skills in Information Operations", *Choice*, 2020.

Karásková, I. & Hickman, J. , "What Do Central and Eastern European Countries Want from China? Assessing '16 +1' and Its Future", *Choice*, 2019.

Kavalski, E. , "The End of China's Romance with Central and Eastern Europe", *Global Media and China*, 2021, 6 (1): 77 –99.

Kelstrup, J. D. , "Quantitative Differences in Think Tank Dissemination Activities in Germany", Denmark and the UK. *Policy Sciences*, 2017, 50 (1): 125 –137.

Klose, S. , Pepermans, A. & Wang, L. , "An Uphill Struggle? Towards Coordinated EU Engagement with China's Belt and Road Initiative", *Belgium Royal Institute for International Relations*, 2017.

Kopanja, M. , "Curious Case of Northeast Asia: External Balancing Meets Strategic Culture", *The Institute of International Politics and Economics, Serbia*, 2019.

Krstinovska, A. , "China's Environmental Footprint in Southeast Europe",

Choice, 2020.

Lai, S. & Cai, Y., "Mapping perception of China in Central and Eastern Europe", *Asia Europe Journal*, Online first, doi: 10.1007/s10308-021-00607-5, 2021.

Lai, S. & Zhang, L., "Challenging the EU's Economic Roles? The Impact of the Eurozone Crisis on EU Images in China", *Baltic Journal of European Studies*, 2013, 3 (3): 13-36.

Lams, L., "China: Economic Magnet or Rival? Framing of China in the Dutch-and French-language Elite Press in Belgium and the Netherlands", *International Communication Gazette*, 2016, 78 (1-2): 137-156.

Legard, H., "Western Restlessness at China's Ascent", *Mercator Institute of China Studies*, 2020.

Legarda, H. & Nouwens, M., "Guardians of the Belt and Road: The Internationalization of China's Private Security Companies", *Mercator Institute of China Studies*, 2018.

Lippmann, W., *Public Opinion*, New York: Harcourt, 1922.

Longhini, A., "Foreign Policy Think Tanks in the Italian Political Context: Evolutions and Perspectives", *International Journal*, 2015, 70 (4): 573-592.

Lons, C., Fulton, J., Sun, D. & Al-Tamimi, N., "China's Great Game in the Middle East", *European Council on Foreign Relations*, 2019.

Ma, G., "A Compelling Case for Chinese Monetary Easing", *Bruegel*, 2015.

Ma, G., "China's High and Rising Corporate Debt: Examining Drivers and Risks", *Mercator Institute of China Studies*, 2019.

Makocki, M., "China's Road: into Eastern Europe", *European Union Institute for Security Studies*, 2017.

Makocki, M. & Nechev, Z., "Balkan Corruption: the China Connection",

European Union Institute for Security Studies, 2017.

Marcu, Andrei, "The US-China Joint Announcement on Climate Change: Can the G2 make a difference?" *Brussels: Centre for European Policy Studies*, 2014.

McGaan, J., "2014 Global Go to Think Tank Index Report Think Tanks and Civil Societies Program", *University of Pennsylvania*, 2015.

McGaan, J. & Sabatini, R., *Global Think Tanks: Policy Networks and Governance*, New York: Routledge, 2011.

McGann, J., *Think Tanks and Policy Advice in the United States, Academics, Advisors and Advocates*, Oxon: Routledge, 2007.

McGann, J., *Democratization and Market Reform in Developing and Transitional Countries*, London: Routledge, 2010.

Nardon, L., "U.S. Visions of China: From Henry Kissinger to Donald Trump", *French Institute of International Relations*, 2017.

Nimmo, D. & Savage, R.L., *Candidates and Their Images: Concepts, Methods and Findings*, Glenview, IL: Goodyear Pub. Co., 1976.

Nye, J.S., *The Challenge of Soft Power*, Time, Feb. 22, 1999.

Oertel, J., Tollmann, J. & Tsang, B., "Climate Superpowers: How the EU and China Can Compete and Cooperate for a Green Future", *European Council on Foreign Relations*, 2020.

Okano-Heijmans, M. & van der Putten, F.-P., "A United Nations with Chinese Characteristics?" *Clingendael Institute*, 2018.

Ondrias, J., Issues Facing China's Soft Power in the "16 + 1" Platform, *Economic Annals-Xxi*, 172 (7 – 8): 22 – 27. doi: doi: 10.21003/ea.V172 – 04, 2018.

Paul, M., "A 'Great Wall of Sand' in South China Sea? Political, legal and military aspects of the Island dispute", *German Institute for International and Security Affairs*, 2016.

Pavlicevic, D., "Structural Power and the China-EU-Western Balkans Triangular Relations", *Asia Europe Journal*, 17 (4): 453 – 468. doi: doi: 10. 1007/s10308 – 019 – 00566 – y, 2019.

Peel, M., "Europe Unveils its Answer to China's Belt and Road Plan", *Financial Times*, 09 – 20, 2018.

Pelaudeix, C. C., "Along the Road China in the Arctic", *European Union Institute for Security Studies*, 2018.

Poplawski, K., "The Chinese in Germany's Energy Networks?", *OSW Centre for Eastern Studies*, Poland, 2018.

Roberts, P., "A Century of International Affairs Think Tanks in Historical Perspective", *International Journal*, 2015, 70 (4): 535 – 555.

Rodríguez-Wangüiemert, C., Rodríguez-Breijo, V. & Pestano-Rodríguez, J. M., "The Framing of China on Spanish Television", *Communication & Society*, 2019, 32 (3): 123 – 138.

Sanja Jelisavac-Trosic, Biljana Stojanovic-Visic, & Petrovic, V., "New Opportunities for Further Improvement of Economic Cooperation Between Sebria and China", *The Institute of International Politics and Economics*, Serbia, 2018.

Schudson, M., Culture and the Integration of National Societies, In D. Crane (Ed.), *The Sociology of Culture* (pp. 21 – 43), Cambridge, MA: Basil Blackwell, 1994.

Seaman, J., Huotari, M. & Otero-Iglesias, M. (Eds.), "Chinese Investment in Europe: A Country-Level Approach", Paris, 2017.

Shi-Kupfer, K. & Ohlberg, M., "China's Digital Rise Challenges for Europe", *Mercator Institute of China Studies*, 2019.

Small, A., "The Meaning of Systemic Rivalry-Europe and China Beyond the Pandemic", *European Council on Foreign Relations*, 2020.

Stahl, J. M., Selling Conservatism: Think Tanks, Conservative Ideology, and the Undermining of Liberalism, 1945 – Present (Order No. 3318033), Available from ProQuest Dissertations & Theses Global (304582491), 2008.

Stakic, N. & Zakic, K., "Challenges of Business and Financial Transformation of China in New Normal Economy", *The Institute of International Politics and Economics*, Serbia, 2016.

Stanojevic, N., "The Impact of Chinese Infrastructure Projects on Development of Host Economies: Empirical Evidence from Pakistan Economy", *The Institute of International Politics and Economics*, Serbia, 2019.

Stone, D., "Think Tank Transnationalisation and non-profit Analysis, Advice and Advocacy", *Global Society*, 2000a, 14 (2).

Stone, D., "Introduction to the Symposium: The Changing Think Tank Landscape", *Global Society*, 2000b, 14 (2).

Stone, D., "Recycling Bins, Garbage Cans or Think Tanks? Three Myths Regarding Policy Analysis Institutes", *Public Administration*, 2007, 85 (2): 259 – 278.

Szczudlik, J. & Kulesa, "How China and Russia Could Join Forces against the European Union", *The Polish Institute of International Affairs*, 2020.

Szczudlik-Tatar, J., "China's Security Activities Extend beyond Asia", *The Polish Institute of International Affairs*, 2015.

Tang, M., "Metaphorical Mirrors of the West: China in the British Economic Press", *en Historia y comunicación social*, 2017, 22 (2): 397 – 413.

Tonchev, P., "China's Road: into the Western Balkans", *European Union Institute for Security Studies*, Brief Issue, No. 3, 2017.

Trošić, S., Stojanvić – Višić, B. & Petrović, V., "New Opportunities for Further Improvement of Economic Cooperation Between Sebria and China", *The Institute of International Potitics and Ecomonics*, Serbia,

2018.

Tu, K., "Prospects of a Hydrogen Economy with Chinese Characteristics", *French Institute of International Relations*, 2020.

Ursu, A. -E. & van den Berg, W., "China and the EU in the Horn of Africa: Competition and Cooperation?", *Clingendael Institute*, 2018.

van der Putten, F. -P., "China's Evolving Role in Peacekeeping and African Security", *Clingendael Institute*, 2015.

van der Putten, F. -P. & Meijnders, M., "China, Europe and the Maritime Silk Road", *Clingendael Institute*, 2015.

van der Putten, F. -P., Montesano, F. S., van de Ven, J. & van Ham, P., "The Geopolitical Relevance of Piraeus and China's New Silk Road for Southeast Europe and Turkey", *Clingendael Institute*, 2016.

van der Steen, M. A. & van Twist, M. J. W., "Foresight and Long-term Policy-making: An Analysis of Anticipatory Boundary Work in Policy Organizations in The Netherlands", *Futures*, 54: 33-42, 2013.

van Ham, P., Montesano, F. S. & van der Putten, F. -P., "A South China Sea conflict: Implications for European Security", *Clingendael Institute*, 2016.

Veugelers, R., "The Challenge of China's Rise as a Science and Technology Powerhouse", *Bruegel*, Policy contribution Issue, No. 19, 2017.

Wang, C., Lim, M. K., Zhang, X. Y., Zhao, L. F. & Lee, P. T. W., "Railway and Road Infrastructure in the Belt and Road Initiative Countries: Estimating the Impact of Transport Infrastructure on Economic Growth", *Transportation Research Part a-Policy and Practice*, 2020, 134: 288-307. doi: doi: 10. 1016/j. tra. 2020. 02. 09.

Wang, X., Hopeful Disappointment. Cultural Morphology and the Relation between China and Europe. Intercultural Communication with China, Encounters between East and West. Singapore: Springer, 2017.

Wignaraja, G., Panditaratne, D., Kannangara, P. & Hundlani, D., "Chinese Investment and the BRI in Sri Lanka", *The Royal Institute of International Affairs* (the Chatham House), 2020.

Wu, H. T., Ren, S. Y., Yan, G. Y. & Hao, "Y., Does China's Outward Direct Investment Improve Green Total Factor Productivity in the 'Belt and Road' Countries? Evidence from Dynamic Threshold Panel Model Analysis", *Journal of Environmental Management*, 275 (13) . doi: doi: 10. 1016/j. jenvman. 2020. 111295.

Yu, J. & Hakmeh, J., "The UK's Huawei Decision_ Why the West is Losing the Tech Race", *The Royal Institute of International Affairs* (the Chatham House), 2020.

Zenglein, M. J., "Mapping and Recalibrating Europe's Economic Interdependence with China", *Mercator Institute of China Studies*, 2020.

Zhang, L., "The Rise of China: Media Perception and Implications for International Politics", *Journal of Contemporary China*, 2010, 19 (64): 233 – 254.

Zhang, L., *News Media and EU-China Relations*, New York: Palgrave Macmillan, 2011.